JN426272

음료의 이해 및 칵테일 조주와 바의 운영에 관한 기초지식

음료관리

최영준·조봉기·문지성 공저

Beverage Management

국내호텔에서는 외국관광객뿐만 아니라 내국인 관광객에게도 다양한 기호를 충족시켜 줄 수 있는 음료상품의 제공이 필요하다. 실제로 호텔 및 외식사업에서는 과거보다 훨씬 많고 다양한 식음료 상품이 제공되고 있으며, 그중 음료는 중요한 매출비중을 차지하고 있다.

백산출판사

불법복사 · 불법제본
타인의 재산을 훔치는 범법행위입니다.
그래도 하시겠습니까?

우리 몸의 60%는 물로 이루어져 있고, 우리는 다량의 다양한 음료를 섭취하며 살고 있다.

음료란 탄산이 함유되어 있거나 함유되어 있지 않은 것 또는 알코올이 함유되어 있거나 함유되어 있지 않은 액체를 총칭하는 것으로 물론 사람이 마실 수 있어야 한다.

글로벌화의 가속으로 세계의 다양한 문화가 우리나라에 지속적으로 유입되고 있으며 오늘날 우리는 이러한 다양한 문화를 실생활에서 경험하고 느끼며 살아가고 있다. 또한 외국 관광객이나 국제교류의 목적으로 우리나라를 방문하는 방문객 수가 증가함에 따라 호텔에서는 과거보다 훨씬 많은 다양한 국적의 고객을 접할 기회가 많아지고 있다.

한편 우리나라 사람들도 활발한 국외관광이나 교류를 통하여 세계 각지의 독특한 음식문화를 자연스럽게 접하고 있다. 따라서 국내호텔에서는 외국관광객뿐만 아니라 내국인 관광객에게도 다양한 기호를 충족시켜 줄 수 있는 음료상품의 제공이 필요하리라 본다. 실제로 호텔 및 외식사업에서는 과거보다 훨씬 많고 다양한 식음료상품이 제공되고 있으며, 그중 음료는 중요한 매출비중을 차지하고 있다.

위에서 제시한 여러 환경의 변화로 인하여 호텔 관련 전공학생들과 외식경영 및 관광경영을 전공하는 학생들은 식음료상품 중 호텔 어느 곳에서나 판매가 가능한 상품인 세계의 다양한 음료에 대한 지식을 기본적으로 갖추어야 하는 시점에 이르렀다. 이러한 시대적 변화에 따라 이 책을 저술하게 되었다.

이 책은 호텔 · 관광 및 외식분야의 주요 상품으로서 음료의 중요성이 대두됨에 따라 전공학과 학생들과 음료에 관심을 가진 독자들이 음료에 대한 지식을 체계적으로 습득할 수 있도록 음료의 이해부터 칵테일 조주와 바의 운영 등에 관한 기초지식을 중심으로 구성하였다.

이 책은 저자가 과거에 출판한 저서를 토대로 기타 서적 및 연구자료와 문헌 및 기관의 자료, 각종 온라인 및 오프라인 자료를 참조하여 저술하였으며 제1편은 음료에 대한 이해와 분류, 제2편은 양조(발효)주, 제3편은 증류주 및 혼성주, 제4편은 칵테일에 대한 기초지식 및 칵테일 조주에 대한 내용으로, 제5편은 바의 운영에 대한 내용으로 구성하였으며 부록에서는 조주기능사자격증과 관련된 내용 및 바 용어를 담았다.

현장과 강의경험을 바탕으로 하여 이 책을 저술하였지만 많은 보완점과 미흡한 측면이 있으리라 자책하면서 추후 이 책이 좀 더 개선될 수 있도록 독자들의 질책을 적극 수용하여 지속적으로 보완 · 수정해 나갈 것을 약속합니다.

끝으로 이 책이 출판되기까지 적극적으로 후원해 주신 백산출판사의 사장님 이하 출판사 직원들께 감사의 말씀을 드립니다.

2016년

저자 일동

차 · 례

Contents

1 PART 음료개론

2 PART 양조주

3 PART 증류주

4 PART

칵테일

5 PART 바Bar의 경영

부록

1 PART

음료개론

Chapter 1. 음료의 이해

Chapter 2. 비알코올성 음료

Chapter 3. 알코올성 음료

01
CHAPTER

음료의 이해

제1절 음료의 정의

음료란 사람이 마실 수 있는 액체로서, 탄산이 함유되어 있거나 함유되지 않은 음료 또는 알코올이 함유되어 있거나 함유되지 않은 액체인 음료를 총칭한다.

알코올은 함유되어 있지 않지만 환타나 콜라, 탄산수처럼 탄산이 함유되어 있는 음료나 우리가 일반적으로 마시는 탄산이 함유되어 있지 않은 물이나 커피, 코코아, 우유 등이 모두 음료에 속한다. 알코올이 함유되어 있지만 맥주나 샴페인같이 탄산이 함유되어 있는 술이나, 탄산이 함유되지 않은 위스키나 보드카, 진, 브랜디 등이 모두 음료에 속한다.

사전적 의미를 살펴보면 음료는 물이나 차, 커피, 술 등과 같이 사람이 마시는 액체를 의미한다. 따라서 본서에서는 음료를 사람이 음용(Drink)할 수 있는 액체의 총칭이라고 정의하겠다.

음료는 사람의 가장 기본적인 음식이다. 우리 몸의 60%는 물로 이루어져 있는데, 우리는 하루에 다량의 다양한 음료를 섭취하며 살아가고 있다. 음료는 단순히 사람의 생명을 존속시키기 위해 섭취하는 것은 아니다.

사람이 사는 곳에는 전통적으로 독특한 음료가 존재한다. 따라서 세계 각지에는 많은 종류의 음료가 존재하고 있다. 일상생활에서 우리는 다양한 음료를 접하고 있고 또한 시장에는 새로운 음료가 지속적으로 출현하고 있다.

호텔에서는 음료를 하나의 중요한 호텔상품으로써 판매하고 있다. 과거에는 주로 알코올 도수가 높은 고도주 위주로 판매되었지만, 최근에는 건강상 혹은 사교나 상호교류를 위해 저도주가 많이 판매되고 있다. 또한 특정음료 위주로 판매하는 특정음료의 이름을 딴 바도 많이 생겨나고 있다.

제2절 음료의 분류

표 1 … 음료(Beverage)의 분류

<table>
<tr><td rowspan="18">음료
(Beverage)</td><td rowspan="9">알코올성
음료
(Alcoholic
Beverage)</td><td rowspan="3">양조주
(Fermented
Liquor)</td><td>과실류(Fruit)</td><td colspan="2">와인(Wine), 시드르(Cidre) 등</td></tr>
<tr><td>곡류(Grain)</td><td colspan="2">맥주(Beer), 막걸리, 청주, 사케(Sake) 등</td></tr>
<tr><td>기타</td><td colspan="2">풀케(Pulque) 등</td></tr>
<tr><td rowspan="3">증류주
(Distilled
Liquor)</td><td>과일류(Fruit)</td><td colspan="2">브랜디(Brandy), 코냑(Cognac),
아르마냑(Armagnac), 칼바도스(Calvados) 등</td></tr>
<tr><td>곡류(Grain)</td><td colspan="2">위스키(Whisky), 보드카(Vodka), 진(Gin),
아쿠아비트(Aquavit) 등</td></tr>
<tr><td>기타</td><td colspan="2">럼(Rum), 테킬라(Tequila) 등</td></tr>
<tr><td rowspan="3">혼성주
(Compounded
Liquor)</td><td>과일 · 과실류
(Fruit & Berry)</td><td colspan="2">쿠앵트로(Cointreau), 큐라소(Curacao),
트리플 섹(Triple Sec), 서던 컴퍼트
(Southern Comfort) 등</td></tr>
<tr><td>약초 · 향초류
(Herb & Spice)</td><td colspan="2">시나(Cynar), 삼부카(Sambuca),
샤르트뢰즈(Chartreuse), 리카르(Ricard),
페르노(Pernod) 등</td></tr>
<tr><td>종자류
(Bean & Nut)</td><td colspan="2">티아 마리아(Tia Maria), 아마레토
(Amaretto), 칼루아(Kahlua),
아이리시 벨벳(Irish Velvet) 등</td></tr>
<tr><td rowspan="9">비알코올성
음료
(Non-
Alcoholic
Beverage)</td><td rowspan="2">청량음료
(Soft Drink)</td><td>탄산음료
(Carbonated)</td><td colspan="2">콜라(Cola), 토닉워터(Tonic Water) 등</td></tr>
<tr><td>무탄산음료
(Non-
Carbonated)</td><td colspan="2">물(Water), 무탄산광천수(Mineral Water) 등</td></tr>
<tr><td rowspan="4">영양음료
(Nutritious
Drink)</td><td rowspan="2">주스류(Juice)</td><td>과일주스</td><td>오렌지(Orange) 등</td></tr>
<tr><td>채소주스</td><td>토마토(Tomato) 등</td></tr>
<tr><td rowspan="2">우유류(Milk)</td><td colspan="2">살균/비살균 우유</td></tr>
<tr><td colspan="2">저지방/고지방 우유</td></tr>
<tr><td rowspan="3">기호음료
(Fancy Drink)</td><td>커피(Coffee)</td><td colspan="2">일반커피(Regular),
디카페인(Decaffeinated) 등</td></tr>
<tr><td>차(Tea)</td><td colspan="2">홍차(Black Tea), 녹차(Green Tea) 등</td></tr>
<tr><td>카카오(Cacao)</td><td colspan="2">카카오(Cacao)</td></tr>
</table>

음료는 크게 알코올성 음료와 비알코올성 음료로 분류된다. 알코올성 음료는 양조주, 증류주, 혼성주로 구분된다. 양조주는 맥주, 와인 등이 대표적이고, 증류주는 위스키, 브랜디, 테킬라, 보드카, 진, 럼, 아쿠아비트 등으로 분류된다. 혼성주는 리큐르이다. 혼성주에는 쿠앵트로, 시나, 티아마리아 등이 있다.

비알코올성(또는 무알코올성) 음료는 청량음료, 영양음료, 기호음료로 구분된다. 청량음료는 탄산음료와 무탄산음료로 분류할 수 있으며, 영양음료는 주스류나 우유류 등으로 분류된다. 그리고 기호음료에는 커피, 홍차, 카카오 등이 있다. 기타 비알코올성 음료에는 기능성 음료, 각 나라의 비알코올성 전통음료 등이 포함될 수 있다.

02
CHAPTER

비알코올성 음료

제1절 청량음료(Soft Drink)

청량음료는 사람이 마시면 청량감을 주는 음료라 할 수 있다.

1. 탄산음료(Carbonated Beverage)

① 소다수(Soda Water)

소화가 잘 되지 않을 때 소화제로도 사용되는 탄산음료이다. 탄산가스와 무기염류를 포함한 천연광천수와 순수한 물에 인공으로 소다를 이용해 이산화탄소를 만들어 탄산가스를 넣어서 만든 음료가 있다. 보통은 인공탄산음료이다. 칵테일은 위스키와 배합한 위스키소다(Whisky & Soda)가 유명하다.

② 토닉워터(Tonic Water)

영국에서 개발된 음료이다. 약간 씁쓸한 맛을 지닌 무색투명한 탄산음료로 열대지방에서는 식욕증진이나 약한 몸을 회복시키고 체력을 강화하는 원기회복을 위한 강장음료로 사용한다. 레몬이나 라임, 오렌지 등을 엑기스로 농축하여 만든 다음 당분을 배합한 것으로서 칵테일은 진(Gin)과 배합한 진 토닉(Gin Tonic)이 유명하다.

③ 콜린스 믹서(Collins Mixer)

소다수에 레몬주스와 설탕 등을 배합하여 만든 음료이다. 바에서는 소다수에 레몬주스 1/2oz, 설탕시럽 1tsp으로써 직접 만들기도 한다. 증류주에 주로 배합되는 음료로 칵테일로는 탐 콜린스와 존 콜린스가 유명하다.

④ 진저에일(Ginger Ale)

탄산수에 생강(Ginger)의 맛과 향이 가미된 청량음료로서 식욕증진이나 소화제로도 사용된다. 그냥 마시기도 하고 칵테일을 제조할 때에는 브랜디나 진, 맥주와 함께 사용한다. 칵테일은 브랜디에 진저에일을 넣은 롱 드링크 칵테일인 호스 넥(Horse's neck) 등이 유명하다.

⑤ 콜라(Cola)

서아프리카의 콜라나무 열매를 주원료로 만든 카페인이 다량 함유된 탄산음료이다. 1886년 미국의 펨버튼에 의해 발명된 세계적인 음료로 햄버거나 피자와 함께 즐긴다. 칵테일로는 버번 위스키와 배합한 버번 콕(Bourbon & Coke)이나 럼과 배합한 럼 콕(Rum & Coke) 등이 유명하다.

⑥ 사이다(Cider)

유럽에서는 사과를 발효시켜 만든 양조주로서 알코올 도수 1~6% 정도의 과일주를 의미한다. 그러나 우리나라에서는 탄산수에 당분 및 향료를 넣어 제조한 청량음료로서 주로 구연산, 레몬 등에 탄산가스를 넣어 만든 무알코올 탄산음료를 의미한다. 세븐 업(7Up)이나 우리나라의 칠성사이다 등이 있다.

⑦ 비시(Vichy)

프랑스 중부 비시 지역에서 생산되는 천연 탄산광천수이다.

⑧ 젤터스(Selters)

독일의 림부르크-바일부르크(Limburg-Weilburg) 지역에서 용출되는 천연 탄산광천수이다. 최근에는 탄산을 제거한 제품도 출시되고 있으며 위장병에 효과가 있다.

⑨ 페리에(Perrier)

프랑스에서 생산되는 유명 탄산광천수이다.

2. 무탄산음료(Non-Carbonated Beverage)

(1) 광천수(Mineral Water)

광천수에는 칼륨, 라듐, 칼슘, 인, 염소, 마그네슘, 철 등의 무기질성분이 함유되어 있다. 오늘날 광천수는 호텔 및 외식분야에서 중요한 음료상품 중 하나로 일반적인 서비스 온도는 8~10도 정도이다.

① 에비앙(Evian)

프랑스의 대표적인 광천수이자 세계적인 광천수 중 하나이다. 프랑스와 스위스 국경지대인 레만 호수 남쪽에 있는 에비앙 시 근처에서 나오는 탄산이 없는 천연광천수이다.

② 볼빅(Volvic)

프랑스 오베른 지역의 화산층에서 생산되는 천연광천수이다.

세계 유명 광천수는 다음과 같다.

표 2 … 세계 유명 광천수

국가	광천수
프랑스	Evian, Perrier, Vichy, Vittel, Volvic
독일	Apollinaris, Emser, Fachinger, Selters
스위스	Eglisauer, Eptinger, Henniez, Weisenburger
오스트리아	Alpquell, Gasteiner, Guessinger, Preblauer, Thalheimer
이탈리아	San Pellegrino

(2) 물

일상생활에서 우리가 섭취하는 일반적인 물을 의미한다.

제2절 영양음료(Nutritious Drink)

영양음료는 건강에 도움이 되는 영양성분이 함유되어 있는 음료를 뜻하며 과일·채소주스와 우유가 있다.

1. 주스(Juice)

① 과일주스

사과주스, 오렌지주스, 레몬주스, 라임주스, 살구주스, 크랜베리주스, 파인애플주스, 포도주스, 망고주스, 감귤주스 같은 과일주스가 있다. 유명상표로는 델몬트(Del Monte), 썬키스트(Sunkist), 블루나(Bluna), 카피(Cappy), 리벨이야(Libella), 시나코-오렌지(Sinaco-Orange) 등이 있다. 칵테일은 레몬주스의 경우 애프리콧, 슬로진 피즈 등에 사용되고, 오렌지주스의 경우 스크루드라이버, 테킬라 선라이즈 등에 사용된다.

② 채소주스

토마토주스, 당근주스 같은 채소주스가 있다. 유명상표로는 켐벨 V8(Campbell V8), 도나스 토마토주스(Donath Tomatensaft), 그라니니 구테 에른테(Granini Gute Ernte), 슈네코페 게뮈제 트렁크(Schneekoppe Gemuese Trunk) 등이 있다. 칵테일은 토마토주스의 경우 블러드 메리를 만드는 데 사용된다.

2. 우유(Milk)

우유는 일반적으로 살균우유와 비살균우유로 구분할 수 있다. 또한 유지방의 함유량에 따라 저지방우유와 고지방우유로 구분할 수 있다. 칵테일은 브랜디 알렉산더, 브랜디 에그녹, 그라스 하퍼, 골든 캐딜락, 엔젤스 팁 등을 만드는 데 사용된다.

제3절 기호음료

1. 커피(Coffee)

(1) 커피의 어원

커피의 어원에 대해서는 아직 명확하게 밝혀진 것이 없지만 여러 설이 전해진다. 유력한 설은 아프리카 북동쪽에 위치한 에티오피아의 말에서 찾을 수 있는데, 사람이 처음 커피를 발견하고 에티오피아 커피나무가 야생하는 곳의 지명인 카파(Kaffa)에서 유래되었다는 설이다.

아랍에서도 그 유래를 찾을 수 있는데, 아랍어의 '힘', '기운을 나게 하다'를 의미하는 카와(Quahwah/kahwa)에서 유래되었다고도 한다. 또한 라틴어의 코페아(Coffea)에서 커피(Coffee)의 용어가 유래되었다는 설도 있다.

커피를 영국에서는 '아라비아의 와인(The Wine of Arabia)'으로 부르기도 했는데, 카파가 유럽으로 전파된 지 약 10년 후인 1650년에 블런트 경이라는 커피 애호가가 커피(Coffee)라고 부른 것이 계기가 되어 오늘날 전 세계적으로 커피라 불리고 있다. 나라별로 커피는 다양하게 불린다. 프랑스는 카페(Café), 이탈리아는 카페(Caffe), 체코는 카바(Kava), 독일은 카페(Kaffee), 미국은 커피(Coffee)라고 한다.

(2) 커피의 유래

커피나무의 원산지는 아프리카에 있는 에티오피아로 널리 알려져 있지만 오늘날과 같이 우리가 즐기는 음료로써 발전하게 된 곳은 아라비아 지역이다.

커피의 발견은 에티오피아의 옛 이름인 아비시니아(Abyssinia)의 목동인 칼디(Kaldi)가 염소가 빨간 열매를 먹은 후 자극을 받아 흥분하고 깡충깡충 뛰는 것을 보고 자신이 열매를 먹어보니 정신이 맑아졌다는 것이 정설이다.

커피가 처음에는 음식으로 섭취되거나 술과 의약품 등으로 사용되기도 했다. 오늘날과 같이 음료로 사용된 시기는 AD 1100년경부터이다.

커피의 재배 초기에는 아라비아 지역에 국한되어 있었다. 아랍의 지배자들은 커피의 종자나 묘목이 해외에 반출되지 못하도록 엄격하게 규제하였다. 그럼에도 불구하고 순례자나 무역상 등에 의하여 스리랑카, 인도나 기타 다른 지역으로 전파되었다.

베니스 상인들이 유럽에 커피를 전파하는 데 기여했고, 17세기 후반에는 커피하우스가 유럽 전역에 번창하기도 했다. 유럽 최초의 커피하우스는 오스트리아의 수도 비엔나에 생겨났다.

우리나라에 커피가 소개된 것은 고종 황제와 왕세자가 1896년 2월 11일부터 1897년 2월 25일까지 아관(러시아 공사관)에 거처한 사건인 아관파천(일명: 노관파천) 무렵에 고종 황제가 마신 것이 처음으로 알려져 있다. 고종은 환궁 후에도 덕수궁에 정관헌을 지어 커피를 즐겼다고 한다. 그 후 고종의 시중을 들던 독일의 손탁(Sontag)이라는 여인이 왕실 소유의 서울 정동 땅에 2층 양옥의 손탁호텔을 세웠는데 여기에 있었던 커피점이 우리나라의 효시라고 할 수 있다.

일반 대중을 대상으로 한 커피는 『날개』의 작가 이상이 1920년경 다방 '제비'를 개업한 시기로 본다. 그 후 해방과 6 · 25전쟁을 지나면서 미군부대에 공급되던 인스턴트커피가 급속히 확산되면서 커피의 대중화가 이루어지게 되었고, 1988년부터 원두커피점이 확산되었다.

지금은 스타벅스 같은 세계적인 브랜드뿐만 아니라 엔제리너스 같은 국내 브랜드도 많다.

(3) 커피 생산지

커피는 적도를 중심으로 하여 남북위 25도 사이에 위치한 커피 존(Coffee Zone) 혹은 커피벨트(Coffee Belt)라고 불리는 지역에서 생산된다. 이 지역은 열대와 아열대, 일부 온대지역이다. 여기에 위치한 커피 생산지역은 멕시코 및 서인도제도와 중앙아메리카와 일부 남부지역을 제외한 남아메리카지역, 북부 아프리카와 남부 아프리카 일부를 제외한 아프리카지역, 인도네시아, 베트남 등의 동남아시아 등지에서 생산된다.

이 중 남아메리카는 가장 많은 약 40% 정도의 면적을 차지하고 있다. 세계적으로 커피 생산국은 80여 개국 정도인데, 브라질, 콜롬비아, 베트남에서 많이 생산되고 있다. 커피는 평균기온이 20도 정도이고, 연 강우량이 1,500~2,000mm인 지역에서 많이 재배된다.

그림 1 … 세계의 커피 생산지와 소비량

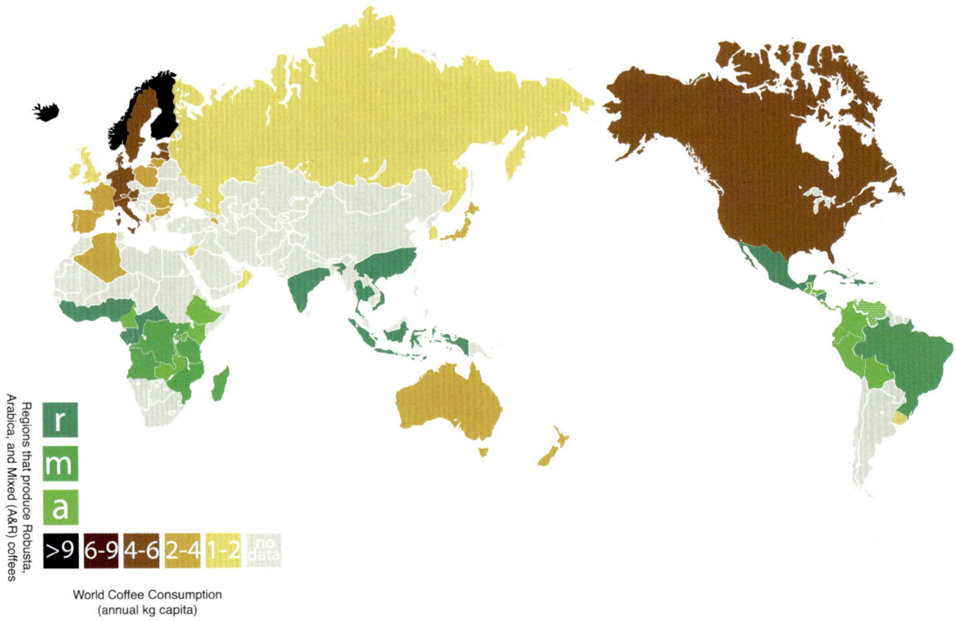

(4) 커피 품종

보통 커피콩이라고 하는데, 커피나무의 열매종자이다. 커피나무는 상록관목으로서 수십여 종이 있다.

오늘날 음용을 위해 재배되는 커피품종은 1733년 스웨덴 박물학자인 린네에 의해 분류된 16품종이지만, 상업적으로 많이 재배되는 품종은 2대 혹은 3대 커피품종이라 한다. 여기에는 아라비카종, 로부스타종, 리베리카종이 있다.

① 아라비카종

아프리카 에티오피아가 원산지로서 세계 생산량의 약 75% 정도를 차지하고 있다. 아라비카는 로부스타를 맺는 '코페아 카네포라(Coffea Canephora)'와는 반대로 고지대에서 주로 잘 성장한다. 적도 부근의 고지대인 해발 600~2,000m 지역의 기온 15~25도, 1,500~2,000mm 강수량 정도에서 아주 좋은 품질의 커피를 생산한다. 고도가 보다 더 높은 지대에서는 온도가 너무 낮고, 고도가 낮은 저지대에서는 온도가 높아 성장에 영향을 미칠 수 있다.

저지대보다 고도가 높을수록 커피열매는 천천히 단단해지고, 보다 다양하고 복합적인 향을 함유하게 된다. 이러한 특징이 아라비카를 커피로써 더욱 우수한 품질을 지니게 하는 것이다. 아라비카의 단점은 병충해에 상대적으로 약하고 성장속도가 다소 느리다는 것이다. 반면 카페인 함유량이 로부스타종에 비해 적고, 미각적으로 우수하며, 향미가 풍부하다. 아라비카는 생산지와 가공방식에 따라 다양하고 섬세한 맛과 향을 지닐 수 있다.

생산국은 브라질, 콜롬비아, 멕시코, 과테말라, 에티오피아, 하와이, 인도 등으로 커피를 생산하는 지역에서 대부분 재배된다. 현재 고급 원두는 대부분 동아프리카나

라틴아메리카에서 많이 생산되고 있다. 아라비카는 19세기에 로부스타가 발견되기 전까지 유일한 커피였다. 그런데 로부스타가 발견되면서 몇몇 국가에서는 차츰 로부스타로 대체하기도 했다.

프랑스 사람들의 경우 아프리카 식민지에서 생산되는 로부스타에 익숙해지자 주로 100%의 로부스타나 아라비카와 로부스타를 배합하여 즐겼다. 100%의 아라비카를 다시 마시게 된 것은 1970년대 말 무렵이다.

② 로부스타종

평지에서 잘 자라는 로부스타 커피나무는 아라비카와 더불어 세계 2대 커피 묘목으로도 불린다. 로부스타는 코페아속의 카네포라종(Coffea Canephora)으로 아프리카 콩고가 원산지로 알려져 있다. 로부스타종은 19세기에 발견되어 20세기 초에 널리 재배되기 시작했다. 로부스타는 자연에서 10m까지 높이 생장하며 세계 생산량의 약 20%를 점하고 있다.

로부스타는 결빙을 제외하고는 모든 환경에 잘 견딘다. 아라비카와는 달리 평지와 해발 600m 사이의 저지대에서 주로 재배되는데, 서아프리카 열대삼림지대처럼 다습하고 더운 환경조건에서 잘 성장한다. 또한 병충해에도 강하며 성장이 빠른 특성이 있다.

주요 생산국은 콩고, 우간다, 앙고라, 가나, 마다가스카르, 인도네시아, 필리핀, 베트남, 인도, 태국 등의 20여 개국이다. 인도네시아의 경우 1877년 곰팡이병으로 완전히 황폐해진 아라비카를 대신하여 20세기 초에 네덜란드로부터 로부스타를 들여와서 재배하였다. 브라질의 경우 전체 커피 생산량의 15% 정도를 재배하고 있는데, 로부스타를 코르니용(cornillon)이라 한다. 코트디부아르의 경우 해발 100~400m 사이에서 로부스타를 재배하는데, 1930년대에 프랑스인들에 의해 유입되었다.

③ 리베리카종

리베리카종은 아프리카의 라이베리아가 원산지이다. 환경적응력이 좋으며 저지대에서도 좋고 뿌리가 깊이 뻗어 저온이나 병충해에도 강한 편이다. 5~6m의 아라비카나 10m 정도의 로부스타종보다 커서 높이가 15m 정도로 자라며 커피열매나 꽃, 잎, 생두도 상대적으로 크다. 이 품종은 쓴맛이 강하고 향이 미약하며 맛이 좋지 않아 산지에서만 약간 소비되고 거의 산출되지는 않는다.

생산국은 가이아나, 수리남, 라이베리아, 아시아의 말레이시아 등이다.

표 3 … 국가별 주요 커피품종

커피품종	주요 생산국가
아라비카	예멘, 에티오피아, 케냐, 잠비아, 짐바브웨, 멕시코, 과테말라, 쿠바, 자메이카, 도미니카공화국, 엘살바도르, 볼리비아, 콜롬비아, 페루, 베네수엘라, 코스타리카, 온두라스, 파나마, 니카라과, 파푸아뉴기니, 호주
로부스타	앙골라, 마다가스카르, 코트디부아르
아라비카/로부스타	에콰도르, 브라질, 카메룬, 콩고민주공화국, 남아프리카공화국, 탄자니아, 말라위, 인도, 중국, 베트남, 인도네시아, 필리핀, 동티모르
리베리카	가이아나, 수리남, 라이베리아, 말레이시아

(5) 주요 커피 생산지

① 브라질

커피가 가장 많이 생산되는 국가인 브라질은 환경적으로나 위치적으로 볼 때 커피재배에 적합한 조건을 갖추고 있다. 저지대에서 생산되어 부드러우면서 쓴맛이 강해 주로 에스프레소 베이스나 배합용으로 사용된다.

브라질커피는 보통 저가품으로 인식되어 있지만 최근에는 산토스 같은 고급품질의 커피로 생산되며 스페셜티 커피도 있다. 브라질 생산커피 중 품질이 뛰어난 산토스(Santos)는 상파울루로부터 약 50km 떨어진 브라질 제1의 항구인데, 상파울루 주의 산토스항로부터 수출되는 커피이다. 맛은 순하고 약간의 신맛에 향기가 있다.

② 콜롬비아

세계 주요 커피 생산국인 콜롬비아는 세계 커피시장에서 우수한 커피품질로 인정받고 있다. 커피품종은 아라비카(Arabica)로 안데스산맥 1,000m 이상의 고지대에서 재배되는데, 이 지역은 토양이 비옥한 화산재이고 강수량도 적당하여 커피재배에 좋은 조건이다. 생산되는 생두(Bean)는 크고 일정하며, 뛰어난 신맛과 단맛에 향이 부드럽다. 콜롬비아 메델린(Medelin)은 마일드 커피의 대표적 품종으로서 달콤한 향과 단맛과 신맛이 좋아 모든 면에서 우수한 품질로 평가된다.

③ 엘살바도르

국토는 넓지 않으나 대규모 커피농장이 있어 중앙아메리카에서는 생산량이 많다. 생산되는 커피는 보통 '살바도르 커피'라 부른다. 생두는 고르고 녹색을 띠고 있으며 향미가 있어 커피품질이 좋다.

④ 과테말라

중앙아메리카 북쪽에 위치한 과테말라는 예전 마야문명의 중심지에 있으며 전 국토에서 커피재배가 가능하다. 대부분의 토양은 화산재로 되어 있어 생산되는 커피는 중앙아메리카에서 우수한 품질을 자랑하여 우량품이 생산된다.

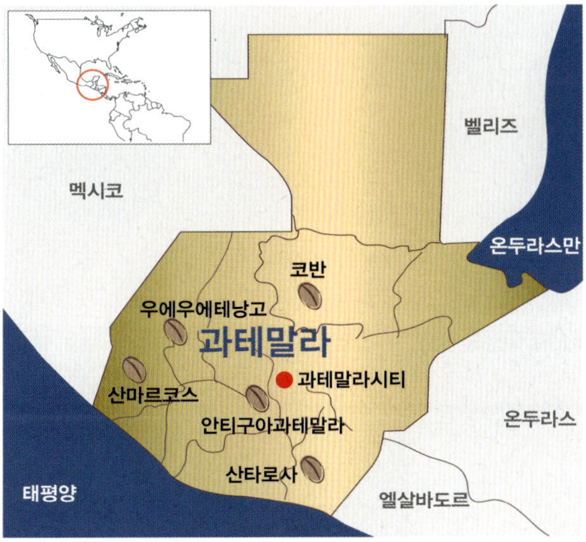

⑤ 온두라스

중앙아메리카에 위치한 온두라스는 산이 많은 나라로 국토의 70~80%가 고지대 산악지형으로 되어 있다. 생산되는 커피의 품질은 좋은 편이며, 커피의 외형은 둥글다. 신맛이 강하며 주로 배합용으로 사용된다.

⑥ 코스타리카

중앙아메리카에 위치한 코스타리카의 커피 재배지역은 주로 1,500m 이상의 고산지대이다. 로부스타는 법적으로 재배가 금지되어 있어 생산되는 커피는 100% 아라비카이다. 콜롬비아와 더불어 매우 우수한 품질의 커피를 생산하는데 맛과 향이 부드러워 스트레이트 커피(straight coffee)나 블렌디드 커피(blended coffee)로 사용된다.

⑦ 자메이카

자메이카는 서인도제도에 속하는 섬나라로 카리브해 쿠바 남쪽에 위치해 있다. 이 섬은 커피 애호가라면 누구나 한번은 방문하고픈 곳이다. 자메이카 커피는 보통 블루마운틴 커피라고도 불리며 커피의 황제라고 칭하기도 한다. 그만큼 맛과 풍미가 좋기 때문인데 매우 고가품에 속한다.

이 섬은 전체가 1,000~2,500m의 고지대로 이루어져 있어 생산되는 커피품질은 매우 뛰어나다. 원두의 색상은 담청색이고 단맛과 신맛, 쓴맛이 적절히 조화를 잘 이룬다. 영국의 왕실커피로서 더욱 유명해졌으며 생산량은 적어 우리나라에서는 진품을 구하기가 쉽지 않다.

⑧ 멕시코

아메리카 커피 생산국 중 가장 북쪽에 위치한 멕시코는 세계 10대 커피 생산국이다. 멕시코시티에서 커피박람회(Expo Cafe)가 매년 개최될 정도로 커피는 이 나라에서 중요한 생산품이다. 멕시코커피는 최상품에서 저품질의 커피까지 다양하게 생산된다.

⑨ 탄자니아

아프리카 동부에 위치한 탄자니아는 아라비카종과 로부스타종을 재배한다. 커피는 이 나라의 주요 수출품이다. 커피는 향이 풍부하고 맛이 진하며 떫은맛은 적은 편이다.

⑩ 에티오피아

아프리카 북동쪽에 위치한 에티오피아는 세계 최빈국 중 한 곳으로 커피는 이 나라의 중요한 수출작물이다. 이 나라는 아라비카종 커피나무의 원산지로 알려져 있는데, 알라타 지방에서 생산되는 커피는 알라타 모카라고 한다. 커피는 단맛, 신맛, 진한 맛을 내며 고급품이다.

(6) 배합

커피는 단일품종을 사용하여 맛을 내기도 하지만 일반적으로 여러 가지 커피를 배합하여 신맛, 단맛, 쓴맛의 적절한 조화를 이루도록 한다. 보통 2종 배합, 3종 배합, 4종 배합 등이 있다.

표 4 ··· 배합 종류

배합구분	커피종류	배합율	커피맛
2종 배합	모카 로부스타	60% 40%	강한 신맛과 향이 순함
3종 배합	모카 콜롬비아 브라질	30% 30% 40%	가장 일반적인 중용의 맛
4종 배합	모카 브라질 콜롬비아 과테말라	30% 30% 20% 20%	진한 맛과 깊은 향

(7) 커피 만들기

① 커피

커피는 분쇄하여 바로 사용하는 것이 좋지만, 그렇지 못한 경우 시원하고 건조한 곳에서 보관하며 가능하면 빨리 사용해야 한다. 일반적으로 커피의 맛은 원두의 품질 및 배합비율, 수질, 끓이는 온도, 추출시간 등에 의해 좌우된다.

첫째, 커피의 농도와 분쇄커피 굵기

원두는 작게 갈수록 쓴맛이 강하고 맛이 진하다. 에스프레소나 카푸치노 등에 사용되는 커피의 굵기는 0.5mm 정도이다. 레귤러 커피의 굵기는 중간으로 0.7mm 정도이고 아메리카 커피의 굵기는 1mm 정도이다.

둘째, 습기 없는 곳에 보관

커피는 오랜 시간 보관하면 향과 맛이 사라진다. 그리고 커피는 습기가 많고 온도가 높은 곳에는 보관하지 않는다. 커피의 보관용기는 밀봉 가능한 것을 사용하며 소재는 유리나 도자기가 좋다. 볶은 원두는 지퍼 백에 넣어 냉동 보관한다.

셋째, 연한 커피 만들기

원두는 살짝 볶고 굵게 갈아야 한다. 그리고 커피 드리퍼에 구멍이 여러 개 있는 것을 사용하면 된다.

넷째, 볶는 방법에 따라 달라지는 맛

커피의 맛과 향은 볶는 강도에 따라 달라진다. 약하게 볶은 라이트 로스트는 쓴맛과 떫은맛이 강하고 색도 연하며 주로 아메리칸 커피에 사용된다. 중간색으로 볶은 미디엄 로스트는 색은 갈색이며, 떫은맛은 덜하고 쓴맛은 강해 가장 널리 애용하는 커피이다. 검은색이 도는 다크 로스트는 농도와 맛이 진한데, 에스프레소는 아주 진하게 볶는다.

② 물

광물질이 섞인 경수보다는 연수가 적당하다. 냄새나는 물을 사용하지 말아야 한다.

③ 온도

100도가 넘으면 카페인이 변질되어 이상한 쓴맛이 생기므로 85~95도가 적당하다. 70도 이하에서는 타닌의 떫은맛이 남는다.

④ 배합비

레귤러 커피의 경우 10g 정도의 커피를 130~150cc의 물을 사용하여 100cc로 추출한다.

⑤ 크림

커피에 설탕을 먼저 넣고 저은 다음 크림을 넣는다. 커피온도가 85도 이하로 떨어진 후에 크림을 넣어야 커피 즙에 함유된 산과 크림의 단백질이 걸쭉하게 응고되는 것을 방지할 수 있다.

(8) 커피의 종류별 특징[1]

호텔이나 외식업에서 판매하는 커피는 크게 알코올이 첨가된 커피와 알코올이 첨가되지 않은 비알코올성 커피로 구분할 수 있다. 즉 전자는 커피에 술을 넣은 커피를 뜻하고, 후자는 커피에 술을 넣지 않은 커피를 뜻한다.

① 알코올 첨가 커피

가. 아이리시 커피(Irish Coffee)

아일랜드위스키를 아일랜드 커피 잔에 부은 다음 알코올램프 위에서 설탕을 완전히 녹인 뒤 커피를 붓고 휘핑크림(Whipped Cream)을 올린다.

나. 카페 몬크스

커피에 베네딕틴을 첨가한다.

다. 카페 민 호스트

커피에 쿠앵트로(Cointreau)를 첨가한다.

라. 카페 캉퀘스트(Coffee Conquest)

팬에 갈색설탕을 넣어 녹인 뒤 커피를 붓고 오렌지 필을 넣는다. 오렌지 필에서 향이 빠지면 그랑 마니에르(Grand Marnier)를 조금 넣고 럼으로 플람베(Flambée)한 후에 크림을 넣는다.

마. 카페 로얄(Café Royal)

나폴레옹이 러시아 원정 당시 커피에 브랜디를 넣어 마신 것에서 유래되었다.

바. 뤼데스하이머 커피(Rüdesheimer Coffee)

3~4개의 각설탕과 독일의 가장 고급 브랜디인 아스바흐(Asbach)를 4cl($1\frac{1}{3}$oz =40mL) 넣은 다음 커피를 붓는다.

사. 스페인 커피(Spain Coffee)

칼루아(Kahlua)를 1oz 넣고 설탕을 넣어 완전히 녹인 뒤 커피를 붓고 크림을 넣어 마신다.

② 비알코올성 커피

가. 일반커피

일반적으로 마시는 레귤러 커피를 의미한다.

나. 에스프레소 커피(Espresso Coffee)

이탈리아에서 19세기에 에스프레소 기계가 발명되었는데, 증기의 압력을 이용하여 커피를 속성으로 추출한다. 강한 쓴맛에 진한 커피이다. 보통 에스프레소를 만들 때 1인분은 8g, 2인분은 12g 정도의 커피를 사용한다.

다. 비엔나 커피

비엔나 커피의 매력은 처음에 차가운 휘핑크림의 맛을 느끼고 다음으로 뜨거우면서 조금 쓴맛을 느끼며 마지막으로 달콤한 맛을 느낄 수 있어 한 잔의 커피로 3가지 맛을 느낄 수 있다는 것이다. 에스프레소 기계에서 커피를 추출한 다음 설탕을 넣고 휘핑크림을 넣어 마시는데, 스푼으로 커피를 젓지 않는다.

라. 카푸치노

에스프레소 커피에 스팀우유를 넣고 계핏가루를 위에 뿌린다.

마. 아이스커피

알제리에서 시작된 커피로 일반적으로 커피에 얼음을 넣는다.

바. 카페오레

커피와 데운 우유를 1:1로 섞은 커피를 뜻한다. 커피와 우유를 같은 온도로 데운 다음 큰 컵에 동시에 붓는다.

사. 아메리카노

에스프레소에 더운물을 붓는다.

아. 디카페인 커피(Decaffeinated)

카페인이 거의 함유되지 않은 커피를 의미한다. 대표적인 상표로는 Kaffee Haag, Night & Day, 맥심(Decaffeinated) 등이 있다.

(9) 커피 추출방법

가. 여과천을 이용한 드립식

① 여과천은 물에 담가서 보관

② 사용 전에 여과천을 짜서 물기 뺌

③ 물기 뺀 여과천은 마른 행주로 다시 꾹꾹 눌러서 물기를 빼고 평평하게 펼침(물기 많으면 커피가 싱거워짐)

④ 원두는 중간 정도로 분쇄. 평평하게 천을 펼치고 커피를 넣음

⑤ 커피 가운데부터 돌려가며 물을 부음(20초 정도 되면 커피 팽창함)

⑥ 커피를 뜸들이기 위해 따뜻한 물을 여러 번 조금씩 커피 가운데 부음

⑦ 커피 추출 후에는 여과천을 바로 세척함

나. 여과지를 이용한 드립식

일명 필터법이라고도 하는데, 필터를 드립에 넣어 고정한 후 분쇄커피를 넣고 더운물을 부어 커피를 추출하는 방식이다.

① 종이필터의 밑과 옆을 서로 반대로 접은 다음, 드립에 밀착시킴

② 중간 굵기로 분쇄하여 필터에 평평하게 넣고, 뜨거운 물을 커피 가운데부터 돌리면서 부음

③ 커피가 부풀어 오르고 꺼지기 전에 두 번째 물을 붓는다. 이하는 여과천과 동일

다. 사이펀식 추출

시각적인 연출로 커피가 추출되는 과정을 볼 수 있는 추출방식으로서, 둥근 유리병 두 개가 아래 위로 연결된 사이펀에 아래쪽 병에는 물, 위쪽 병에는 분쇄커피를 넣고 가열하여 추출하는 방식이다.

① 사이펀은 진공커피여과방식(플라스크를 진공상태로 만든 후 증기압에 의해 커피 추출)

② 플라스크에 끓인 물을 넣고 가열

③ 로트에 가늘게 분쇄한 커피를 넣음

④ 로트를 끼우면 플라스크의 끓은 물이 로트로 올라옴

⑤ 끓은 물이 로트 안으로 모두 올라오면 불을 약하게 함

⑥ 대나무 주걱으로 커피를 휘저어줌. 45초~1분 정도 가만히 둠(그동안 커피성분이 끓는 물에 녹음)

⑦ 시간이 경과하는 동안 로트 윗부분에 커피가 떠오름

⑧ 불을 끄면 플라스크의 압력이 내려가 로트의 커피가 플라스크로 되돌아감

라. 에스프레소식 추출

물이 끓어 고압의 증기가 되고 이의 압력으로 커피를 빨리 추출하는 방식으로, 쓴맛이 강하고 진한 커피이다.

에스프레소란 '급행' 혹은 '빠른'의 의미로 영어의 익스프레스(express)이다. 19세기 증기압을 이용하여 커피를 추출하는 기계가 발명되었는데, 추출된 커피는 강한 쓴맛과 진한 맛이 난다. 작은 데미타스 잔에 마신다.

추출은 커피를 넣고 스위치를 켠 다음 에스프레소 잔에 약 3/5 정도 커피가 차면 스위치를 끈다.

2. 차(Tea)

(1) 차의 유래와 생산지역

'차'는 식물의 잎인데, 차나무의 잎을 의미한다. 좁은 의미로 차는 찻잎을 우려내서 만든 기호음료이다. 넓은 의미로는 식물을 우려내서 만든 음료를 의미한다. 여기서는 좁은 의미의 차에 대한 내용이다.

차의 유래에 대하여 정확하게 알 수는 없지만 일반적으로 차나무의 기원은 히말라야 지역과 중국의 운남 지역이라는 것이 정설로 알려져 있다. 중국에서는 약 5000년 전에 차에 대해 언급되어 있다. 또한 예전에는 향신료처럼 사용되기도 했다. 우리나라는 7세기경 신라 선덕여왕 시기에 그 유래를 찾을 수 있다.

세계적인 차 생산이 이루어지는 지역은 인도, 스리랑카, 중국, 한국, 일본, 대만, 베트남, 말레이시아, 러시아, 동아프리카, 남아메리카, 이란, 터키 등지이다. 스리랑카의 경우 세계 최고의 차를 생산하는데, 전 국토의 10% 정도가 차 재배지이며, 국가적으로 주요 수입원이다. 우리나라나 중국, 일본에서는 주로 녹차를 마시지만, 유럽은 주로 홍차를 마신다. 홍차는 발효한 차이고, 녹차는 발효하지 않은 차이다.

(2) 차의 분류

① 만드는 방법에 따른 분류

가. 반발효차

차를 완전하게 발효시키지 않은 차를 의미한다. 우롱차와 재스민차가 대표적이다.

나. 발효차

차를 발효시킨 것을 의미하는데 홍차, 과일차가 대표적이다.

다. 후발효차

차가 만들어진 뒤 완전건조되기 전에 곰팡이의 번식에 의해 자연적으로 후발효가 진행되는 차이다. 보이차가 대표적이다.

라. 불발효차

발효하지 않은 차로서 녹차가 대표적이다.

② 지역에 따른 차의 분류

가. 아삼(Assam)

중국과 더불어 세계 최대의 차 생산지인 인도 아삼 지역에서 생산되는 차로이다. 찻잎은 뗣고 진한 색에 강한 아로마를 지니고 있다. 여러 종류의 차를 혼합할 때 많이 사용되는데 잉글리시 브렉퍼스트, 아이리시 브렉퍼스트 등의 브렉퍼스트 티로 주로 상품화된다.

나. 다즐링(Darjeeling)

인도 다즐링 지역에서 생산되는 차이다. 이곳은 히말라야의 경사진 지역으로 기후적으로 차를 재배하기에 가장 알맞은 환경조건을 갖추었다. 여기서 생산되는 차는 세계적으로 가장 품질이 좋은 차로 유명하며 주로 스트레이트로 마신다.

다. 우바(Uva)

이 지역은 스리랑카(Ceylon)의 중부 산악지대 동쪽에 위치하였다. 이 지역의 기후는 북인도와 비슷하여 세계적으로 향과 맛이 좋은 차 품질로 매우 유명하다.

라. 녹차(Green Tea)

이 차는 중국과 우리나라 등지에서 많이 재배하고 품질 또한 우수한데, 잎을 가열하여 발효를 방지시켜 녹색을 유지하게 한다.

마. 자바(Java), 수마트라(Sumatra)

인도네시아의 이 지역에서 생산되는 차는 여러 가지 차와 혼합하는 데 주로 사용된다.

바. 동아프리카(East Africa)

이 지역의 차는 그다지 좋지 않은 품질의 차를 생산하므로 여러 가지 차를 혼합할 때 주로 사용된다.

표 5 … 지역별 차

생산지역	수확	아로마, 차 달인 후	품질
다즐링 (Darjeeling)	첫 번째 수확 (3~4월 사이)	매우 부드럽고 상쾌한 향에 밝은색을 띰	매우 우수한 품질
	두 번째 수확 (5~6월 사이)	향이 좋으며 첫 차보다 떫음 검은색을 띰	좋음
아삼 (Assam)	3~5월 사이	떫고 독하고 검은색을 띰	상품
	계절풍이 부는 기간	금색을 띰	일반 중품
실론 (Ceylon)	7~9월 사이	향이 풍부하고 떫으며 금황색을 띰	매우 우수한 품질

③ 첨가에 따른 분류

가. 스트레이트

아삼, 실론, 키먼

나. 블렌디드

잉글리시 브렉퍼스트, 오렌지 페코

다. 플레이버리

얼 그레이, 과일차

(3) 차의 성분

차는 카테킨, 카페인, 비타민, 불소, 아연 등 여러 성분이 함유되어 있다. 이러한 성분은 발암 억제작용, 각성작용, 이뇨작용, 방향제효과, 항균작용, 해독작용 등을 한다.

(4) 차의 배합[2]

차의 배합은 동유럽식 배합, 영국식 배합, 러시아식 배합 등 여러 배합방법이 있다.

① 동유럽식 배합

아삼과 수마트라산을 배합한다. 강하고 짙은 색을 띤다.

② 영국식 배합

아삼, 다즐링, 실론차를 배합한다. 풍부한 향과 촉감 좋은 떫은맛이 있다.

③ 러시아식 배합

다즐링과 중국차를 배합한다. 부드러운 향과 맛이 있다.

(5) 허브차

허브차(Herbal Tea)는 건조한 꽃잎, 풀, 씨앗, 뿌리, 약초 등 여러 가지 식물이나 약초를 끓여서 만든 차이다. 단순히 음용하는 음료일 뿐 아니라 감기나 속이 편치 않거나 피로할 때 마시는 건강보조효과가 있는 차들이다.

우리나라 차로는 인삼차가 대표적이다.

3. 카카오(Cacao)

(1) 개요

카카오는 멕시코를 포함한 중앙아메리카와 남아메리카의 북부가 원산지로 알려져 있으며 사람들에게 알려지기 시작한 나라는 멕시코이다.

유럽사람에게 알려지게 된 계기는 스페인의 선장인 코르테스(Cortes)가 1519년에 발견하면서부터이다.

카카오나무는 약 10m 정도 자라며, 30cm 정도의 열매에는 약 20~50여 개의 씨앗인 카카오 콩(Cacao Bean/Seed)이 있는데 이를 발효시킨다. 발효시킨 카카오 씨를 볶아 초콜릿과 코코아를 만든다.

표 6 … 카카오의 주요 성분

성분	함유량
지방	약 50%
단백질	약 12~15%
탄수화물	약 15~20%
염료	약 5%
무두질	
테오브로민(알칼로이드)	약 1.5%
향료	첫 번째 굽는 동안에 생성

(2) 생산지역

현재 카카오를 재배하는 지역은 중앙아메리카, 아시아, 아프리카, 서인도제도 동남쪽에 위치한 마르티니크, 남아메리카의 브라질, 베네수엘라 에콰도르, 콜롬비아 등이다. 유명 생산지역은 다음과 같다.

표 7 … 카카오의 주요 생산지

대륙	생산지
아프리카	골드코스트(코트디부아르), 나이지리아, 토고, 카메룬
아시아	자바, 실론, 사모아
아메리카	트리니다드, 마르티니크, 산타 도밍고, 과테말라, 브라질, 콜롬비아, 베네수엘라

03
CHAPTER

알코올성 음료

제1절 술의 정의와 역사

1. 술의 정의

술(Liquor)은 알코올성 음료이다. 마시면 취하는 음료로서 특정지역을 제외한 세계 대부분의 나라에서 만들어지고 있다. 나라마다 독특한 술이 있는데, 이러한 술은 그 나라의 자연환경이 영향을 미친다.

우리가 일반적으로 칭하는 술이라 하면 보통 주류 혹은 알코올성 음료로서 전분(곡류), 당분(과일)을 발효하거나 증류하여 제조한 알코올 1% 이상의 음료를 말한다. 법률적으로 정의해 보면 우리나라 「주세법」에는 "한국에서의 주류란 주정, 알코올분 1도 이상의 음료를 의미한다"[3]라고 제시되어 있다.

2. 술의 역사

술은 옛날에는 치료제이자 소독제로 사용했지만 지금은 성년이면 누구나 즐기는 가장 대중적인 음료 중 하나이다. 우리나라의 경우 예전에는 술을 마시는 이유에는 무엇을 축하하거나, 취하기 위해, 여러 어려운 일을 잠시 잊기 위해 마셨지만, 지금은 동우회 및 사교를 위해, 상호 교류를 위해서도 즐긴다.

술은 언제, 누가, 어떻게 만들었는지에 대해 정확히 알 수는 없지만 여러 문헌을 보면 아주 오래전부터 술이 사람과 함께했음을 알 수 있다. 술에 대해 각 나라마다 전해오는 이야기나 신화가 있다. 일반적으로 알려진 이야기로는 원숭이가 움푹 패인 곳에 놓아둔 과실이 술로 만들어졌다든지, 자연적이든 혹은 누군가에 의해 나무의 홈이나 패인 바위에 떨어진 과실류가 천연효모에 의해 발효된 것을 우연히 먹어서 발견되었다는 설이다.

따라서 인간이 처음 접한 술은 과실주일 것으로 추측되고 있다. 그러다가 정착생활과 농경생활을 하면서 과실주, 젖술과 곡주를 마셨고, 이후에 증류기술의 발명으로 증류주가 만들어졌다.

그리스 · 로마 신화를 보면 디오니소스는 술의 신이다. 그리스신화에서는 디오니소스(Dionysos/Dionysus), 로마신화에서는 바코스/바쿠스(Bacchos/Bacchus)라고 하는데, 술과 풍요의 신이다. 그래서 술을 바코스의 선물이라고도 한다. 이집트신화를 보면 고대 이집트 여신 중 하나인 이시스 여신의 남편인 오시리스(Osiris 혹은 Usire)가 보리로 맥주 제조하는 법을 가르쳤다고 전해지고 있다. 또한 이집트에는 맥주양조에 대한 유적이 있다. 이미 BC 2400년경 이집트 무덤에는 제조법이 남아 있고, 이후 BC 1500년경 제5왕조의 무덤에도 맥주 제조에 대한 자세한 기록이 남아 있다.

우리나라 단군신화에는 단군께서 농사하는 법을 백성들에게 가르쳤고, 햇곡이 나는 가을에 높은 산 위에서 신에게 햇곡으로 빚은 술과 떡 등으로 제사를 지냈다고 한다. 그리고 고구려의 주몽신화에서는 술에 만취한 유화가 해모수와 잠자리를 하여 주몽이 태어났다고 전해진다. 우리나라의 술의 고유어는 '수블/수불'인데, 수블이 수울, 수을, 술로 변천되었다고 한다.

제2절 술의 분류

1. 우리나라 주세법의 분류

우리나라 「주세법」[4]에서 주류의 종류를 살펴보면 크게 주정, 발효주류, 증류주류, 기타 주류가 있다. 발효주류에는 맥주, 탁주, 청주, 약주, 과실주가 있다. 그리고 증류주류에는 위스키, 브랜디, 소주, 일반 증류주, 리큐르가 있다.

2. 술의 분류

① 양조주(Fermented Liquor)

가장 자연적인 맛과 향을 즐길 수 있는 알코올성 음료이다. 양조주(Fermented Liquor)는 발효주라고도 한다. 곡물류나 과일류가 곰팡이류 미생물인 효모(Yeast)의 발효작용에 의해 양조되어 얻어지는 술이다. 즉 곡물류와 과실 등의 전분(녹말)과 당분을 주원료로 하여 효모균에 의해 발효작용하여 만들어지는 술이다. 따라서 술 원료의 성분이 과당인 당분을 지닌 원료와 곡물류처럼 전분질을 지닌 것으로 구분할 수 있다.

전분을 가진 것은 일단 당화가 필요한데, 당화시킨 다음 발효를 거쳐 얻어지며 맥주, 막걸리, 청주 등이 있다. 주로 당화에는 엿기름(Malt)이 사용되는데, 보관이 쉽지 않고 알코올 도수도 그다지 높지 않다.

당분을 가지고 있는 원료는 효모를 바로 사용하면 되는데 와인과 사과주가 대표적인 술이다. 발효는 과일이나 곡류에 있는 당분에 효모(곰팡이류 미생물)를 작용시켜 에틸알코올과 탄산가스를 발생시키는 것을 말한다.

표 8 … 주요 양조주

포도	와인	천연 와인(Natural Wine)
		발포성 와인(Sparkling Wine, Champagne)
		강화와인(Port Wine, Sherry Wine)
과일	사이다*	사과(Cider)
곡류	맥주	하면발효맥주, 상면발효맥주
	막걸리	쌀, 옥수수, 밀

*사과를 발효시켜 알코올이 1~6% 정도 함유된 사과주

② 증류주(화주)

증류주(Distilled Liquor)는 발효작용을 통해 만들어진 양조주를 다시 증류과정을 통해 만든 술로서 알코올 도수가 양조주보다 높다. 와인을 증류하면 브랜디가 되고, 맥주를 증류하면 위스키가 된다. 증류는 양조한 술을 단식 증류기(Pot Still)나 연속식증류기(Patent Still)를 이용하여 이루어진다.

단식 증류기는 밀폐된 솥과 파이프로 구성되어 있다. 증발되는 증기를 모아 냉각시키는 증류장치로서 한번 증류를 마치면 발효액을 넣어 증류하는 방식이다. 연속식증류기는 대량생산이 가능하게 단식 증류기를 여러 개 연결시켜 놓은 증류기이다.

③ 혼성주

혼성주(Compounded Liquor)는 양조주나 증류주에 식물의 뿌리, 열매, 과즙, 색소 등의 초, 근, 목, 피, 향료, 과실, 당분 등을 넣어 만든 술이다. 우리가 알고 있는 리큐르(Liqueur)는 혼성주이다. 혼성주는 스트레이트로 마시기도 하고 칵테일 제조 시에도 많이 사용된다.

표 9 ··· 세계의 주요 술

명칭	종류	원료	발효	주요 생산국	알코올 도수(%)
와인(포도주)	양조주	포도	효모	세계 70여 개국에서 생산	8~14
샴페인	양조주	포도	효모	프랑스	9~14
스파클링 와인	양조주	포도	효모	프랑스, 스페인, 이탈리아, 독일	9~14
셰리	양조주	포도	효모	스페인	7~20
사과주	양조주	사과	효모	유럽, 미국, 캐나다	1~8
맥주	양조주	대맥, 기타 곡류	효모	세계 각국에서 생산	3~10
미드	양조주	벌꿀	효모	영국, 스웨덴	10~12
위스키	증류주	대맥, 옥수수	효모	영국, 아일랜드, 미국, 캐나다, 일본	40~45
진	증류주	주로 대맥, 옥수수	효모	네덜란드, 영국	37~50
보드카	증류주	주로 대맥, 옥수수	효모	러시아, 미국	40~50
럼	증류주	사탕수수, 당밀, 고구마	효모	중남미	37~45
테킬라	증류주	용설란	효모	멕시코	40~43
아락	증류주	당밀, 쌀	효모	남아시아	50~60
브랜디	증류주	포도	효모	유럽	40~45
코냑	증류주	포도	효모	프랑스	40~45
칼바도스	증류주	사과	효모	프랑스	40~45
아쿠아비트	증류주	감자와 대맥	효모	북유럽과 독일	55~60
코른	증류주	소맥, 라이맥	효모	독일	30~40

2
PART

양조주

01
CHAPTER

맥주

제1절 맥주의 이해

1. 맥주의 유래

맥주는 일반적으로 보리에 싹을 나게 하여 만든 맥아로 맥아즙을 만들어 여과한 다음 홉(Hop)을 넣고 효모(곰팡이류 미생물)로 발효하여 만든 알코올성 음료인 술이다.

예전부터 포도가 풍부한 곳에는 와인이 생산되었고, 맥주는 곡물이 풍부한 지역에

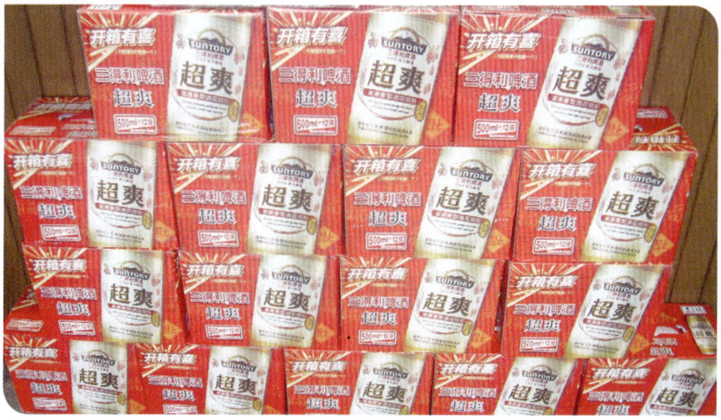

서 발달하였다. 맥주는 세계인이 가장 즐기는 술로 동서양을 막론하고 많은 맥주회사가 있다. 우리나라도 최근 세계의 다양한 맥주를 수입하고 있으며 수제맥주를 제조하는 곳도 있다. 외국에는 기존의 맥주와는 전혀 다른 맥주가 있는데 독일의 경우 알코올 도수가 0.5% 이하 혹은 무알코올 맥아맥주인 말츠 맥주(Malz Bier)나 바이젠 맥주(Weizenbier) 같은 밀맥주가 있고 훈제된 맥아로 제조한 훈제맥주인 라우흐맥주(Rauch Bier) 등도 있다.

맥주에 대한 어원이나 역사는 문헌마다 다소 차이가 있다. 그러나 인간이 아주 오래전부터 맥주를 음용한 것은 공통된 사실이다. 맥주를 뜻하는 영어 단어인 Beer는 라틴어의 마시다인 비베레(Bibere)에서 유래되었다고도 하고 게르만족의 언어 중 '곡물'을 뜻하는 비오르(Bior)에서 왔다고도 한다.

오늘날 맥주는 보리를 당화시킨 후 효모(Yeast)와 홉(Hop)을 사용하여 맥주의 향과 쓴맛이 나게 만든 음료로서, 알코올 농도가 다른 술에 비해 상대적으로 높지 않고 탄산가스를 함유하고 있어 청량감을 주는 음료로서 탄수화물, 단백질, 미네랄, 비타민 등 많은 영양분이 있는 술이다.

각 나라별 맥주의 명칭은 다음과 같다.

- 영어 – 비어(Beer)
- 독일 – 비어(Bier)
- 프랑스 – 비에르(Biere)
- 체코 – 피보(Pivo)
- 스페인 – 세르베자(Cerveza)
- 포르투갈 – 세르베자(Cerveja)
- 이탈리아 – 비라(Birra)
- 러시아 – 피보(Pivo)
- 덴마크 – 올레트(Ollet)
- 중국 – 페이주(碑酒)

① 기원전

기원전 4000~5000년경 바빌로니아에 맥주에 대한 기록이 있는데, 수메르인들이 맥주의 여신인 닌카시(Ninkasi)를 찬양하는 시에 맥주제조법이 있고, 수메르인의 점토판에 맥주 제조과정이 기록되어 있다. 고대 이집트에서는 피라미드를 만드는 노역자들이 맥주와 마늘을 먹었다고 하며, 무덤에도 맥주 제조법이 기록되어 있다. 기원전 2000년경 바빌로니아 함무라비법전에는 맥주와 맥주술집에 관한 기록이 있다.

② 유럽

약 1세기경 게르만족이 맥주를 제조한 것으로 전해지고 있다. 이후 게르만족이 유럽 전역으로 대이동함에 따라 맥주가 유럽으로 널리 보급되었는데, 이는 맥주의 어원에서도 알 수 있다. 맥주의 쓴맛은 홉(Hop) 때문인데, 홉의 사용은 약 10세기경 독일에서 이루어졌다고 한다.

③ 맥주순수령(Reinheitsgebot) 이후

15~16세경 맥주는 대중화되었다. 특히 수도원에서는 맥주를 '액체의 빵'이라 하여 맥주 제조가 활발하게 이루어졌는데, 오늘날과 같은 맥주형태는 이때 나왔다. 1516년 독일의 헤르조크 빌헤름(Herzog Wilhelm Ⅳ) 4세가 맥주의 품질관리를 위해 보리, 홉, 물 이외에는 다른 원료를 사용하지 못하게 하는 '맥주순수령(Reinheitsgebot)'을 공포하였다.

19세기 중엽에 이르러 하면효모를 사용한 라거맥주(Lager Beer)가 양조되었는데, 그 이전의 맥주는 상면발효맥주가 대부분이었다. 라거맥주는 후숙성이 있어야 하고 이를 위해서는 냉각이 필요했다.

독일의 린데(Linde)가 1870년대에 압축식 액체암모니아냉각기를 발명하여 1년 내내 맥주 양조가 가능해져 라거맥주가 확산되는 데 기여했다. 루이 파스퇴르(Louis Pasteur)는 와인뿐만 아니라 맥주에 대한 연구도 하였는데, 저온살균법 일명 파스퇴르 살균법을 개발하였다. 에버하르트 안호이저(Eberhard-Anheuser)와 함께 안호이저-부슈(Anheuser-Busch)사를 설립한 독일 출신의 아돌푸스 부슈(Adolphus Busch)는 병맥주가 온도의 변화에도 장기간 변질되지 않는 방법을 발견했다.

2. 맥주의 원료

맥주의 원료는 나라에 따라 다소 차이가 있지만 보통 보리, 물, 홉, 효모의 4가지가 사용된다. 따라서 맥주는 보리에 물과 홉, 효모를 첨가하여 만든다. 나라에 따라서는 보리 외에 귀리, 옥수수, 밀 등을 넣기도 한다. 물은 일반적으로 광물질이 많이 함유되지 않은 것이 좋다. 그리고 맥주에는 쓴맛이 있는데 이는 홉 때문이다.

(1) 보리(Barley)

맥주용 보리인 맥아는 보통 맥주를 제조하는 데 가장 기본이 되는 원료이다. 일반적으로 보리가 싹이 튼 것을 건조시켜 만드는데, 예전부터 우리나라도 엿이나 식혜 등을 만드는 데 사용했다.

맥주용 보리는 껍질이 얇고 색은 담황색에 윤택이 나는 것이 좋다. 수분은 약 10% 이내로 건조되고, 95% 이상 발아율이 있는 것으로 알맹이가 고르고 맥주가 탁하지 않게 단백질이 많지 않고 전분(녹말)이 많아야 한다. 보리 외에 밀을 이용해 만드는 맥주로는 바이스/바이젠 맥주(Weissbier 혹은 Weizenbier)가 있는데 독일의 바이에른 지방이 특히 유명하다.

맥아는 건조도에 따라 맑은 맥아, 검은 맥아, 캐러멜 맥아가 있다. 맑은 맥아를 사용한 맑은 맥주, 검은 맥아를 사용한 검은(흑) 맥주, 캐러멜 맥아를 사용한 말츠 맥주(Malz Bier) 혹은 캐러멜 맥주도 있다.

(2) 물

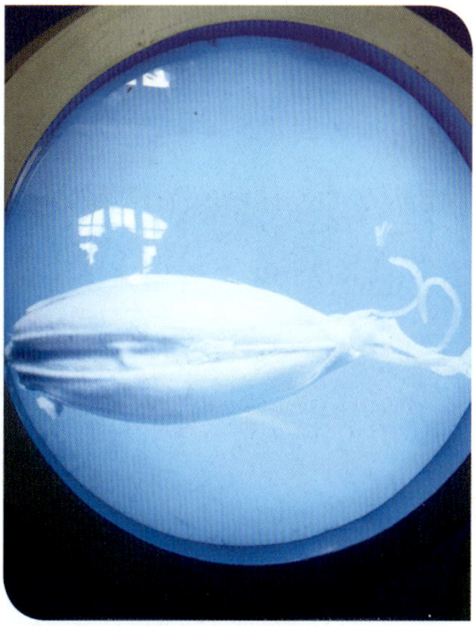

맥주 생산에는 물이 필수적이다. 보통 맥주 생산량의 10~20배의 물이 소요된다. 맥주는 일반적으로 약 90% 이상이 물로 이루어져 있다. 우리나라에서도 물맛이 좋아야 술맛이 좋다는 말처럼 물이 좋아야 맥주 맛이 좋다. 맥주에는 무색, 무미에 투명하고 오염되지 않으며 유기물과 광물이 없는 물을 사용한다. 알칼리성 물은 맥주의 투명성에 그다지 좋지 않다.

(3) 홉(Hop)

홉(학명: Hunulus Lupulus)은 뽕나무과의 암수 꽃이 따로 피는 식물이다. 맥주에 사용되는 홉은 수정하지 않은 녹색의 암꽃만을 사용한다.

맥주에서 홉은 ① 홉의 향과 쓴맛이 나게 하고, ② 단백질과 결합하여 침전됨으로써 혼탁하지 않고 맑게 하며, ③ 효모 이외의 미생물이나 잡균발육을 억제시키고, ④ 저장성을 높여준다.

일반적으로 맥주에 넣는 홉의 양에 따라 맛이 달라지는데, 홉을 많이 넣으면 강한 쓴맛이 나고, 적게 넣으면 쓴맛이 약한 맥주가 된다.

(4) 효모(Yeast/Hefe)

효모는 살아 있는 미생물이다. 효모는 맥아즙에 있는 당분을 알코올과 탄산가스(CO_2)로 분해시키며 종류가 다양하고 효모에 따라 향도 달라진다. 효모는 술의 양조 외에 빵을 만들 때도 사용된다.

맥주효모는 크게 상면발효효모와 하면발효효모의 두 가지로 구분할 수 있다. 상면발효효모는 20도 내외의 비교적 고온발효 후에 탄산가스가 발생하면 거품과 함께 맥주의 표면 위로 효모가 떠오른다. 하면발효효모는 10도 내외의 비교적 저온에서 일정기간 발효되면서 응집되어 맥주 밑으로 효모가 가라앉는다. 보통 라거맥주(Lager Beer)가 이렇게 만들어진다.

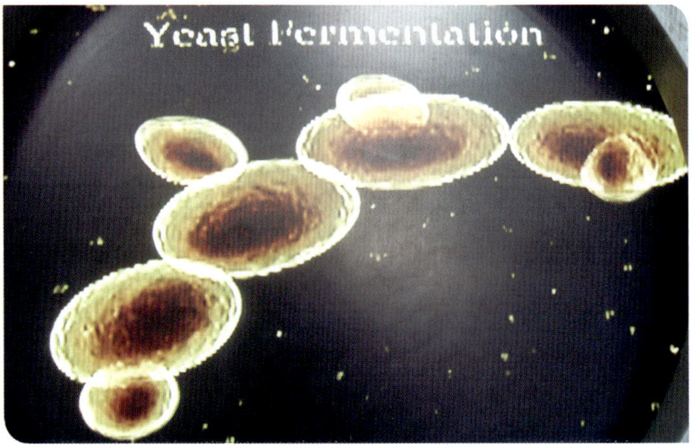

3. 맥주의 제조

예전에는 맥아에 물을 붓고 자연적으로 발효시켜 맥주를 만들었다. 오늘날에는 많은 공정을 통해 맥주가 만들어진다.

맥주는 보통 보리에 물을 붓고 싹이 나면 말린 맥아인 엿기름(다른 곡물)을 곱게 갈아 물과 끓여 단맛의 엿기름액을 만들고 이를 여과하여 홉을 첨가하여 끓인다. 홉의 찌꺼기를 제거하고 원심분리기로 맑게 하여 효모를 넣고 전발효(주발효)를 한 뒤 다시 후발효를 거쳐 여과 후에 저장하면 생맥주가 생산 된다. 그리고 이를 살균하면 병맥주가 생산된다.

맥주의 일반적인 제조과정은 다음과 같다.

① 맥아(엿기름) 분쇄

② 맥아와 물을 1:2 정도로 하여 약 65℃에서 몇 시간 동안 당화시켜 맥아즙을 제조한 후 걸러냄

③ 홉 첨가

④ 끓임

⑤ 5~10℃로 냉각

⑥ 발효실에서 효모를 맥아즙에 첨가하여 10℃ 내외에서 약 10일 정도 주발효(전발효)하면 탄산가스가 발생

⑦ 주발효 중 밑으로 가라앉은 효모는 남겨두고 윗부분의 맑은 액만 밀폐탱크에 옮겨 담고 아직 미숙성된 맥주를 다시 숙성시킴. 약 0~2℃의 저온에서 3개월 정도 숙성시킴

⑧ 맥주를 여과한 후 살균하지 않고 용기에 넣으면 생맥주(Draft Beer)가 됨

⑨ 병에 넣기 전이나 후에 살균하면 일반맥주인 캔맥주, 병맥주가 됨

맥주 제조를 크게 맥아제조, 당화, 발효, 저장, 여과, 병입의 6단계로 구분하여 나타내면 다음과 같다.

그림 1 … 맥주의 제조과정

맥 아 제 조	맥아(엿기름)에 수분공급, 맥아즙 제조
↓ 당 화	부재료를 넣어 끓임, 홉 첨가
↓ 주 발 효	효모를 넣어 발효
↓ 저 장	저온 숙성
↓ 여 과	살균되지 않은 생맥주(Draft Beer)
↓ 살균 후 병입	살균된 캔맥주, 병맥주

생맥주와 병맥주의 차이는 앞에서 언급한 바와 같이 맥주에 열처리를 했는지 혹은 하지 않았는지에 따라 달라진다. 생맥주는 효모 제거를 위해 여과만 하고 살균처리를 하지 않은 맥주이고, 살균처리를 통해 맥주에 남아 있는 미생물과 효모 등을 살균하여 장기간 보관할 수 있도록 보존성을 향상시킨 맥주가 일반맥주이다.

오늘날 열처리를 하지 않은 맥주의 경우 세밀한 정밀여과기에 통과시켜 불순물뿐만 아니라 효모, 곰팡이, 세균 등을 걸러낸다. 기존의 여과는 불순물을 제거하여 맑게 하는 것이었지만 기술이 발달함에 따라 현재는 맥주 본래의 맛과 향에는 거의 영향을 주지 않고 맥주의 보존에 영향을 주는 미생물만 제거한다.

4. 맥주의 성분

맥주의 성분에는 크게 수분, 알코올, 엑기스분, 탄산가스, 기타 등이 있다.

수분은 전체 87~92% 정도로 가장 많은 부분을 차지한다. 다음으로 알코올이 3~5% 정도인데 이보다 더 많은 양을 함유한 맥주도 있다. 엑기스분이 5~8%, 탄산가스 0.3~0.6% 정도가 포함되어 있다.

5. 맥주의 분류

(1) 효모에 따른 분류

① 상면발효맥주

상면발효맥주(Top Fermentation Beer, Obergärige Biere)는 20도 내외의 상온에서 발효시키는 맥주로서, 발효과정에서 효모가 거품과 같이 위로 떠오른다.

이 맥주는 주로 독일, 영국, 벨기에, 미국의 일부 지역에서 생산되는데, 홉의 향이 강하고 알코올 도수가 다소 높은 편이다. 하면발효맥주보다 진한 맛과 향이 나며 스타우트(Stout), 포터(Porter), 에일(Ale), 람빅(Lambic) 등이 있다.

가. 스타우트(Stout)

진한 맛에 강한 맥아 향 그리고 아주 진한 검은색으로 알코올 함량은 높은 것도 있는데 4~11% 정도이다. 보통 너무 차게 마시지 않는 것이 특징이며 아이리시(Irish)가 유명하다.

나. 포터(Porter)

영국의 흑맥주로 스타우트보다 다소 약하다. 런던 빅토리아역의 짐꾼인 포터들이 즐겨 마셨다고 하여 불리게 됐다. 거품층이 두껍고 색은 진하지만 강한 단맛과 약한 쓴맛이 난다. 홉의 맛은 에일에 비해 다소 약하고 알코올 도수는 6% 정도이다. 독일의 포터 중에는 하면발효도 있다.

다. 에일(Ale)

중세 영국의 맥주를 에일이라 불렀는데, 16세기에 독일에서 홉이 들어오자 홉을 첨가한 것을 맥주, 그렇지 않은 것을 에일이라 불렀지만 현재는 구분 없이 불린다. 에일은 홉이 라거맥주에 비해 1.5배 이상 첨가되어 홉의 향이 진하고 강한 쓴맛에 와인과 같이 과일향이 난다. 색과 향에 따라 담색의 산뜻한 쓴맛이 나는 페일 에일(Pale Ale), 진한 색에 약한 쓴맛이 나는 마일드 에일(Mild Ale) 등이 있다.

라. 람빅(Lambic)

벨기에의 대표적인 맥주로 기존의 맥주가 발효 시 공기를 차단하는 것과는 달리 공기에 노출하여 자연효모 및 다양한 미생물과 함께 발효한 맥주이다. 발효 후 2~3년간 숙성시키기도 한다.

마. 알트 맥주(Alt Bier)

독일의 뒤셀도르프(Düsseldorf)에서 주로 생산되는 검은색의 맥주이다. 알코올 도수는 약 4.8% 정도에 홉의 첨가가 많고, 진한 맥아향과 맛이 나는 맥주이다.

바. 바이젠 맥주(Weizenbier)/바이스 맥주(Weissbier)

독일의 바이에른 지방이 특산지로서 밀의 함량이 많고 홉을 약간 첨가한 맥주이다. 최소 50% 이상의 밀에 보리를 혼합하여 상면 발효방식으로 양조하는 밀맥주이다. 알코올 도수는 약 5~5.6% 정도이다.

홉을 적게 넣어 쌉쌀하고 부드러우면서도 상큼하고 시큼한 맛이 난다. 풍부한 거품과 밀 몰트향, 바닐라, 바나나, 감귤류 향 등의 과일향이 난다.

바이젠 맥주는 여과방식에 따라 헤페바이젠 맥주(Hefeweizen Bier)와 크리스탈바이젠 맥주(Kristalweizen Bier)로 구분할 수 있다. 헤페바이젠(Hefeweizen)은 효모를 완전히 추출하지 않은 맥주로, 자연적인 맛이 나고 막걸리처럼 탁한 색이 특징이다. 크리스탈바이젠(Kristalweizen)은 효모를 여과하여 헤페바이젠(Hefeweizen)보다 맑은 색이 나는 밀맥주이다.

사. 쾰슈(Kölsch)

독일 쾰른에서 생산되는 맥주이다. 과일향이 있으며 라거맥주처럼 서서히 양조된다. 알코올 도수는 4.8% 정도이다.

아. 베를리너 바이세(Berliner Weiße)

탄산가스가 약한 맥주이다. 알코올 도수는 2.8%이다.

자. 고제(Gose)

독일 작센주에서 나는 밀맥주로, 베를리너 바이세(Berliner Weiße)와 유사하다.

차. 로겐맥주(Roggenbier)

거품이 많고 맑지 않은 독일의 호밀맥주이다.

카. 엠머맥주(Emmerbier)

바이젠 맥주의 한 종류라고 할 수 있는데, 엠머 밀로 만든 맥주이다. 엠머 밀은 인간이 재배한 가장 오래된 작물 중 하나로 이집트나 메소포타미아에서 발견된다. 이집트나 메소포타미아에서 빵이나 맥주를 만들 때 사용했다고 전해진다. 탁하며 짙은 붉은색에 타닌 맛이 있다.

타. 하퍼맥주(Haferbier)

중세 때 가장 즐겨 마셨던 귀리로 만든 맥주이다. 약한 신맛과 단맛이 있다. 맛은 베를리너 바이세(Berliner Weiße)와 바이젠 맥주(Weizenbier)의 중간 정도이다.

파. 딘켈맥주(Dinkelbier)

바이젠 맥주(Weizenbier)와 유사한 맥주이다.

② 하면발효맥주(Bottem Fermentation Beer, Untergärige Biere)

세계 맥주의 약 3/4 정도를 차지하고 있고, 맥주의 종주국이라 할 수 있는 독일 맥주의 약 80% 이상의 생산량을 차지하고 있다. 하면발효맥주는 하면발효효모를 사용하여 발효 중 효모가 아래로 가라앉는데, 10℃ 내외의 저온에서 비교적 긴 시간 발효시켜 만든 맥주이다. 알코올 도수는 약 3~6% 정도이다.

가. 라거맥주(Lager Bier)

낮은 온도에서 천천히 양조되는 숙성 저장맥주인 라거(Lager)는 독일어의 저장되어 있다는 단어 라게른(lagern)에서 왔다. 저온에서 장기간 저장을 통해 만들어지는 향이 좋은 맥주이다.

나. **뮌헨타입**(München/Helles)

독일 뮌헨타입의 맥주로 노란색이다. 맥아향이 나고 쓴맛이 적으며 단맛이 있는 부드러운 맥주이다. 알코올 도수는 4.5~6% 정도이다.

다. **필스너**(Pilsner/Pils/Pilsener)

대표적인 담색 맥주로, 엷은 황금빛 맥주의 총칭이라 할 수 있다. 체코의 플젠(체코어: Plzeň, 독일어 필젠: Pilsen)에서 유래된 맥주타입이다. 강하지 않은 맥아향에 맛은 담백하다. 세계적으로 이 타입의 맥주가 대세를 이룬다. 알코올 도수는 4~5.2% 정도이다.

라. **도르트문트 타입**(Dortmund Bier)/
엑스포트(Export)

대표적인 담색계열의 맥주로서, 독일의 도르트문트시에서 제조되는 맥주이다. 홉을 적게 넣고, 뮌헨보다는 다소 강하지 않다. 엑스포트(Export)는 수출의 의미로 맥주가 대량생산되기 시작할 때 수출을 많이 해서 붙여진 이름으로 알코올 도수는 약 5% 정도이다. 도르트문트뿐만 아니라 뮌헨, 오스트리아의 빈(Wien)에서도 생산된다. 담색 혹은 농색이 있다.

마. **보크맥주**(Bock)

예전의 한자동맹지인 독일 니더작센(Niedersachsen)의 아인베크(Einbeck)에서 유래한 보크맥주는 알코올 도수가 높은 진한 맥주이다. 담색(Hells) 또는 농색(Dunkles) 맥주가 있지만 현재는 주로 단맛이 있고 홉의 함유량이 적은 농색타입이 생산된다. 담색 또는 농색 바이젠 보크맥주도 있다. 도펠 보크(Doppel Bock)맥주는 알코올 도수가 12% 정도인 것도 있다.

바. 슈바르츠비어(Schwarzbier)

슈바르츠는 '검다'는 의미로 독일의 검은색 계통의 전통맥주이며 검은색 맥아로 제조된다.

사. 로트비어(Rotbier)

맥아로 만든 맥주로서 독일의 뉘른베르크와 벨기에가 유명하다. 바짝 말린 맥아로 만든 붉은색에 알코올 도수는 약 5% 정도이다. 다른 지역에서는 라우흐맥주(Rauchbier) 또는 브라운맥주(Braunbier)라고도 한다.

아. 조이글맥주(Zoigl/Zeugl/Kommunbier)

독일의 레겐스부르크(Regensburg)가 있는 오버팔츠(Oberpfalz) 지역에서 생산되는 맥주이다. 맑은 맥주와 검은 맥주가 모두 양조되며 탄산 함유량이 적고 주로 필터링을 하지 않는다.

자. 메르젠맥주(Märzenbier)

원래 3월에 양조된 저장맥주를 뜻한다. 현재는 남부 독일과 오스트리아에서 주로 사용하는 용어로 강한 라거맥주(저장맥주)를 의미한다.

표 1 … 상면발효맥주와 하면발효맥주

상면발효맥주		하면발효맥주	
• Ale	• Altbier	• Exportbier	• Helles
• Berliner Weiße	• Dinkelbier	• Lagerbier	• Märzen
• Emmerbier	• Gose	• Münchner Dunkel	• Porter
• Haferbier	• Kölsch und Weiße	• Pils	• Schwarzbier
• Porter	• Roggenbier	• Rotbier	• Zoigl
• Stout	• Weizenbier		

자료 : https://de.wikipedia.org

(2) 살균처리에 따른 맥주의 분류

① 병맥주/캔맥주

일반적으로 장기간 보존하기 위해 저온살균처리를 한 맥주이다. 생맥주에 비해 유통기간이 길다.

② 생맥주

생맥주(Draft Beer)는 열처리를 하지 않아 자연적인 미생물과 효모가 잔존하여 자연적인 맛과 향이 있는 맥주이며 유통기간이 짧다.

6. 세계의 맥주

(1) 독일

독일은 흔히 '맥주의 종주국'이라 부르는데 그만큼 맥주에 대한 열정과 발전에 기여한 나라이다. 오늘날의 맥주 제조에 꼭 필요한 홉을 넣은 맥주를 만든 나라이자 라거맥주의 나라이다. 독일은 맥주의 품질을 위해 1516년에 '맥주순수령'을 공포했다.

독일에는 약 1,800여 개의 양조장이 있는데 이는 마을마다 양조장이 하나씩 있다고 해도 과언이 아닌 수치이다.

독일에서는 필스너, 헬레스, 둥켈레스, 크리스탈 바이젠, 헤페 바이젠, 둥켈 바이젠, 엑스포트, 슈바르츠, 보크, 도펠 보크, 라우흐 등의 다양한 맥주를 생산하고 있다.

유명상표로는 외팅거(Oettinger), 크롬바허(Krombacher), 비트부르거(Bitburger), 벡스(Beck's), 바르슈타이너(Warsteiner), 하세뢰더(Hasseröder), 벨틴스(Veltins), 파울라너(Paulaner), 라데베르거(Radeberger), 에딩거(Erdinger), 헤닝거(Henninger), 홀슈타인(Holstein), 뢰벤브로이(Löwenbräu) 등이 있다.

① 벡스(Beck's)

- **생산지**: 독일
- **도수**: 5%
- **종류**: 필스너
- **발효방식**: 하면발효
- **제조사**: Beck's

독일 북부에 위치한 브레멘에서 양조되는 프리미엄 독일맥주이다. 이 도시는 한자동맹의 중심도시 중 하나였고, 그림형제의 동화인 『브레멘 음악대』(The town musician of Bremen)가 유명하다. 맥주는 옅은 황금색으로 홉의 향과 기분 좋은 쓴맛이 있다.

② 바르슈타이너(Warsteiner)

- **생산지**: 독일
- **도수**: 4.8%
- **종류**: 필스너
- **발효방식**: 하면발효
- **제조사**: Warsteiner

독일 북서부 바르슈타인 지역에서 1953년부터 양조되고 있다. 독일에서 가장 큰 개인 소유 양조장 중 한 곳이다. 투명하고 진하지 않은 황금색을 띠며 거품이 많은 깔끔한 맛이다.

(2) 덴마크

이미 15세기부터 맥주를 판매목적으로 제조한 세계적인 맥주 생산국이다. 야콥슨은 상면발효맥주 대신 독일에서 1864년 하면발효방식을 도입하여 처음으로 독일풍의 저장맥주(Larger Beer)를 만들었다. 덴마크인들은 안데르센(Hans Christian Andersen)과 더불어 칼스버그의 창시자 야콥슨을 덴마크의 자랑으로 여긴다. 유명제품으로는 칼스버그(Carlsberg), 투보그(Tuborg), 팍세(Faxe) 등이 있다.

① 칼스버그(Carlsberg)

○ **생산지**: 덴마크

○ **도수**: 5%

○ **형태**: 라거맥주

○ **발효방식**: 하면발효

○ **제조사**: Carlsberg

덴마크의 대표적인 맥주로서 야콥슨이 1847년 아들인 칼(Carl)의 이름으로 양조장을 개업했다. 1864년 야콥슨이 독일에서 하면발효방식을 도입하여 하면맥주를 제조했다. 1904년 덴마크 왕실의 공식맥주로 선정되었다.

② 팍세(Faxe)

○ **생산지**: 덴마크

○ **도수**: 5%

○ **형태**: 라거맥주

○ **발효방식**: 하면발효

○ **제조사**: Royal Unibrew

덴마크뿐만 아니라 스칸디나비아의 대표적인 맥주회사제품이다.

(3) 네덜란드

세계의 대표적인 맥주인 하이네켄(Heineken)이 생산되는 국가이다. 유명상표로는 Heineken, Amstel, Grolsch, Hertog Triple, Bavaria, Breda, Orangeboom 등을 들 수 있다.

① 암스텔(Amstel)

○ **생산지**: 네덜란드

○ **도수**: 5%

○ **형태**: 필스

○ **제조사**: Amstelbrouwerij

1870년 네덜란드의 암스테르담에서 설립되었다. 1980년 하이네켄에 합병되었지만, 현재도 네덜란드에서 가장 많이 판매되는 맥주 중 하나이다.

② 하이네켄(Heineken)

○ **생산지**: 네덜란드

○ **도수**: 5%

○ **형태**: 라거

○ **제조사**: Heineken

대표적인 프리미엄 맥주인 하이네켄은 1864년 Gerard Adriaan Heineken이 설립하였다. 그는 상면발효맥주에서 하면발효방식으로 맥주제품이 전환되는 독일의 맥주산업을 보고 새로운 맥주를 찾아 유럽을 다녔다. 결국 맥주의 맛은 효모가 중요하다는 것을 파악하고 파스퇴르의 제자인 Dr. Elion을 영입하여 Heineken A-Yeast를 육종하게 되는데, 현재도 세계 각지에 있는 하이네켄공장에 효모를 공급하고 있다.

(4) 영국

독일과 더불어 맥주의 양대산맥이라 할 수 있는 영국은 상면발효맥주의 본고장으로서 16세기부터 홉을 사용했다. 중세 영국에서는 결혼식 때 신부집에서 맥주를 제공할 정도로 즐겼다. 영국에서는 홉을 첨가하지 않은 맥주를 에일(Ale), 첨가한 맥주를 비어(Beer)라고 불렀다.

산업혁명 후 맥주는 가내수공업에서 공장형태로 전환되어 생산이 증가하였다. 영국에서는 펍(Pub), 즉 퍼블릭 하우스(Public House)를 에일 하우스(Ale House)라고도 했다.

영국의 맥주에는 에일 외에도 포터와 스타우트 등이 있다. 제품으로는 Bass Pale Ale, Guinness 등이 유명하다.

(5) 체코

세계인이 가장 즐겨 마시는 맥주타입인 라거맥주로 불리는 하면발효맥주인 필스너의 고장이다. 필스너(Pilsner)는 의미는 체코 플젠(Plzeň)에서 생산된 황금빛 라거맥주를 의미하며 사츠 지역의 최고급 홉으로 제조한다.

유명제품으로는 필스너 우르겔(Pilsner Urquell)이 있다. 필스너 우르겔(Pilsner Urquell, 체코어, Plzeňský Prazdroj)은 1842년 보헤미아의 플젠(Plzeň)에서 탄생하였다. 영어식 발음인 버드와이저, 즉 미국 맥주인 버드와이저는 상표권으로 인해 체코의 맥주회사인 부데요비츠키 부드바와 소송하기도 했다.

(6) 벨기에

벨기에 맥주로는 우리나라에서 특히 더 유명한 수도원에서 제조되는 람빅이나 트라피스트 맥주가 있다. 맥주는 풍부한 향과 맛, 도수가 높은 것이 특징이다.

벨기에에는 맥주 브랜드만 약 500가지 이상이다.

(7) 미국

얼마 전까지 세계 맥주시장에서 미국 맥주는 크게 주목받지 못했다. 초기 미국 맥주는 주로 영국 청교도들이 집안에서 상면발효맥주를 만든 것이 전부였는데 독일 이민자들이 하면발효맥주를 만들기 시작하면서 저장맥주의 생산이 증가하기 시작했다.

따라서 미국의 유명 맥주회사 설립자에는 독일 출신이 많으며, 미국 맥주는 영국 이민자에 의해 상면발효맥주, 독일 이민자에 의해 하면발효맥주가 탄생하였다. 현재 대규모 맥주회사뿐만 아니라 1,400여 명의 소규모 맥주 생산자들이 있다.

유명상표로는 Budweiser, Coors, Miller, Rolling Rock, Old Milaukee 등이 있다.

① 버드와이저(Budweiser)

○ **생산지**: 미국(벨기에)

○ **도수**: 5%

○ **형태**: 라거

○ **제조사**: Anheuser-Busch Inbev

버드와이저는 세계에서 가장 유명한 맥주 중 하나이다. 이 회사는 1852년 미국의 세인트루이스에 설립되어 있던 '바바리안(Bavarian)' 양조장에서 시작되었다. 에버하르트 안호이저(Eberhard Anheuser)가 1860년 바바리안양조장을 인수한 후, 자신의 이름을 따서 E. Anheuser & Co.로 회사명을 변경했다. 1876년에는 '버드와이저 라거맥주'가 생산되면서 미국의 대표적인 맥주가 되었다. 2008년 세계 최대 다국적 맥주회사인 벨기에 '인베브(Inbev)'에 인수되면서 다시 '안호이저 부슈 인베브'(Anheuser–Busch Inbev)가 되었다.

② 밀러 라이트(Miller Lite)

○ **생산지**: 미국

○ **도수**: 4.2%

○ **형태**: 라거

○ **제조사**: 밀러 부루잉

미국 저칼로리 맥주의 대명사이자 대표적인 라이트 맥주인 '밀러 라이트(Miller Lite)'는 일반맥주보다 한 병당 칼로리가 33% 정도 낮은 96kcal이다.

표 2 … 세계 유명 맥주상표

국가	맥주
독일	Oettinger, Krombacher, Bitburger, Beck's, Warsteiner, Paulaner, Erdinger, Henninger, Holstein, Löwenbräu
영국	Guinness, Bass, Pale Ale
체코	Pilsner Urquell, Budweiser, Czech Cristal
벨기에	Lambic, Oud Hoegards
네덜란드	Heineken, Oranjeboom
덴마크	Tuborg, Carlsberg
스웨덴	Schoust, Frydenlund Bayerdl
프랑스	Kronenbourg, Pelforth
오스트리아	Adambraeu, Puntigamer, Ottakringer, Goesser
스위스	Gurten Bier, Feldschoesschen Bier
미국	Miller, Coors
일본	Asahi, Kirin, Sapporo

7. 맥주의 보관과 서비스

'거품 없는 맥주는 사랑 없는 미인과 같다'라는 말처럼 맥주는 거품이 무엇보다 중요하다. 맥주의 거품은 맥주를 마실 때 약간 씁쌀한 맛과 부드럽고 감미로운 촉감이 입가에 처음 느껴져서 잔잔한 자극을 준다.

또한 맥주가 함유하고 있는 탄산가스가 방출되지 않도록 하여 마시는 동안 맥주의 신선함을 계속 유지시킨다. 일반적으로 맥주는 어떤 요리와도 잘 어울린다. 특히 기름기가 많은 음식에 잘 어울린다.

(1) 보관

① 온도차가 크지 않은 곳에 보관

② 직사광선이 직접 들지 않는 어두운 곳에 저장. 직사광선에 보관하면 맛이 변할 수 있음

③ 건조한 장소나 서늘한 곳에 보관

④ 병을 굴리거나 뒤집거나 충격을 주지 않음

⑤ 장기간 보관금지. 출고는 FIFO(First In First Out)에 의거 관리

(2) 맥주서비스

① 맥주가 얼면 물과 알코올이 분리돼 품질이 저하됨

② 보통 약 4도 정도로 보관하고 서비스 시 여름 6~8도, 겨울에는 10~12도 정도로 서비스함(너무 차가운 맥주는 거품이 잘 생기지 않고 맛을 느끼기가 어려움)

③ 냉장고에 맥주를 너무 오래 보관하면 너무 차지고 거품이 약해지기도 함

④ 맥주를 개봉했을 때 맥주가 넘치면 너무 차거나 오래된 맥주임

⑤ 맥주는 잔에서 4~5cm 정도 뗀 뒤 잔을 약간 기울인 다음 약 7~8할 정도까지 따른다. 그 다음 거품이 산의 봉우리처럼 높게 솟아오르게 하는 것이 이상적이다. 독일에서는 맥주의 봉이 높을수록 맥주서비스를 잘 한다고 한다.

⑥ 생맥주(Draft Beer)의 서비스는 적정온도 3~4℃, 압력은 12~14pound(12pound 보다 낮으면 가스 누출)

⑦ 첨잔은 금물임. 첨잔하면 가스가 많이 빠진 맥주에 신선한 맥주를 섞는 상황이 되어 맥주가 신선하지 않음

⑧ 잔은 주고받지 않음

알아두기

맥주와 건강

'97.6. 독일 쾰른에서 개최한 학술세미나에서는 "맥주와 건강"에 대한 주제로 연구 결과를 발표하여 많은 사람들의 관심을 끌었습니다. 이 학술발표에는 뮌헨의 Anton Piendl 교수, 베를린의 Hans Hoffmeister 교수와 B. Viell 교수, 프라이부르크의 Joseph Keul 교수 등이 참가하였고 발표내용에는 맥주가 건강에 기여하는 효과, 바람직한 맥주 음용방법 등이 포함되어 있습니다.

뮌헨대학의 Anton Piendl 교수는 건강에 유익한 맥주의 성분물질에 관한 연구결과를 발표하였습니다. 연구 내용에는 대부분의 사람들, 특히 노인들은 너무 적게 수분을 섭취한다고 지적하고 있습니다. 통상 1일 수분 섭취 필요량은 2~3리터가 되며 운동선수들은 1일 10리터까지도 증가한다고 합니다. 특히 Piendl 교수는 저녁에 마시는 0.5리터의 맥주는 건강에 이롭다고 권장합니다.

맥주와 건강증진 성분

Piendl 교수의 연구에 의하면 맥주는 단순한 알코올음료 중 하나가 아니고 맥주에 포함된 여러 가지 성분들이 건강을 위하여 중요한 의미를 가진다고 합니다. 맥주는 가장 강력한 이뇨작용을 가진 음료입니다. 그리고 맥주 내 탄수화물은 분해되어 이용하기 쉬운 유익한 상태로 존재합니다.

① 맥아(맥주용 보리)

맥아에는 영양소인 탄수화물, 단백질, 미네랄, 미량 필수원소 및 인체에 중요한 유기산류와 비타민이 함유되어 있습니다. 맥주 내 석탄산계통 물질의 80%는 맥아로부터 유래하는데, 이 물질은 체내의 자유 레디칼(암의 발생을 촉진하는 물질)을 잡아주므로 적포도주와 동일하게 암의 발생을 억제하는 작용을 합니다.

② 알코올

보통 맥주 내에는 4% 내외의 낮은 농도의 알코올이 함유되어 있는데 낮은 농도의 알코올은 생활에 생기를 불어넣는 활력소로 작용하며 삶에 행복을 가져다 주는 역할을 합니다. 매일 0.5~1리터의 맥주를 마신다고 해도 맥주 내에 들어 있는 알코올양은 건강상 전혀 문제가 없다고 Piendl 교수는 분석합니다. 그러므로 건전한 음주문화를 통하여 생활을 즐겁게 가꾸는 것이 중요하겠습니다.

(註) 맥주는 타 주류에 비하여 건강에 도움을 주는 물질을 많이 함유하고 있고 알코올농도는 낮아 알코올 의존성에 대한 걱정이 없습니다. 외국의 경우 맥주는 갈증을 해소하는 음료로써 역할을 하며 야외에서 운동을 하면서 또 식사 시에 물이나 주스 대신 즐겨 마시는 음료입니다.

③ 물

맥주에는 물이 약 92% 함유되어 중요한 역할을 담당합니다. 맥주의 갈증 해소효과는 높은 수분함량과 유익한 미네랄성분이 들어 있기 때문입니다.

④ 칼로리

맥주는 저칼로리의 음료입니다. 100g의 맥주는 약 40kcal의 열량을 가지며 이는 사과주스나 콜라보다 낮은 열량입니다. 따라서 비만을 염려하는 사람들에게 좋은 음료로써의 역할을 합니다. 맥주는 신진대사를 촉진시키므로 식욕을 증진시켜 주는 효과가 있습니다.

⑤ 단백질 물질

맥주에는 생체구성에 필수적인 모든 필수아미노산과 많은 종류의 아미노산이 함유되어 있습니다. 따라서 맥주는 열량은 적은 반면 영양소를 충실히 함유하고 있어 다이어트하는 이에게 가장 적합합니다. 맥주는 곡류로 만든 주류로써 맥아를 많이 함유할수록 영양소의 기능을 충실하게 합니다.

(註) 맥주를 많이 마시면 살이 찌거나 배가 나온다는 것은 과학적 근거가 없으며 맥주는 오히려 다이어트음료로써 우수한 기능을 가지는 동시에 필수영양소를 고루 함유하고 있는 건강식품입니다. 보통 맥주를 많이 마셔 살이 쪘다는 이야기는 맥주와 같이 먹는 기름기가 많은 안주에 기인하므로 안주 선택에 유의하는 것이 비만을 관리하는 데 좋습니다.

⑥ 미네랄과 미량원소

맥주는 30종이 넘는 미네랄과 인체에 꼭 필요한 미량원소를 가지고 있으며 대부분 맥아에서부터 유래합니다. 1리터(1,000cc)의 맥주는 하루에 필요한 성장물질 중 마그네슘의 50%, 인의 40%, 칼륨의 20%를 공급합니다.

– 칼륨이 풍부하고 나트륨은 적어 이뇨작용이 대단히 뛰어납니다.

– 마그네슘이 풍부하고 칼슘이 적어 무엇보다도 심장병을 예방하며 담석증과 요결석을 막아줍니다.

⑦ **비타민**

맥주는 모든 종류의 중요한 비타민 B군을 보유하며 또 비타민 A, D, 노화 방지물질인 비타민 E를 가지고 있습니다. 예를 들면 1리터의 맥주를 마시면 사람이 하루에 필요한 비타민 B_6의 약 35%를 충당할 수 있고 비타민 B_2는 20%, 나이아신(Niacin)의 65%를 공급받을 수 있습니다. 1리터의 맥주에는 210mg(밀리그램)의 비타민류가 함유되어 있으며 이 물질들 또한 맥주보리에서 유래합니다.

⑧ **사과산과 젖산**

맥주 1리터에는 약 650mg의 사과산과 젖산이 함유되어 있습니다. 인체에 필요한 사과산은 소화흡수가 잘 되며 또 젖산은 대장에서 소화기능을 하는 미생물에 큰 도움을 줍니다.

⑨ **탄산가스**

맥주 100g에 약 0.5g 포함된 탄산가스는 입안 점막의 혈액순환에 도움을 주어 타액분비를 촉진하고 위의 소화액 분비를 도와 소화작용을 쉽게 하며 인체에서 불필요한 물질을 소변으로 배출하는 데 중요한 역할을 합니다. 맥주를 마실 때의 상쾌한 청량감은 물론 탄산가스에서 오는 것입니다.

⑩ **폴리페놀**

맥주 1리터에는 약 150mg 내외의 폴리페놀이 들어 있는데 다른 주류에 비하여 상대적으로 높은 수치입니다. 이 물질은 심장 순환계질환과 암의 발생을 예방하는 작용을 합니다. 녹차나 적포도주에도 이 물질의 상당량이 함유되어 있어 심장병 예방과 항암작용을 합니다. 적포도주를 즐기는 프랑스 사람들은 심근경색의 비율이 다른 나라에 비하여 낮습니다. 맥주는 양조주로서 지방이나 콜레스테롤, 카페인 등이 없어 가장 안전한 주류 중 하나입니다. 또한 약 2,000종류가 넘는 성분물질들이 더욱 잘 조화를 이루고 있어 건강에 기여합니다. 알코올의 함량으로써 맥주를 구분하는 데에는 크게 알코올 도수 4~5%의 일반맥주, 라이트맥주, 그리고 알코올을 거의 함유하지 않은 NAB(무알코올맥주)의 3종류로 나눌 수 있습니다. 여기서 무알코올맥주는 스포츠 음료나 가벼운 식사 시에

음료 대체용으로 이용됩니다.

⑪ Hops

맥주는 홉이 함유된 유일한 음료입니다. 홉은 온화한 진정효과를 가지고 있으며 수면에 도움을 줍니다. 홉의 고미성분은 식욕을 촉진시켜 줍니다. 많은 학자들은 홉성분의 질병 예방효과와 조혈작용이나 약리작용을 연구하고 있습니다.

맥주를 즐기는 일은 삶을 고단하게 하는 것이 아니라 생활에 적당한 기쁨을 주는 것이며 대부분의 사람들은 맥주의 음용에 대하여 긍정적으로 기록하고 있습니다.

스포츠 음료로써 무알코올맥주

알코올함량이 거의 없는 무알코올맥주(Non Alcoholic Beer)는 자연적인 스포츠 음료로써 각광받고 있는데 이는 사람의 혈액과 같은 삼투압을 가지고 있고 인체에 필요한 적정량의 미네랄성분을 가지고 있기 때문입니다. 따라서 단순히 물을 마시는 것보다 운동시에 갈증해소나 체력소모의 방지에 도움을 줍니다.

(註) 오비맥주(주)에서 생산하는 "오비 사운드" 제품이 이 범주에 해당됩니다. 이 제품은 이뇨작용이 특히 뛰어나 신장질환 환자나 요결석으로 어려움을 겪고 있는 사람들에게 도움을 줍니다.

맥주애호가의 건강

베를린 자유대학의 Hans Hoffmeister 교수는 하루에 1리터 내로 맥주를 마시는 사람들은 아주 드물게 음주하는 사람이나 금주하는 사람들에 비하여 건강상 명백하게 유리하다고 발표하였습니다.

Hoffmeister 교수가 실시한 25세부터 69세까지의 15,000명에 대한 국민 건강조사를 보면 대부분의 맥주는 절제 있는 맥주 애호가에 의하여 폭넓게 소비되었습니다. 적당히 맥주를 마시는 사람(하루에 1~2리터의 맥주를 마시는 사람)은 소외되어 생활하는 금주하는 사람이나 폭음하는 사람들보다 자신의 건강상태에 대하여 대단히 만족하고 있습니다.

맥주 애호가들은 또한 긍정적인 삶을 살며 불평불만이 거의 없는 사람들이 대부분입니다. 이들은 심장이나 순환계 질병에 대한 위험을 거의 모르고 살아가고 있으며 맥주 애호가는 금주자들에 비하여 질병의 발생비율이 20%에서 50%까지 감소됩니다.

상기 조사에서 Hoffmeister 교수는 절제 있는 맥주소비는 심장과 순환기 계통의 질환에 유리하다는 결론을 내렸습니다. 맥주애호가는 건강에 이로운 혈액 중 HDL-콜레스테롤은 높고 건강에 해로운 LDL-콜레스테롤은 낮은 수치를 보이고 있습니다. 이 조사로써 맥주애호가는 금주하거나 폭음하는 사람들에 비하여 건강상 유리하다는 것이 과학적으로 명확히 증명되었습니다.

맥주를 마시면 배가 나오는가?

프라이부르크대학에서 스포츠의학의 권위자인 Joseph Keul 교수는 맥주를 마시면 살이 찐다는 잘못된 생각을 과학적 연구를 통하여 불식시켰습니다.

보통 사람들이 비만해지는 것은 기름진 음식을 섭취함으로써 필요한 칼로리를 초과하기 때문입니다. 즉 자신이 필요로 하는 열량보다 초과하여 영양분을 공급하는 것이 비만의 주요인이며, 맥주를 마시면 식욕을 돋우는 것은 사실이나 연구 결과 맥주애호가는 안주섭취를 적절히 하는 경우 평균에 비하여 체중의 증가나 감소는 보이지 않았습니다.

1리터의 맥주는 약 400칼로리를 함유하는 저칼로리 음료이기 때문입니다.

적당한 맥주음용은 오히려 체내 지방을 줄여주는데 이는 맥주 내 알코올이 체내의 지방 축적을 제한하기 때문입니다. 또 지방과 당분의 대사작용, 혈액응고, 혈압 조절에 좋은 작용을 합니다. 맥주를 적당히 마신 후에는 혈중당분치가 내려갑니다.

이에 따라 인슐린의 작용을 용이하게 하여 당분대사에 도움을 줄 뿐 아니라 지방의 대사에도 도움을 줍니다. 또한 맥주애호가는 금주자나 과음하는 사람보다 혈압유지에도 유리합니다.

그러므로 맥주를 즐겨도 배가 나오지 않습니다. 그러면 얼마만큼의 맥주를 마시는 것이 기분 좋게 적당히 마시는 것일까요? 여기에는 재미있는 답변이 있습니다.

① "한 잔의 맥주를 마시는 것이 맥주를 전혀 마시지 않는 것보다 좋습니다."

② "두 잔의 맥주를 마시는 것이 한 잔의 맥주를 마시는 것보다도 좋습니다."

③ "네 잔의 맥주를 마시는 것은 두 잔의 맥주를 마시는 것보다 두 배만큼 좋지는 않습니다."

(註) 위에서 한 잔의 맥주는 통상 1,000cc 잔을 의미합니다. 그리고 건강에 좋은 맥주의 음용량은 개인의 체질이나 알코올의 흡수 분해능력을 고려하여 자신에 맞는 적정량을 정하는 것이 좋을 것입니다. 그리고 맥주를 마시는 것은 정신건강의 측면에서도 스트레스를 해소하는 데 도움이 크다고 권장합니다.

출처 _ Brauwelt, 1997. 6. 26, 두산 재인용

맥주

천상병

나는 요사이는
맥주 두병으로 만족한다.
오전 열 시에 한 병 마시고
오후 두시에 한 병 마신다.

맥주 두병을
하루에 마시는 것은
건강에도 좋고
기분도 매우 좋다.

나는 육십 넷이 되니
이렇게 술 주량이 약해졌다.
참으로 참으로 다행한 일이다.

출처 _ 두산

02

CHAPTER

와인

제1절 와인의 이해

1. 와인의 개요

포도는 과즙과 당분이 많아 자연발효를 할 수 있는 과일이다. 와인은 포도에 효모를 넣어 발효시킨 술인데, 발효는 미생물의 활동에 의해 유기물이 분해되는 것을 의미한다.

와인 하면 프렌치 패러독스(French paradox)를 떠올린다. 식사가 주로 육류나 버터와 같이 지방섭취가 높은 프랑스 사람들은 미국 사람보다 심장병의 발병률이 낮았는데, 그 이유는 식사시간에 레드와인을 항상 마시기 때문이라는 것이다.

프랑스에는 "와인이 없는 날은 태양이 없는 하루와 같다."라

는 속담이 있다. 그만큼 프랑스 사람에게는 와인이 중요한 부분을 차지하고 있다.

와인(Wine)의 어원은 라틴어의 '술'의 의미인 '비눔(Vinum)'에서 유래되었다. 와인이란 일반적으로 포도로 만든 포도주이다. 포도에는 와인 제조에 필요한 당분과 과즙이 포함되어 있어 자연발효로 와인을 만들 수 있다. 따라서 와인은 포도의 과즙에 효모를 첨가하여 발효시킨 술이라고 정의할 수 있다.

와인은 다른 과실로도 만들어지는데, 보통 와인이름 앞에 과실이름을 붙인다. 예를 들어 사과로 만들면 사과와인, 우리나라에서는 감을 넣으면 감와인, 복분자를 넣으면 복분자와인이라고 부른다.

보통 포도 이외의 과일로 와인을 만드는 경우 효모작용을 촉진시키기 위해 설탕을 첨가하기도 한다. 맥주나 기타 다른 술을 제조할 경우 물을 넣기도 하지만 와인을 제조하는 과정에는 물은 넣지 않는다.

오늘날의 와인은 유럽에서 발전하여 세계로 확산된 술이라 할 수 있다. 따라서 유럽이 현대 와인문화에 지대한 영향을 미쳤다고 할 수 있다.

와인은 색이 적색인 레드와인, 흰색인 화이트와인, 분홍색인 로제와인이 있고, 단맛이 강한 와인과 중간 맛 그리고 단맛이 없는 와인이 있다. 또한 알코올 도수가 상대적으로 낮은 와인과 높은 와인이 있다.

와인은 만드는 포도가 같은 품종이라 할지라도 처해진 자연환경과 제조하는 사람의 기술에 따라 맛이 달라지기도 한다. 증류한 술인 증류주는 보통 오크통에서만 숙성되지만, 와인의 경우 와인병 속에서도 지속적으로 숙성이 진행된다. 그리고 적절한 숙성을 위하여 코르크마개가 마르지 않게 와인병을 항상 옆으로 눕혀서 보관하는 것이 좋다.

와인은 알칼리성 음료이다. 따라서 적당량을 섭취하면 건강에 긍정적인 영향을 미친다고 한다. 와인의 성분 중 폴리페놀은 항산화제로 작용하여 심장병과 노화방지에 도움이 되고 또한 뚜렷한 혈관 보호효과가 있는데, 동맥내막을 보호하고 투과율을 유지시켜줌으로써 동맥경화 예방에도 도움이 되고 콜레스테롤의 억제작용도 하는 것으로 알려져 있다.

의학의 아버지라 불리는 히포크라테스는 "부상자들의 상처소독에 와인을 사용하고, 와인에 다른 약을 섞어 약을 먹도록 하며 설사와 출산 때도 사용할 수 있다"고 했다.

한편 로마시대에는 해외주둔 군인들이 물갈이로 생기는 설사를 방지하기 위해 레드와인을 마시게 했고, 검투사들이 원형경기장에서 경기하면서 상처가 생기면 와인으로 소독했다고 한다.

2. 와인의 유래와 발전

와인은 누가 처음에 만들었는지 아직까지 알려진 것은 없다. 포도나무는 칡의 종류인데, 약 1만 년 전에 와인이 만들어졌을 것이라고 고고학자들은 추측할 뿐이다. 산이나 들에 모아 놓은 과실들이 시간이 지나면서 자연적으로 발효한 것에서 유래된 것으로 추정하고 있다.

기원전 4000~5000년 전경 시리아와 캅카스에서는 이미 사람에 의해 포도가 재배되었다고 한다. BC 4000년 무렵 티그리스(Tigris)강과 유프라테스(Euphrates)강 유역에 살던 수메르인들의 유적에는 와인에 관한 유적이 남아 있고, 고대 이집트에는 포도재배과정이 그려진 벽화가 있다.

구약 창세기에는 노아시대에 포도원을 가꾸고 와인 제조가 이루어졌다고 한다. BC 1700년경 함무라비법전에 포도주를 만드는 규정이 있다.

와인 제조는 바빌론과 이집트에서 지중해 연안으로 전파되었다. 그리스, 이탈리아, 로마를 거쳐 로마가 유럽을 점령하면서 지금의 프랑스인 골(Gaul)을 거쳐 유럽으로 전파시켰다.

1154년 프랑스 왕 루이 7세(Louis Ⅶ)와 이혼한 보르도 공작의 딸 아키텐(Aquitaine) 공주가 영국의 헨리 2세(Henry Ⅱ)와의 결혼으로 인해 영국에서 와인소비가 증대되었다. 유럽 국가들이 경쟁적으로 신대륙을 개척할 무렵 와인은 이들과 함께 전 세계로 퍼져나갔다.

1855년 프랑스 나폴레옹 3세 때 파리 만국박람회를 계기로 와인을 등급별로 분류하여 61개의 보르도 그랑 크뤼(Grund Cru)가 탄생했다. 1863년 미국에서 유입된 필록세라(Phylloxera)는 유럽의 포도밭을 황폐화시키기도 했다. 1935년 프랑스는 원산지통제명칭인 AOC제도를 도입하여 와인품질을 체계적으로 관리하기 시작했다.

우리나라에서 오늘날과 같은 와인을 제조한 것은 1970년대 독일에서 기술을 도입하면서부터인데, 1977년 OB에서 마주앙을 처음 판매하였고, 현재는 영동과 영천 등지에서 소량 생산되고 있다.

3. 고급와인의 요건

기본적으로 동일한 포도품종이라도 어디에서 언제 어떻게 어떤 기후조건에서 누가 생산했는가에 따라 와인의 품질이 달라진다. 특히 수확한 해의 날씨가 어떠하였는지가 중요하고 와인 제조원의 기술 노하우가 어느 정도

인가가 주요 변수가 된다.

포도의 성장은 자연적인 환경조건에 많은 영향을 받는데 이를 프랑스어로 테루아(Terroir)라고 한다. 일반적으로 여름에는 무덥고 건조해야 하고, 겨울에는 춥지 않아야 한다. 이러한 요건이 잘 갖추어진 지역은 세계 최대의 와인생산지인 지중해연안이다.

(1) 포도

맛나는 음식을 만들기 위해서는 기본적으로 신선한 양질의 식재료가 있어야 하듯이 좋은 품질의 와인을 생산하기 위해서는 와인 제조에 적합하고 품질이 우수한 포도를 사용해야 한다. 와인은 포도품종과 상태에 따라 품질이 차이가 나는데, 고급와인을 만들기 위해서는 우리가 먹는 일반적인 식용포도가 아니라 특별한 포도를 사용해야 한다.

세상에는 많은 종류의 포도나무가 있지만 일반적으로 와인 제조를 위한 포도나무는 크게 유럽종과 미국종 그리고 교배종으로 나눈다. 이 중에서 와인을 제조하는 데는 유럽종이 좋다.

포도의 품종은 몇 천 종류가 있지만 대부분은 식용으로 사용하고 와인을 제조하는 양조용 포도는 50여 종 정도인데 당도가 높다. 포도는 발효과정에서 일정수준의 알코

올을 함유하기 위해 높은 당도가 필요하고 향과 감칠맛을 함유하기 위해 적정산도를 가져야 한다. 국내에서 식용포도로 사용되는 캠벨(Cambell)은 양조용보다 당도가 낮은 13도 정도이다.

세계적으로 유명한 와인용 포도품종에는 레드와인 품종과 화이트와인 품종이 있다.

레드와인 제조에 사용되는 포도는 프랑스 부르고뉴 지방을 대표하는 피노 누아(Pinot Noir)와 보르도 지방을 대표하는 품종인 카베르네 소비뇽(Cabernet Sauvignon)이 있다. 기타 메를로(Merlot), 시라(Syrah)/시라즈(Shiraz), 카베르네 프랑(Cabérnet Franc), 가메(Gamay), 그르나슈(Grenache), 산조베제(Sangiovese), 네비올로(Nebbiolo), 템프라니요(Tempranillo) 등이 있다.

화이트와인 제조에 사용되는 포도는 독일 및 알자스 지방을 대표하는 리슬링(Riesling)이라는 품종과 프랑스 부르고뉴 지방을 대표하는 샤르도네(Chardonnay)품종이 있다.

기타 소비뇽 블랑(Sauvignon Blanc), 세미용(Semillon), 뮈스카/무스캇(Muscat)/모스카토(Moscato), 슈냉 블랑(Chenin Blanc), 실바너(Silvaner/Sylvaner), 뮐러투르가우(Müller-Thurgau), 게뷔르츠트라미너(Gewürztraminer), 트레비아노(Trebbiano) 등이 있다.

(2) 기후

① 날씨

대부분의 지역 날씨가 매년 같지는 않다. 따라서 날씨는 품질 좋은 포도수확에 많은 영향을 미친다.

첫째, 포도나무가 잘 성장하고 포도가 잘 익으려면, 너무 덥거나 너무 춥지 않아야 하고, 우박 · 서리 등의 피해가 없어야 한다.

둘째, 일정량의 일조량과 따뜻한 날씨가 필요하다.

셋째, 비가 너무 많이 오면 결실에 방해되고 병충해가 발생하여 수확량이 적어진다. 또한 수확기에 비가 많이 오면 포도알이 부패되고 와인이 묽어지게 된다.

② 강우량

첫째, 연강우량: 850mm 이하

둘째, 생육기간인 4~9월의 강우량: 400mm 이하

셋째, 고급와인을 위한 7~9월의 강우량: 150~200mm

넷째, 고급와인을 위한 7~9월의 일조시간: 600시간

(3) 포도원의 위치

첫째, 포도나무 생장은 일조량이 좋고 서리나 결빙에는 약하므로 적도를 중심으로 하여 북위 30~50도, 남위 30~40도 사이에 위치하면 좋다.

둘째, 적정한 일조량을 위해서는 포도원이 남쪽이나 남동쪽에 위치하는 것이 좋다. 일조량은 당분과 색소 생성에 영향을 주기 때문이다.

(4) 토양

곡물은 영양분이 풍부한 토양에서 잘 자란다. 반면 포도품종에 따라 다소 차이는 있지만 일반적으로 포도나무는 배수가 잘 되고 영양분이 풍부하지 않은 자갈, 돌밭, 석회암, 화강암토양이 좋다.

(5) 와인 제조기술

아무리 좋은 재료가 있어도 솜씨 좋은 요리사가 없다면 맛 나는 음식이 만들어지

지 않듯이 좋은 와인을 제조하기 위해서도 능력 있는 양조기술자가 필요하다.

와인은 포도가 수확되어 와인 제조가 시작되면서부터 마지막 출고과정까지 풍부한 지식과 경험을 갖춘 와인 제조기술자가 있어야 좋은 품질을 생산할 수 있다.

기본적으로 좋은 품질의 포도를 생산할 수 있는 조건은 아래 표와 같다.

구분	조건
생산지	– 충적지로서 부식질이 많고 콜로이드가 많은 땅 – 자갈이 있는 땅 – 배수가 잘 되는 땅 – 열기를 오래 간직할 수 있는 땅
기후와 일정한 기간의 기후	– 일조량이 풍부한 가을이 있고 – 많은 비가 오지 않고 – 더운 여름이 지속적으로 오래 이어질 수 있는 곳
위치	– 햇빛이 잘 들고 – 북풍을 막아줄 수 있는 지형 – 충분한 습기를 공급할 수 있는 강가나 호수 주변

4. 와인의 제조공정

와인은 포도에서 즙을 짜낸 후 효모의 작용으로 당분이 알코올로 발효되고, 이 발효과정이 끝나면 오크통으로 와인을 옮겨 숙성시킨다.

(1) 화이트와인 제조과정[5]

화이트와인은 잘 익은 청포도로 만들지만 적포도의 줄기, 씨, 껍질을 제거하여 만들기도 한다.

청포도 수확/적포도 수확 → 운반 → 공장 → 제경파쇄(줄기, 씨, 껍질 제거, 포도를 으깸) → 아황산염, 효모 첨가 → 압착 → 포도주스 추출 → 1차 발효(알코올 발효/전발효) → 앙금 분리(걸러내기) → 2차 발효(유산발효/후발효) → 통 숙성 → 여과 → 블렌딩 → 여과 → 병입 → 병 숙성 → 출고

(2) 레드와인 제조과정[6]

적포도로 만드는 레드와인은 화이트와인과는 달리 붉은색이 중요하다. 와인회사마다 제조과정에 차이가 있을 수 있는데, 보통 화이트와인과는 제조방법에 다소 차이가 있는 것이 사실이다.

레드와인은 포도껍질에 있는 붉은 색소를 많이 추출해서 와인을 만들어야 하므로 마세라시옹(Maceration)이라는 과피침지의 침용추출과정이 필요하다. 오래 저장하는 와인은 2~3주 정도 혹은 그 이상 하기도 하고, 빨리 마셔서 소비되는 와인은 며칠 정도 한다. 그리고 화이트와인은 유산균의 작용에 의해 사과산을 유산과 이산화탄소를 발생시키는 유산(젖산)발효과정이 생략되는 경우가 많다.

적포도 수확 → 운반 → 공장 → 제경파쇄(줄기를 골라내고 포도를 으깸) → 침용 → 아황산염, 효모 첨가 → 1차 발효(알코올 발효/전발효) → 압착 → 주석 제거 → 2차 발효(유산발효/후발효) → 앙금 분리(걸러내기) 및 안정화 → 오크통 숙성 → 블렌딩 → 여과 → 병입 → 병 숙성 → 출고

(3) 제조 시 레드와인과 화이트와인의 차이점

첫째, 레드와인 제조 시 적포도만을 원료로 사용하는 반면 화이트와인은 주로 청포도를 원료로 사용하기도 하고 적포도를 사용하기도 한다.

둘째, 레드와인은 줄기를 제거 후 포도알을 으깨어 포도즙을 내고 껍질, 씨, 과육이 있는 상태에서 발효가 이루어진다. 반면 화이트와인은 압착을 통해 흘러나온 포도즙만을 사용하여 발효해서 제조한다.

셋째, 레드와인은 유산균 또는 젖산 박테리아에 의해 이루어지는 유산발효과정이 있다. 반면 화이트와인은 유산발효과정이 없는 경우가 많다.

5. 와인의 분류

(1) 색에 따른 구분

① 화이트와인(White Wine)

색은 하얀색부터 엷은 노란색, 연초록색, 볏짚색, 황금색, 호박색 등으로 다양하다. 맛은 순하고 상큼한데, 드라이한 화이트와인은 맛이 깔끔하다. 좋은 와인일수록 색이 투명하고 맑다.

일반적인 알코올 농도는 9~13% 정도이며, 레드와인과는 달리 반드시 차게 해서 마셔야 하는데 와인에 따라 다르지만 서비스온도는 보통 8℃ 내외이다. 레드와인보다 차게 해서 마시므로 특히 여름에 마시기가 좋다. 또한 청량감을 주기 위해 탄산수에 타서 마시기도 한다. 생선이나 해산물에 잘 어울린다.

② 레드와인(Red Wine)

대부분 레드와인은 드라이한 맛이 나는데, 화이트와인보다 저장기간이 비교적 길다.

색은 붉은 벽돌색, 자주색, 루비색, 적갈색이 난다. 적포도로 만들기에 포도껍질에 있는 붉은 색소가 추출되고 이 과정에서 씨와 껍질을 같이 넣어 발효시키므로 떫은맛이 있다. 일반적인 알코올 농도는 12~14% 정도이며, 화이트와인과는 달리 주로 상온(섭씨 16~18도)에서 마신다.

③ 로제와인(Rose Wine)

레드와인과 화이트와인의 중간 정도의 엷은 붉은색이나 분홍색을 띤다. 제조하는 방법에는 보통 아래와 같은 세 가지 방법이 있다.

첫째, 레드와인과 화이트와인을 섞거나

둘째, 적포도를 으깨어 화이트와인 만드는 방법으로 만들거나

셋째, 붉은 색소를 조금만 추출한다.

보존기간이 길지 않으므로 오래 숙성시키지 않고 마시는 것이 좋다. 맛은 화이트와인에 더 가깝고 화이트와인처럼 차게 해서 마신다. 색이 분위기가 있고 맛이 신선하여 식사 중 어느 때나 마셔도 좋다. 시원하게 하여 마시기 때문에 특히 여름에 좋다.

(2) 식사용도에 따른 분류

① 식전용 와인(Aperitif Wine)

식사하기 전에 식욕을 촉진시키기 위해 마시는 와인이다. 비행기를 타면 식사 전

식욕촉진을 위해 제공되는 음료로 이해하면 좋다. 가볍게 1~2잔 정도 마신다. 샴페인이나 세리와인이 좋고 경우에 따라서는 과일향이 나는 산뜻한 드라이 화이트와인 정도가 좋다. 칵테일로는 드라이 마티니가 좋다.

② 식사 중 와인(Table Wine)

일반적으로 '와인'이라고 하면 식사 중에 마시는 와인을 뜻한다. 테이블 와인은 음식과 잘 조화를 이루고 분위기를 좋게 하는 역할을 한다.

③ 식후용 와인(Dessert Wine)

식후에 입안을 개운하게 하고 입 냄새 제거와 소화를 촉진시키기 위해 마시는 와인이다. 보통 스위트 와인이거나 알코올 도수가 높은 디저트와인이다.

대표적으로 포트와인이나 샴페인이 있다. 기타 알코올 도수가 높은 브랜디나 코냑을 마시기도 한다.

(3) 제조방법에 의한 분류

① 스파클링 와인(Sparkling Wine)

발포성 와인이라 한다. 이것은 발효가 완료되어 탄산가스가 없는 일반와인에 다시 설탕을 넣고 발효시켜 와인에 탄산가스가 있게 하는 와인이다. 특히 프랑스 샹파뉴 지방에서 생산되는 와인만을 샴페인이라고 한다. 타 지역에서 생산되는 샴페인 같은 와인은 샴페인이라 하지 않고 스파클링 와인이라 부른다. 독일의 젝트나 이탈리아의 스푸만테처럼 고유 이름이 있다.

② 주정강화와인(Fortified Wine)

스페인의 셰리와인이나 포르투갈의 포트와인처럼 발효 전후에 브랜디를 넣어 알코올 함유량을 16~20% 정도로 높인 와인이다.

③ 가향와인(Flavored Wine)

과실즙이나 쑥 등과 같은 천연향을 와인의 발효 전후에 넣어 향을 낸 와인이다. 대표적인 가향와인으로 베르무트(Vermouth)가 있다.

④ 스틸와인(Still Wine)

발효과정에서 생성된 가스를 남기지 않은 일반적인 와인이다.

(4) 알코올 첨가 여부에 의한 분류

① 주정강화와인(Fortified Wine)

와인에 다른 술을 첨가한 와인이다. 이 와인은 알코올 도수를 높이기 위하여 발효 중이나 발효 후에 브랜디 같은 술을 넣은 와인이다. 스페인과 포르투갈에서 나는 셰리와인(Sherry Wine)이나 포트와인(Port Wine)이 대표적이다.

② 비강화와인(Unfortified Wine)

와인에 다른 술을 첨가하지 않은 일반적인 와인이다.

(5) 맛에 따른 분류

레드와인은 대부분 드라이한 와인이 많은데, 색이 진할수록 드라이한 경향이 있다. 화이트와인은 색깔이 옅을수록 드라이한 성향이 있다.

① 드라이 와인(Dry Wine)

완전히 잘 발효시켜 통 속의 당분이 알코올로 모두 변한 와인으로 단맛이 거의 느껴지지 않는 와인이다.

② 미디엄 와인(Medium Wine)

달지도 않고 드라이하지도 않은 와인, 즉 드라이 와인과 스위트 와인의 중간 정도 맛이 나는 와인이다. 우리나라 사람들이 처음 와인을 접할 때 추천하는 와인이다.

③ 스위트 와인(Sweet Wine)

주로 당분이 남아 있을 때 병입하여 단맛이 나는 와인이다.

(6) 저장연도에 따른 분류

① 영 와인(Young Wine)

1~2년 혹은 5년 이하의 와인을 의미한다.

② 중급와인(Aged Wine)

5~15년 이하의 와인을 의미한다.

③ 고급와인(Great Wine)

16~50년 혹은 그 이상의 와인을 의미한다.

(7) 생산국가에 따른 분류

① 프랑스 와인(French Wine)

② 독일 와인(German Wine)

③ 이탈리아 와인(Italian Wine)

④ 스페인 와인(Spain Wine)

⑤ 포르투갈 와인(Portugal Wine)

⑥ 미국 와인(American Wine)

⑦ 호주 와인(Australian Wine)

⑧ 칠레 와인(Chile Wine)

⑨ 아르헨티나 와인(Argentina Wine)

⑩ 기타 국가

(8) 바디(body)에 따른 분류

입안에 느껴지는 와인의 무게로 와인의 스타일을 결정해 주는 요소라 할 수 있다. 풀 바디드 와인의 경우 오랫동안 장기 숙성시켜 향이 복합적이고 부드러운 맛이 난다.

① 라이트 바디드 와인(Light-Bodied Wine)

② 미디엄 바디드 와인(Medium-Bodied Wine)

③ 풀 바디드 와인(Full-Bodied Wine)

6. 와인 서비스

호텔에서 적절한 와인 서비스를 하기 위해서는 와인의 저장온도와 서비스 온도 그리고 각 와인에 적합한 서비스방법을 알아야 한다.

(1) 와인 서비스 온도

보통 레드와인은 실온에서 마시고 화이트와인은 차게 해서 마신다. 이러한 온도는 생산지역에 따라 단맛이나 드라이한 맛 등 맛에 따라 또는 가벼운 와인이냐 무거운 와인이냐에 따라 다소 차이가 있다.

저장온도는 보통 7~11℃ 정도로 맞춘다.

표 3 … 서비스 온도

종 류	서비스 온도	종 류	서비스 온도
레드와인	15~19℃	라이트 레드와인	12~14℃
화이트와인	8℃ 내외	로제와인	9℃ 내외
스파클링 와인	2~5℃	샴페인	7℃ 내외

(2) 와인서비스 방법

① 화이트와인과 로제와인 서비스

화이트와인과 로제와인은 레드와인보다 낮은 온도에서 서비스되기에 얼음과 물이 담긴 와인 쿨러(Wine Cooler)에 와인을 넣어 서비스한다.

① 와인 병은 손님의 오른쪽에서 고객이 주문한 와인과 같은 것인지 라벨을 보여 주어 확인시킨다.

② 게리동(Gueridon) 위 혹은 와인 쿨러에서 와인을 개봉한다. 게리동에서 개봉 시 고객이 와인라벨을 항상 볼 수 있도록 고객 방향에 위치시킨다. 와인을 개봉할 때 병목 약 1cm 아래의 호일을 웨이터나이프(와인나이프/코르크스크루)로 자른다. 자를 때 와인 병을 돌리지 않도록 주의한다.

③ 호일을 자른 후에는 와인 병의 입구를 냅킨으로 깨끗하게 닦는다.

④ 와인의 코르크를 웨이터나이프로 뺀다. 이때 코르크가 '펑' 하고 소리나게 개봉하면 안 된다.

⑤ 와인 병 입구를 서비스 냅킨으로 한 번 더 닦아낸다.

⑥ 빼낸 코르크마개는 호일과 함께 고객에게 확인시킨다.

⑦ 개봉 시 와인 스크루가 코르크를 통과하여 코르크 가루가 와인에 뜨는 실수를 할 경우 와인 쿨러에 와인을 살짝 부어 제거한다. 코르크 가루가 와인 잔에 와인과 같이 부어지면 고객들이 불쾌감을 느끼기 때문이다.

⑧ 라벨이 고객을 향하게 하여 시음할 고객의 오른쪽에서 와인 잔에 1/4 정도 따른다. 이때 와인 따르는 마지막에 와인 병을 나이키상표처럼 살짝 돌린다. 이는 테이블보에 혹시라도 와인 방울이 떨어지지 않게 하기 위함이다.

⑨ 시음한 와인에 대해 서비스해도 좋다는 사인이 오면 나머지 고객에게 시계방향으로 와인을 서비스한다. 서양은 전통적으로 숙녀가 먼저 신사는 나중에 서비스한다.

⑩ 마지막으로 시음한 고객에게 서비스하고 나면 와인을 와인 쿨러에 넣는다.

⑪ 고객의 잔에 2모금 정도의 와인이 남을 때 다시 와인을 서비스한다. 와인 서비스 시 고객의 잔이 절대 비어 있어서는 안 된다는 점에 주의한다.

⑫ 와인 병에 와인이 조금 남아 있을 때 혹시라도 와인 병 바닥에 앙금이 있다면 같이 부어지지 않도록 주의하여 서비스한다. 그리고 이때 고객에게 새로운 와인을 주문할 것인지를 묻는다.

⑬ 고객에게서 특별한 언급이 없다면 다 마신 빈 와인 병은 치우지 않고 고객이 영업장을 떠날 때까지 게리동 위에 놓아둔다.

② 레드와인 서비스

레드와인 서비스 방법은 화이트와인이나 로제와인의 서비스 방법과 기본적으로 일치하지만 몇 가지 차이가 있다.

그림 2 … 와인 서비스 방법

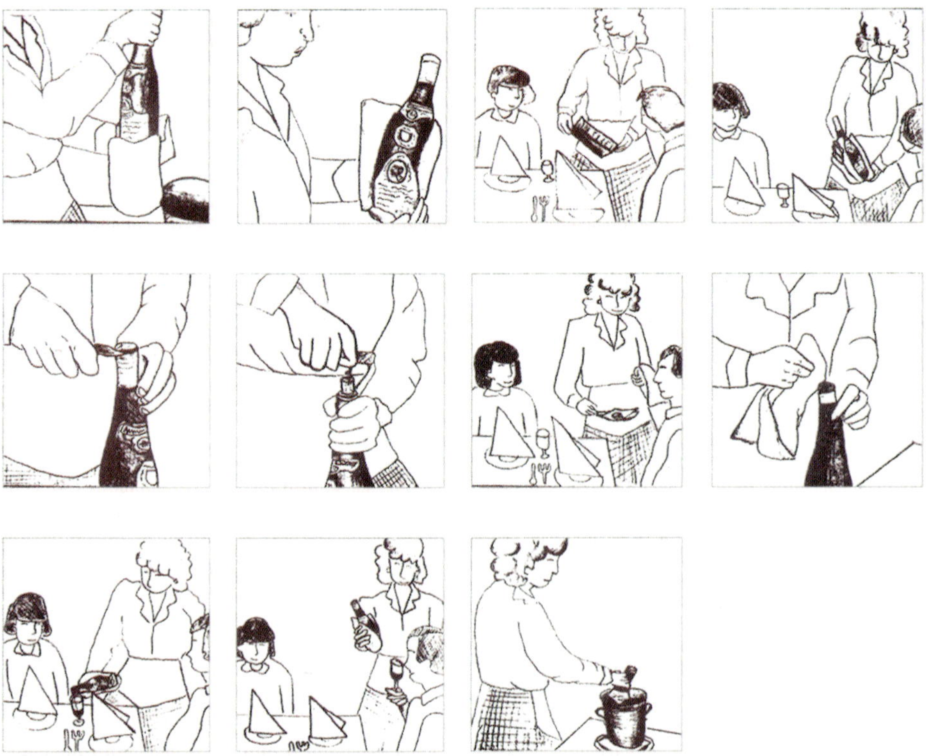

화이트와인과 로제와인은 레드와인보다 서비스 온도가 낮기 때문에 와인 쿨러를 사용하지만 일반적으로 레드와인의 서비스 온도는 실내온도와 거의 같기 때문에 와인 쿨러를 사용하지 않고 와인 바스켓을 사용하거나 그냥 와인 병만으로 서비스한다는 점이다. 또 다른 한 가지는 화이트와인은 병목에 와인 서비스 냅킨을 감싸지 않지만 로제와인이나 레드와인은 와인 병목에 서비스 냅킨을 감싸는 경우가 있다는 것이다. 로제와인이나 레드와인은 붉은색을 띠므로 와인방울이 테이블보에 떨어지는 것을 미연에 방지하기 위함이다.

③ 샴페인/스파클링 와인 서비스

샴페인이나 스파클링 와인 서비스는 화이트와인이나 로제와인과 대부분 동일하지만 차이점이 있다면 다음과 같다.

첫째, 샴페인이나 스파클링 와인은 일반적인 와인과는 다르게 가스가 함유되어 있다는 점이다. 따라서 병을 옮기거나 서비스 시 탄산음료처럼 병이 흔들리지 않게 주의해야 한다.

둘째, 샴페인이나 스파클링 와인에는 호일이 있고 여기에 띠가 있는데 당기면 호일이 제거된다.

셋째, 철사가 병 입구를 감싸고 있다. 호일 제거 후 코르크를 감싸고 있는 철사 제거 시 엄지손가락으로 코르크를 꽉 누른 다음 다른 손으로 철사를 제거해야 한다. 샴페인이나 스파클링 와인의 이동 시 병이 흔들렸을 경우 철사를 제거할 때 코르크가 '펑' 하고 튀어나오기 때문이다.

넷째, 코르크를 개봉할 때 탄산가스의 압력에 의해 코르크가 저절로 개봉되어 '펑' 하는 소리가 나지 않도록 주의해야 한다. 따라서 코르크가 거의 빠져나오기 전에 코르크를 한쪽으로 살짝 들어올려 가스가 '피' 하는 소리를 내며 조용히 빠져나가도록 해야 한다.

다섯째, 가스가 함유되어 있으므로 한번에 샴페인을 다 따르지 말고 잔에 1/3 정도를 따른 뒤에 가스가 가라앉으면 다시 붓는다.

샴페인이나 스파클링 와인은 여러 번으로 나누어 잔에 붓는다.

7. 와인 테이스팅

(1) 와인 테이스팅 순서

호텔 레스토랑이나 와인 바에서 종사원이 와인을 서비스하면 고객은 본인이 주문한 와인인지를 우선 확인한다. 확인을 마치면 와인을 개봉하고 테이스팅을 하게 되는데, 테이스팅 후에 와인을 마실 것인지 다른 와인으로 교체할지 결정하게 된다.

와인 테이스팅을 하는 이유는 와인에 이상이 있는지에 대한 유무를 확인하기 위함이다. 와인은 여러 가지 요소로 테이스팅할 수 있다.

일반적으로 테이스팅 요인에는 와인의 색깔, 선명도, 향, 맛 등이 있다.

한편 여러 종류의 와인을 테이스팅할 경우에는 아래의 순으로 하는 것이 좋다.

첫째, 영 와인부터 오래된 와인 순

둘째, 화이트와인부터 레드와인 순

셋째, 드라이 와인부터 스위트 와인 순

① 시각적(Appearance) 평가

와인이 맑고 선명(Clarity)한지 어떤 색(Color)인지를 평가한다. 와인의 색에서 여러 가지 특성을 파악할 수 있기 때문이다.

색은 포도원에서의 성장상태에 따라 여러 가지 영향을 받게 된다. 수확하는 해에 여름이 덥거나 건조한 가을 날씨에서는 포도가 완전히 익기 때문에 포도껍질이 두꺼워져 색이 진하다. 반면에 수확하는 해에 여름이 시원하거나 수확하는 시기에 비가 자주 오면 포도껍질 색이 약간 엷어진다.

화이트와인은 숙성되면서 색이 어두워진다. 그리고 색이 탁해지면 아직 어린 와인이고, 초록색이면 차가운 지역의 와인으로서 바디가 그다지 무겁지 않다. 반면 노란색을 띠면 반대로 따뜻한 지역에서 생산된 와인이라 할 수 있다.

레드와인은 포도품종에 따라 색이 조금씩 차이가 난다. 보통 와인의 가장자리를 살펴서 자주색이 돌면 아직 어린 풀 바디드 와인이고 만약 루비색이면 보졸레 와인처럼 가벼운 와인이라 할 수 있다.

레스토랑이나 와인 바와 같이 공공장소가 아닌 곳에서는 색을 잘 살펴보기 위해 와인 잔의 뒤나 와인 잔 밑에 흰색 종이나 천을 대기도 한다.

② 후각적(Aroma & Bouquet) 평가

인간은 만여 가지의 냄새를 구분할 수 있다고 알려져 있다. 전문가들은 500여 가지의 향이 와인에 있다고 한다. 와인 향을 잘 맡기 위해서는 와인 잔을 흔들고 코를 와인 잔에 가까이 대서 냄새를 맡는다.

와인의 향은 와인의 품질을 나타내는데, 크게 2가지로 구분한다. 하나는 포도품종 자체적으로 지닌 아로마(Aroma)가 있고, 다른 하나는 와인이 숙성하면서 생성된 방향인 부케(Bouquet)가 있다.

와인의 향을 평가할 때에는 우선 향을 맡아보고 와인에 이상이 있는지를 평가한다. 일반적으로 좋은 와인이라면 대부분 좋은 향이 난다. 향은 여러 가지로 표현할 수 있는데 과일(Fruity), 꽃(Floral), 채소(Vegetal), 흙(Earthy) 등이 있다. 상세르(Sancerre) 와인에는 고양이 오줌냄새, 부르고뉴(Bourgogne) 레드와인에는 흙냄새가 포함되어 있다.

③ 미각적(Taste) 평가

와인을 한 모금 머금고 10~15초 정도 입안 전체에 와인을 두루 돌려가면서 산도(Acidity), 당도(Sweetness), 밀도(Body), 타닌(Tannin) 등을 평가하며 와인의 맛을 음미한다. 한편 입을 조금 벌리거나 코로 공기를 빨아들이면 와인 잔을 흔들어 향을 느끼는 것과 같은 효과가 있다.

와인의 당도와 산도 그리고 알코올의 균형이 잘 맞는지(Balance)를 평가한다. 본인 입장에서 첫 느낌이 좋다면 본인에게 맞는 와인이다.

④ 뒷맛(Finish) 평가

끝맛, 즉 목으로 와인을 삼켜서 와인을 평가한다. 좋은 와인일수록 집약되고 여러 가지 좋은 향이 있으며 향이 입안에 오래 머물러 있다. 보통 '길다' 아니면 '짧다'로 표현한다.

마지막으로 전체적인 평가로서 산도(Acidity), 당도(Sweetness), 밀도(Body), 타닌(Tannin), 아로마(Aroma), 부케(Bouquet) 등이 적절히 잘 조화되어 있는지를 살펴본다.

표 4 … 와인 테이스팅

테이스팅		긍정적(Positive)	부정적(Negative)
선명도		번쩍임, 밝음, 맑음	어두움, 뿌연, 희미한
색	화이트	그린, 밝은 노랑, 노랑, 금색	전형적이 아닌, 퇴색
	레드	빨간색, 루비색, 엷은 빨간색	짙고 불투명한 빨간색
방향		향이 좋음, 부드럽고 진한 향	퀴퀴함, 향이 없음
맛		떫은 드라이, 감칠맛	거친, 맛이 뚜렷하지 않음
알코올		독함, 풍부한 알코올	낮은 알코올 도수

와인 테이스팅을 그림으로 나타내면 다음과 같다.

그림 3 … 와인 테이스팅

(2) 화이트와인과 레드와인의 맛의 차이

화이트와인과 레드와인을 마셔보면 맛의 차이를 느낄 수 있는데 이는 기본적으로 제조과정에서 차이가 나기 때문이다.

화이트와인은 포도를 으깬 다음 즉시 압착해서 흘러나온 포도주스로 발효를 한다. 반면 레드와인은 껍질과 씨를 같이 넣고 발효하면 붉은 색소가 추출된다. 따라서 화이트와인은 맛이 깔끔하고 상큼한 반면 레드와인은 발효 시 붉은 색소뿐만 아니라 씨와 껍질에 포함되어 있는 타닌성분까지 같이 추출되기에 떫은맛이 기본적으로 있다.

8. 와인 리필 거절법

고객의 입장에서 더 이상 와인을 마시고 싶지 않을 때에는 다음과 같이 의사표시를 하기도 한다.

첫째, 와인 잔 위에 손을 얹는다.

둘째, 서비스 종사원을 보며 괜찮다는 동작이나 말을 한다.

셋째, 간혹 좋은 방법은 아니지만 와인 잔을 테이블에 미리 뒤집어 놓는 경우도 있다.

넷째, 고객이 와인을 조금만 마시고자 하는 경우 본인이 원하는 양만큼 와인 잔에 손으로 높이를 표시하기도 한다.

9. 와인 접대순서

일반적으로 와인을 서비스하는 경우 다음과 같은 순서로 제공한다.

① 단맛 나는 와인(Sweet Wine)은 드라이한 맛의 와인(Dry)보다 나중에 제공하는 것이 좋다.

② 화이트와인(White Wine)은 레드와인(Red Wine)보다 먼저 서비스한다.

③ 가벼운 와인을 먼저 제공하고 무거운 와인은 나중에 서비스한다.

④ 생산된 지 얼마 되지 않은 영 와인(Young Wine)과 오래된 와인(Old Wine)을 서

비스할 경우 오래된 와인보다 최근에 생산된 영 와인을 먼저 서비스한다.

⑤ 샴페인과 스파클링 와인의 경우에는 식사 전, 중, 후 어느 때나 잘 어울리고 어느 식사에나 잘 어울리므로 식사 순서에 상관없이 항상 서비스할 수 있다.

10. 와인 보관요령

(1) 와인 보관

와인은 예민한 음료이기에 특히 고급와인의 경우 잘못 보관하면 맛과 품질이 나빠질 수도 있다. 서늘한 지하실을 갖춘 주택은 지하실에 보관하고, 아파트는 계절에 따라 온도변화가 심한 베란다는 피하고, 실내난방이 잘 되지 않는 어둡고 서늘한 곳에 보관한다.

와인 보관 시 다음과 같은 사항에 주의한다.

① **햇빛** : 햇빛이 직접적으로 들지 않는 어둡고 서늘한 곳

② **온도** : 온도가 10도 내외이며, 연중 온도가 일정하거나 변화가 크지 않은 곳

③ **충격이나 진동** : 와인에 충격이나 진동을 주지 않는 곳

④ **습도** : 습도는 70~80% 정도가 유지되는 곳. 너무 높은 습도에선 곰팡이가 피고, 너무 건조하면 코르크마개가 건조됨

⑤ **와인 병** : 코르크가 항상 젖도록 병을 눕혀서 보관

(2) 마시다 남은 와인 보관

와인은 개봉 후 공기와 접촉하면 산화로 인해 맛이 변하게 되므로 개봉 후 다 마시지 못하면 고기를 재워두거나 생선이나 고기를 구울 때 사용하는 것이 좋다. 만약 다시 마시고 싶다면 화이트와인의 경우 코르크로 밀봉하여 냉장고에 보관하며 2~3일 내에 마시는 것이 좋다.

레드와인은 코르크로 밀봉하여 실온에서 보관하며 빨리 마시는 것이 좋다. 또한 코르크로 밀봉하지 않고 며칠 동안 맛을 유지시켜 주는 미니펌프(Vaccum Savor)를 이용하여 와인을 보관할 수도 있다.

11. 와인기물

(1) 코르크스크루

코르크스크루(Corkscrew)는 일명 와인 오프너라고도 하며, 와인 병을 개봉하는 데 사용된다. 형태는 다양하다. 코르크스크루 선택 시 특히 스크루 부분이 코르크 길이에 충분히 들어갈 수 있는 길이를 선택해야 하며, 스크루 부분의 모양은 나선형이다.

(2) 와인바스켓

레드와인은 직접 병으로 서비스하기도 하지만, 와인 바스켓/파니/와인 크래들(Wine Basket/Paniér/Wine Cradle)에 넣어 서비스하기도 한다. 이는 와인 병이 흔들려서 침전물이 흐트러지는 것을 방지하기 위함이다. 와

PART 2 양조주

인 디캔팅 서비스 시에도 사용한다.

(3) 와인 디캔터

디캔터(Decanter)는 보통 투명하고 무늬 없는 유리병으로 와인의 앙금이나 침전물을 와인과 분리할 때 주로 사용하며 와인 향을 발산시키거나 셰리와인을 마실 때도 사용한다.

(4) 와인 쿨러(Wine Cooler)

샴페인, 스파클링 와인, 화이트와인, 로제와인을 서비스할 경우 적정한 서비스 온도를 유지하기 위해 물과 얼음을 와인 쿨러에 넣어 사용한다.

03

CHAPTER

국가별 와인

제1절 프랑스

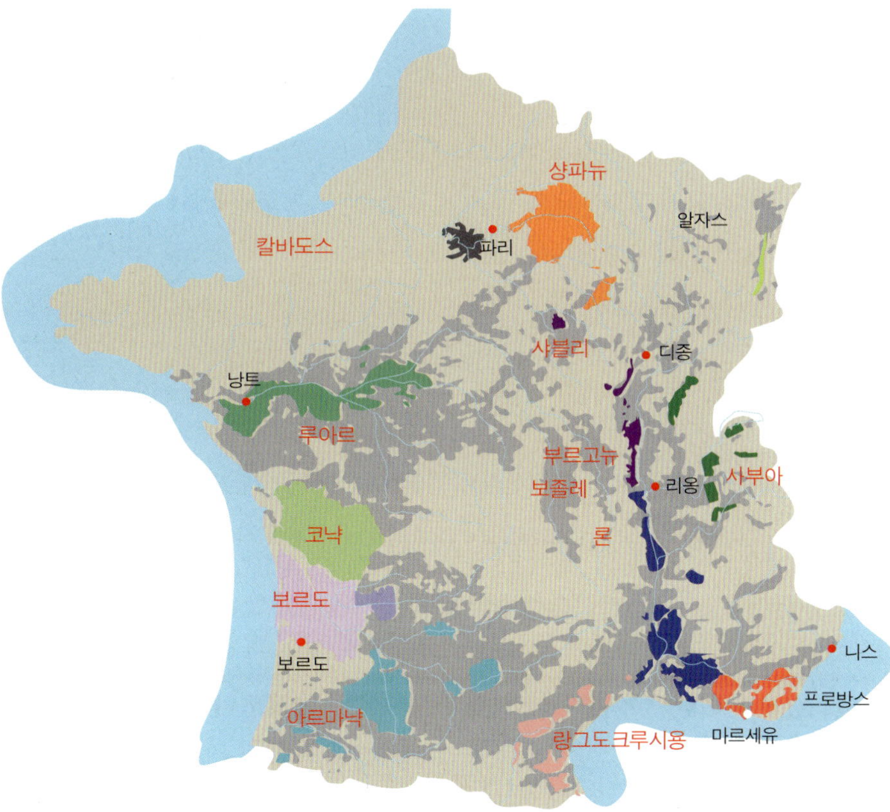

1. 개요

와인에 대해 모르는 사람이라도 와인 하면 프랑스를 떠올리고 세계 최고의 와인, 세계에서 가장 비싼 와인 하면 프랑스를 생각한다. 그만큼 프랑스 와인은 세계 최고의 품질을 자랑한다. 프랑스 대부분의 지역에서 와인이 생산되며, '와인 없는 식탁은 꽃이 없는 봄과도 같다'라는 말이 의미하듯 프랑스 사람들은 그만큼 와인을 사랑하고 즐겨 마신다.

프랑스 와인의 기원은 아주 오래되었는데, 기원전 이전부터 시작된다. 그리스인들이 BC 600년경 식민지인 프랑스의 갈리아 지역[현재는 프로방스(Provence) 코트다쥐르(Cote d'Azur)의 마르세유(Marseille) 지방]에서 포도를 재배한 것으로 알려져 있다. 마르세유는 현재 프랑스 남부 지중해에 위치해 있는데, 우리나라 부산과 같이 프랑스를 대표하는 무역항이다. 이후 로마가 이 지역을 정복하면서 포도나무의 재배가 성행하였다. 이는 광범위하게 펼쳐진 로마 식민지에 주둔한 로마 군인들을 위해 와인이 필요했기 때문이다.

1세기경에는 론(Rhone)과 랑그도크루시용(Languedoc-Roussillon) 지역에서 포도재배가 성행했고, 이후 부르고뉴, 보르도, 샹파뉴 등으로 재배지역이 확대되었다. 중세에는 수도사들에 의해 포도재배와 양조에 관한 연구가 활발히 이루어졌고 이들은 예배에 필요한 와인을 제조했다.

한편 포도나무뿌리 진딧물의 일종인 필록세라(Phylloxera)라는 포도전염병이 1864년부터 20년간 확산되면서 포도밭은 황폐해졌으나 미국의 포도나무를 접붙여 이 상황을 극복하였다. 그러나 이러한 상황에서 와인의 품귀현상이 야기되고 밀조로 이어지게 된다. 이러한 배경으로 AOC(원산지 통제명칭)가 생기게 된다.

세계적으로 프랑스 와인이 유명해진 이유는 오래전부터 품질관리를 체계적으로 해왔기 때문이다. 이미 1905년에 프랑스는 포도재배 지역의 지리적 경계를 구분하기 시작했다. 1935년에는 아오세(AOC: Appelation d'Origine Contrólée)라는 와인의 품질과 유통 등에 대한 원산지 통제명칭제도를 정립하여 사용했다.

1949년에는 원산지통제명칭 우수품질 제한 포도주법인 V.D.Q.S(Vins Delimites de Qualite Superieur)를 제정하였고, 1973년 지역와인법인 VdP(Vins de Pays)를 시행했다. AOC 명칭은 통제(Contrólée)라는 명칭이 보호(protect)로 변경되어 현재 AOP(Appellation d'Orgine Protegée)가 되었다.

2. 프랑스 와인등급

1935년 와인의 품질, 유통과 소비의 전 과정에 아오세(AOC)라는 원산지 통제명칭 제도(아펠라시옹 도리진 콩트롤레: Appellation d'Origine Contrólée)를 정립하여 각 지방 정부에서 관리되다 AOP(Appellation d'Orgine Protegée)로 변경되었다. 대부분의 프랑스 고급와인은 이 제도에 의해 관리된다.

표 5 … 와인등급

구분	AOC		AOP
	등급	설명	
1	AOC (Appellation d'Origine Contrólée: 아펠라시옹 도리진 콩트롤레) (원산지 통제명칭 와인)	• 와인 재배지역 • 포도의 재배방법 • 단위면적당 생산량 제안 • 최저 알코올 함유량 • 포도품종 및 당분 함유량 • 양조과정 • 숙성의 기간과 조건	AOP (Appellation d'Origine Protegée: 아펠라시옹 도리진 프로테제) (원산지명칭 보호 와인) AOC보다 강화된 조건
2	AO-VDQS (Appellation d'Origine Vin Délimité de Qualité Supérieure: 아펠라시옹 도리진 뱅 델리미테 드 칼리테 쉬페리외르) (원산지명칭 우수품질제한 와인)	• 와인 재배지역 • 포도의 재배방법 • 생산량 제한 • 제조과정 • 알코올 함유량	삭제

구분	AOC		AOP
	등급	설명	
3	Vin de Pay (뱅 드 페이) (지방주)	• 허가된 포도품종 사용 • 포도품종은 정해진 지역재배 • 알코올 농도는 9~15% • 승인된 시음검사위원회 통과	IGP (Indication Géographique Protégée: 앵디카시옹 제오그라피크 프로테제)
4	Vin de Table (뱅 드 타블) (테이블 와인)	• 여러 지역에서 생산된 와인으로 제조 • 와인 품질 • 맛은 가능한 한 동일 • 알코올 농도(8.5~15도)는 병 표기 • 수확연도 표기 금지	VDF (Vin de France: 뱅 드 프랑스)

3. 주요 생산지

프랑스의 와인 생산지로는 보르도, 루아르, 부르고뉴, 론, 프로방스, 랑그도크루시용, 샹파뉴, 알자스, 보르도 남동쪽에 위치해 있는 남서부 지역(Sud Quest=South West) 등이 있다.

(1) 보르도(Bordeaux)

① 개요

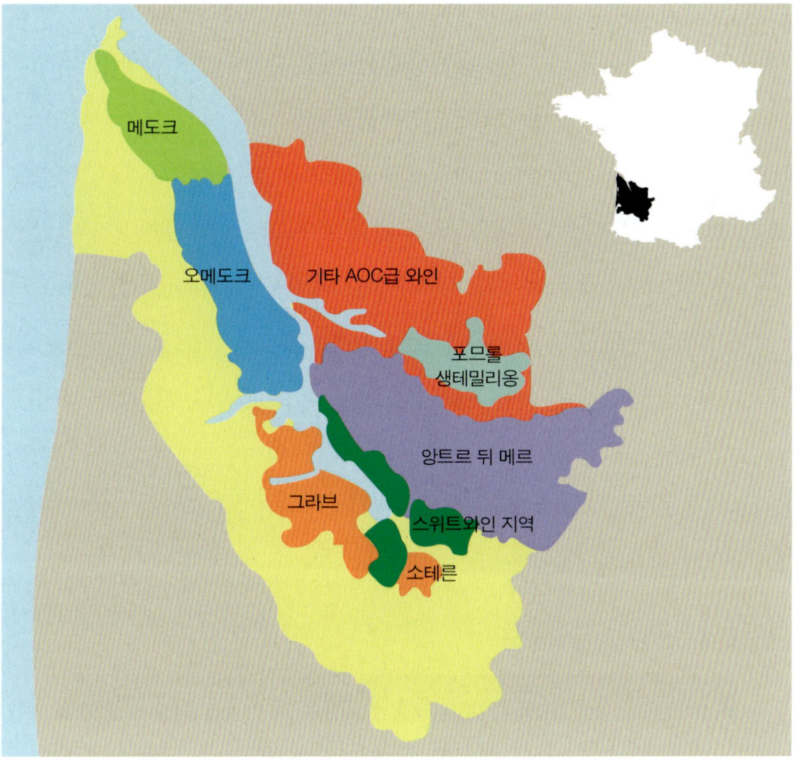

보르도는 부르고뉴와 더불어 프랑스 와인의 대명사이자 세계 와인의 대명사이다. 이곳은 세계 최고급 유명와인이 많이 생산되는 지역으로서 로마시대부터 포도밭이 조성되었다.

보르도 지역은 프랑스 남서부 스페인 국경에 인접하여 있고, 지롱드강과 도르도뉴강의 합류지역에 위치해 있다. 보르도에는 '강이 바라보이는 곳에 최고의 포도밭이 있다'는 말이 있다. 보르도에는 원산지 명칭지역인 아펠라시옹이 57개 지정되어 있고, 프랑스 AOC의 약 1/4 이상을 차지하고 있다.

보르도 지역은 1152년 보르도 공작의 딸 아키텐이 루이 7세와 이혼 후, 영국의 헨리 2세와 결혼하면서 한동안 영국 영토가 되었는데 이 시기부터 보르도 와인은 명성을 얻게 되었다.

영국인들은 보르도 와인을 와인의 색이 연하여 '클라레(Claret)'라 불렀다. 당시 와인은 화이트와인과 레드와인을 섞어서 제조하여 로제와인처럼 색인 연했기 때문이다. 보르도는 레드와인과 화이트와인을 생산하지만 생산량의 80% 이상이 레드와인이며, 대표적인 포도품종은 카베르네 소비뇽과 메를로이다.

레드와인은 카베르네 소비뇽(Cabernet Sauvignon), 메를로(Merlot), 카베르네 프랑(Cabernet Franc), 프티 베르도(Petit Verdot), 말벡(Malbec) 이렇게 5가지 품종을 주로

혼합하여 만든다. 화이트와인은 세미용(Semillon), 소비뇽(Sauvignon), 뮈스카델(Muscadelle)이 주로 사용된다.

와인에 등장하는 샤토(Chateau)라는 용어는 프랑스 말로 '성'을 의미하지만 보르도에서는 와이너리를 의미한다. 즉 포도재배와 와인의 제조 및 저장시설을 갖추고 있는 양조장을 뜻한다. 보르도 병 모양은 긴 몸통에 목은 짧다.

표 6 … 주요 생산지역

지 역	생산 와인 종류
메도크(Médoc)	레드와인 생산
그라브(Graves)	레드와인, 화이트와인 생산
소테른(Sauternes)	주로 스위트 화이트와인 생산
포므롤(Pomerol)	레드와인 생산
생테밀리옹(Saint-Emilion)	레드와인 생산

② 등급

보르도에는 와인 생산지역마다 자체적인 등급분류제도가 있는데 특히 1855년 메도크의 등급분류는 세계적으로 유명하다. 샤토의 최고급 와인은 크뤼 클라세(Crus Classés)로 분류하고 있는데, 이것은 5등급으로 세분화되어 있다.

메도크의 와인등급 분류는 메도크 지역의 상위 60개 샤토를 5등급의 그랑 크뤼 클

라세(Grand Cru Classé)로 서열화시켰다. 예외적으로 그라브(Graves) 지역의 샤토 오브리옹(Chateau Haut-Brion)이 포함되어 있다.

1855년 1등급(프르미에 그랑 크뤼, Premier Grand Cru)으로는 마고(Margaux), 라투르(Latour), 라피트 로칠드(Lafite Rothschild), 오브리옹(Haut-Brion) 등으로 4곳의 샤토가 지정되었지만, 1973년에 2등급에서 1등급으로 샤토 무통 로칠드(Chateau Mouton-Rothschild)가 승격되면서 모두 5곳이 되었다.

한편 1855년 이 5등급에 포함되지 못한 우수한 포도원은 따로 크뤼 부르주아(Cru Bourgeois)라고 부른다.

③ 메도크(Médoc)

메도크는 보르도 시 북서쪽에 위치하고 있으며, 세계 최고의 레드와인을 주로 생산한다. 메도크 지역은 크게 바메도크(Bas-Médoc)와 오메도크(Haut-Médoc)의 2지역으로 구분할 수 있다.

일반적으로 메도크(Médoc)라는 상표가 있으면 북쪽에 위치한 바메도크(Bas-Médoc)에서 생산된 와인으로 고급와인이다. 남쪽에 위치한 오메도크(Haut-Médoc)에서는 최고급와인이 많이 생산된다. 이 오메도크는 다시 북에서부터 여섯 개의 지역인 생테스테프(Saint-Estèphe), 포이악(Pauillac), 생쥘리앵(Saint-Julien), 리스트락(Listrac), 물리(Moulis), 마고(Margaux)로 나눈다. 이 지역의 포도품종은 카베르네 소비뇽과 메를로 등을 혼합한다. 이 지역 와인의 특징은 향이 강한 반면 도수가 낮다.

유명와인은 샤토 마고(Chateau Margaux), 샤토 라투르(Chateau Latour)와 샤토 라피트 로칠드(Chateau Lafite-Rothschild) 등이 있다.

④ 그라브(Graves)

보르도 시와 메도크의 남쪽에 위치한 그라브 지역은 레드와인과 화이트와인을 생산하고 있다. 그라브(Grave)는 자갈이란 의미이다.

그라브의 레드와인은 카베르네 소비뇽과 메를로 등을 혼합한다. 풍부한 향에 부드러운 와인이다. 이 지역에는 세계적으로 유명한 샤토인 샤토 오브리옹(Ch. Haut Brion)이 소재해 있다. 레드와인에는 샤토 부스코(Chateau Bouscaut), 샤토 올리비에(Chateau d'Olivier) 등이 있다.

화이트와인은 세미용과 소비뇽 블랑을 혼합하는데, 드라이하고 좋은 감칠맛이 난다. 오래 저장할 수 있는 화이트와인이다. 화이트와인에는 샤토 쿠앵(Chateau Couhins), 샤토 카르보니유(Chateau Carbonnieux) 등이 있다.

⑤ 소테른(Sauternes)/바르삭(Barsac)

그라브와 이웃한 지역인 소테른은 스위트한 화이트와인이 생산된다. 포도품종은 세미용이나 소비뇽 블랑이며, 보트리티스 시네레아(Botrytis Cinerea)에 의한 귀부와인인 노블 롯(Noble Rot)이 유명하다. 유명와인은 샤토 쿠테(Chateau Coutet)와 샤토 디켐(Chateau d'Yquem) 등이 있다.

⑥ 포므롤(Pomerol)

보르도 와인생산지 중 면적이 가장 좁은 이 지역은 보르도 시의 동쪽에 위치하고 있다. 이 지역에서는 주로 고급 레드와인을 생산하여 와인을 구하기가 쉽지 않은데, 가격이 가장 높은 와인 중 하나인 샤토 페트뤼스(Chateau Petrus) 와인이 유명하다.

메를로를 주품종으로 사용하기에 와인은 부드럽고 온화하며 신선하고 풍부한 향에 와인 색이 훌륭하다.

유명한 상표로는 샤토 가쟁(Chateau Gazin), 샤토 트로타누아(Chateau Trotanoy) 등이 있다.

⑦ 생테밀리옹(Saint-Emilion)

포므롤과 이웃한 이 지역에선 레드와인이 생산된다. 부드럽고 온화한 맛이 특징인데, 샤토 슈발 블랑(Ch. Cheval Blanc)이 유명하다. 포도품종은 카베르네 프랑과 메를로를 혼합한 것이다.

유명한 와인으로 샤토 파비(Chateau Pavie), 샤토 오존(Chateau Ausone) 등이 있다.

(2) 부르고뉴(Bourgogne)

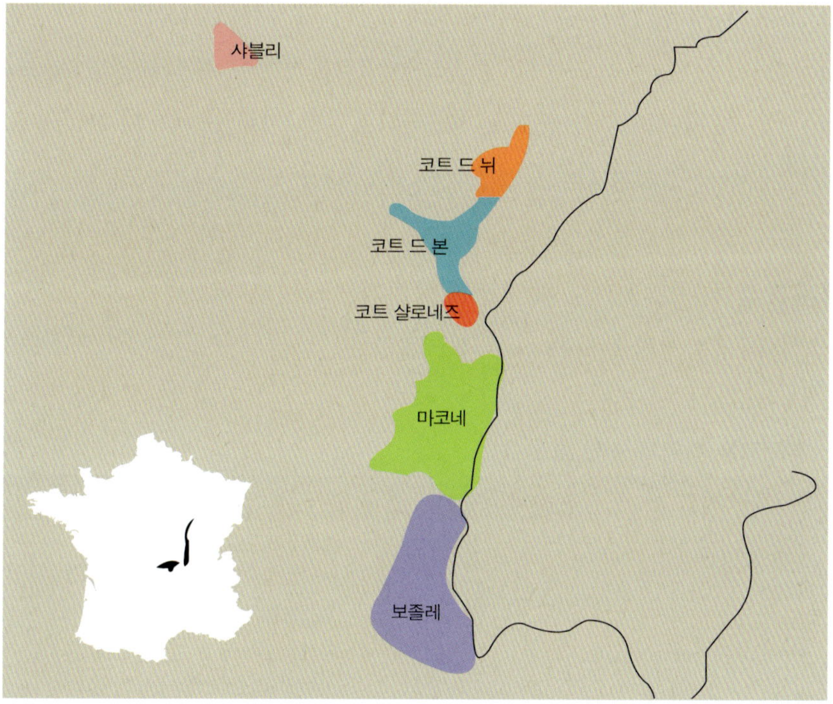

프랑스의 중동부에 위치한 이 지역은 보르도와 더불어 고급와인 생산으로 쌍벽을 이루는 대표적인 프랑스의 와인 생산지역이다. 영어로는 버건디(Burgundy)라고 하며, 독일어로는 부르군트(Burgund)라고 부른다. 이 지역에서는 레드와인과 화이트와인을 생산하며 맛은 부드럽고 중후하다.

레드와인 포도품종은 피노 누아(Pinot Noir)와 가볍고 신선한 보졸레 와인의 포도품종인 가메(Gamay)이다. 화이트와인 포도품종은 샤르도네(Chardonnay)와 대중적인 화이트와인을 제조하는 알리고테(Aligoté) 등이 있다.

프랑스 와인의 양대 산맥이자 세계의 걸작 와인인 부르고뉴 와인과 보르도 와인을 비교해 보면 몇 가지 차이점이 있다.

첫째, 부르고뉴 와인은 단일 품종으로 와인을 제조하는 반면, 보르도 와인은 주로 2~3가지 포도품종을 혼합하여 제조한다.

둘째, 부르고뉴에서는 포도밭이 작은 단위로 분할되어 있고, 포도재배와 와인 제조가 별도로 진행된다. 그러나 보르도에서는 큰 규모의 포도원을 소유한 샤토를 중심으로 포도재배와 와인 제조가 이루어진다.

셋째, 부르고뉴 와인의 병 모양은 보르도 와인 병보다 목이 길고 아랫부분이 넓은 유선형태인 것에 비해 보르도 와인 병은 상대적으로 날씬하고 목이 짧다.

부르고뉴의 생산지역은 크게 다섯 곳으로 구분된다.

표 7 … 부르고뉴 지역의 와인 생산지

지역명	와인명
샤블리(Chablis), 욘(Yonne)	• 화이트와인 생산 • 와인품종은 샤르도네(Chardonnay)
코트 도르(Côte d'Or) 코트 드 뉘(Côte de Nuits)	• 대부분 레드와인 생산 • 부르고뉴에서 고급 레드와인 생산 • 로마네 콩티(Romanée Conti) 생산 • 포도품종은 피노 누아(Pinot Noir)
코드 드 본(Côte de Beaune)	• 주로 화이트와인 생산 • 고급의 화이트와인 생산
코트 샬로네즈(Côte Chalonnaise)	• 대부분 레드와인 생산
마코네(Maconnais)	• 레드와인과 화이트와인 생산
보졸레(Beaujolais)	• 레드와인 생산 • 보졸레 누보(Beaujolais Nouveau) • 포도품종은 가메(Gamay Noir)

샤블리는 부르고뉴의 가장 북쪽에 위치하는데, 프랑스를 대표하는 화이트와인 생산지로서 세계적으로 샤르도네가 유명하다.

코트 드 뉘(Côte de Nuits)는 세계에서 가장 비싼 레드와인인 로마네 콩티(Romanée Conti)가 생산된다. 정확히는 코트 드 뉘(Côte de Nuits)의 본 로마네(Beaune-Romanée)에서 생산된다. 로마네 콩티(Romanée Conti)의 정식 이름은 도멘 드 라 로마네 콩티(DRC: Domain de la Romanée Conti)이다.

로마네(Romanée)는 포도밭 이름이며 콩티(Conti)는 설립자 이름이다. 로마네 콩티(Romanée Conti)는 1병씩 판매하는 것이 아니라 1박스씩 판매한다. 그러나 로마네 콩티(Romanée Conti) 1병에 라 타슈(La Tache) 3병, 리쉬부르(Richebourg) 2병, 로마네 생 비방(Romanee St. Vivant) 2병, 그랑 에세조(Grands Echezeaux) 2병, 에세조(Echezeaux) 2병을 합치면 1박스로 12병이 된다. 그만큼 로마네 콩티(Romanée Conti)는 아무나 마시기 쉽지 않은 아주 귀한 와인인데, 매년 6,000~7,000병 정도만 생산된다. 포도밭 면적은 1.5헥타르, 즉 15,000평방미터(m^2)이다.

보졸레(Beaujolais)는 가볍고 신선한 레드와인을 생산하는데, 보졸레 누보(Beaujolais Nouveau)가 유명하다.

한편, 부르고뉴(Bourgogne)는 피노 누아와 샤르도네로 만든 와인이다.

부르고뉴 알리고테(Bourgogne Aligoté)는 알리고테 품종으로 만든 와인이다.

부르고뉴 그랑 오르디네르(Bourgogne Grand Ordinaire)는 부르고뉴 지역의 포도를 혼합하여 만든 와인이다.

부르고뉴 파스투그랭(Bourgogne Passe-tout-grain)은 피노 누아(Pinot Noir)와 가메(Gamay)를 섞은 와인이다.

부르고뉴에서도 스파클링 와인(Sparkling Wine)을 생산하는데 이것을 크레망 드 부르고뉴(Crémant de Bourgogne)라고 한다.

알아두기

보졸레(Beaujolais)

아무리 보졸레 누보가 보졸레 지방의 가장 유명한 대사 역할을 한다 해도 보졸레 누보만이 보졸레 포도주의 대명사가 되어서는 안될 것이다. 보졸레가 원어에서 이미 복수형 어미인 -s로 끝나는(Beaujolais) 것은 보졸레가 12개의 명칭을 가지고 있기 때문이다.

보졸레(Beaujolais)

이 명칭은 가장 넓은 지역에 분포하는데 그 일부가 보졸레 누보라는 이름으로 당해 11월에 선보이고 있다. 보졸레의 선두주자인 이 명칭은 기쁨을 나눌 수 있을 만큼 진솔한 와인이다. 연중 어느 때에 마셔도 꽃향, 과일향의 세련된 부케와 향을 마음껏 느낄 수 있다. 전채요리와 함께 혹은 하루 중 어느 때라도 11℃ 정도로 시원하게 즐길 수 있다.

보졸레 누보(Beaujolais Nouveaux)

이 와인의 유명세는 이제 더 이상 소개하지 않아도 될 정도이다. 매년 전 세계가 보졸레 누보를 맛보기 위해 11월 셋째주 목요일을 기다린다. 햇포도주의 맑은 붉은색, 까막까치밥나무 열매 혹은 체리색 등 빛나는 색깔을 즐겨보자. 또 이 포도주의 전형적인 꽃향, 과일향이 후각과 미각을 기분 좋게 자극한다. 항상 10℃에서 시원하게 마시는 것이 좋다.

보졸레 빌라주(Beaujolais Villages)

39개의 면에 퍼져 있는 보졸레 빌라주는 보졸레 포도원 전체 생산량의 25%를 차지한다. 이 명칭 또한 일부가 보졸레 빌라주 누보로 출하된다. 39개 마을이 보졸레 빌라주 명칭을 사용할 수 있다. 아름다운 체리빛의 붉은색을 지니고 있으며 까막까치밥나무 열매, 딸기 등의 붉은 과일향이 풍부한 와인이다. 입안에서 느껴지는 맛이 조화롭고 부드러운 이 와인은 매우 다양한 음식과 어울린다. 특히 소시지, 가금류 등과 11~12℃ 사이에서 시원하게 마신다.

보졸레의 크레 드 브루이(Beaujolais Cre de Brouilly)

부루이, 쉐나, 쉬루블르, 코트 드 부루이, 플뢰리, 모르공, 물랭아방, 레니에, 생 타무르,

이렇게 9대 크뤼는 보졸레 포도주 생산의 꽃들이다. 이 포도주들은 병 안에서 오래 묵을수록 좋다. 그래서 와인 애호가들은 수확한 이듬해 봄까지 기다렸다가 크뤼들을 맛본다. 포도 재배자들은 심지어 보졸레 크뤼들이 부활절 휴가를 보낼 때까지 기다린다는 말을 사용하기까지 한다. 크뤼들은 제대로 숙성될 때까지 기다렸다가 그 맛의 진가를 알 수 있을 때 맛보아야 한다는 뜻이다.

출처 _ www.beaujolais.net

알아두기

네고시앙(Négociant)

부르고뉴에서 사용하는 네고시앙(Négociant)은 와인 중개업자를 의미한다. 포도원인 도멘(Domaine)에서 포도를 구입하여 와인을 제조·판매한다. 보르도의 샤토처럼 본인 소유의 포도원을 가진 네고시앙도 있다.

부르고뉴 지방의 포도밭은 규모가 작고 세분화되어 있으며 소유자가 여러 명이고 생산규모도 그렇게 크지 않은 편이다. 반면 보르도는 소유주가 가족단위나 개인이다.

이러한 상황으로 인해 포도 재배자에게서 수확한 포도나 제조한 와인을 구매하여 병입 한 다음 판매를 대행하는 와인 중개업자가 생겼는데, 이들을 네고시앙(Négociant)이라 부른다.

이들은 부르고뉴에서 생산되는 와인의 유통에 중요한 역할을 하고 있다.

부르고뉴 와인을 구입할 경우 지역적 특성과 함께 어떤 네고시앙인가도 중요하다.

대표적인 네고시앙에는 루이 자도(Louis Jadot), 루이 라투르(Louis Latour), 부샤 페레 피스(Bouchard Pere & Fils) 등이 있다.

① 등급

부르고뉴에서는 포도밭의 등급이 와인등급이 된다. 반면 보르도는 샤토별로 등급이 부여된다. 부르고뉴는 부르고뉴 지역 와인(Regionale), 특정마을와인(Communal), 프르미에 크뤼(Premier Cru), 그랑 크뤼(Grand Cru)의 순으로 등급이 높아진다.

가. 지역와인(Regionale)

부르고뉴 전 지역의 AOC에서 생산되는 포도로 만든 와인이다. 예를 들면 라벨에 부르고뉴(Bourgogne)가 적혀 있다.

나. 마을와인(Communal)

특정마을에 있는 포도밭에서 생산된 와인으로 만든다. 그 마을이름을 라벨에 표시한다. 위의 지역와인과는 달리 다른 마을 AOC의 포도는 혼합할 수 없다. 예를 들면 마을이름인 주브레 샹베르탱(Gevrey Chambertin)이다.

다. 프르미에 크뤼(Premier Cru)

1등급 와인이다. 우수한 특정 포도재배지의 포도밭에서 생산되는 와인으로 라벨에 마을지명을 표시한다. 그리고 마을이름 아래 Premier Cru 또는 1er Cru라고 적혀 있다.

라. 그랑 크뤼(Grand Cru)

프르미에 크뤼 중 선택된 최고의 포도밭에서 생산되는 와인으로 특등급 중 최고급이다. 마지 샹베르탱(Mazi–Chambertin)이 있다. 라벨에는 해당 포도밭의 이름과 Grand Cru가 적혀 있다.

② 샤블리 등급

가. 프티 샤블리(Petit Chablis)

주로 식전주로 마시는 신선하고 가벼운 영 와인이다.

도멘(Domaine)과 샤토(Chateau)

도멘(Domaine)이라는 용어는 부르고뉴에서 사용하고, 보르도에서는 샤토(Chateau)라는 용어를 사용한다. 그러나 이 용어들은 다르다.

보르도의 '샤토(Chateau)'는 규모가 큰 건물이나 주택을 중심으로 형성된 포도밭으로 구성된 단독 양조장을 의미한다. 그리고 소유주는 개인이나 가족단위가 대부분이다.

부르고뉴의 '도멘(Domaine)'은 영지 혹은 소유지라는 의미로 포도원이다. 포도밭 구획들의 집합으로 포도밭의 규모는 매우 작은 경우가 많다. 그리고 한 사람이나 단체가 소유한다. 이러한 구획은 보통 여러 마을과 산지 전역에 흩어져 있다. 도멘은 구획마다 와인을 별도로 제조한다. 일반적으로 부르고뉴의 도멘은 소량으로 여러 가지 와인을 생산한다.

출처 _ 부르고뉴와인협회(BIVB), http://navercast.naver.com 재인용

나. 샤블리(Chablis)

가장 넓은 지역으로서 프티 샤블리보다 구조감과 여운이 있다. 주로 해산물이나 생선구이에 적합하다.

다. 프르미에 크뤼(Premier Cru)

그랑 크뤼(Grand Cru)보다 낮은 등급이지만 품질은 매우 우수하다.

라. 그랑 크뤼(Grand Cru)

가장 좋은 등급이다. 여기에는 그르누이(Grenouilles), 블랑쇼(Blanchot), 부그로(Bougros), 레 클로(Les Clos)[7], 레 프뢰즈(Les Preuses), 발뮈르(Valmur), 보데지르(Vaudésir) 등 7개의 개별 포도밭인 클리마(Climat)[8]가 있다.

(3) 론(Rhône)

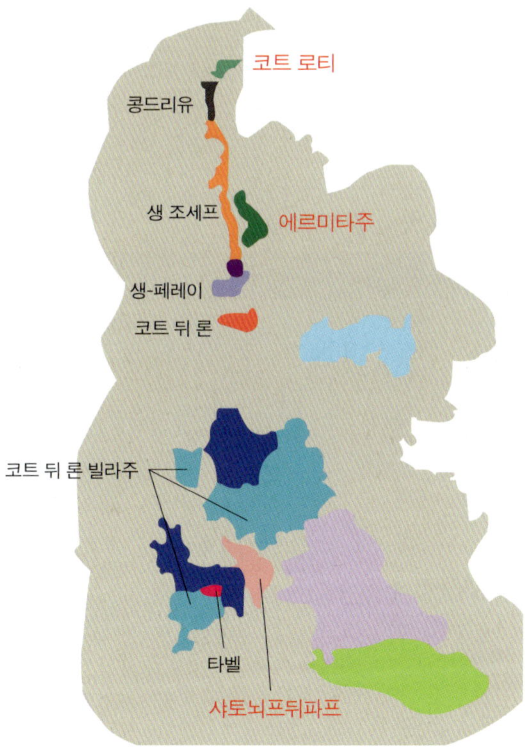

론(Rhône) 지방은 부르고뉴 남쪽에 위치해 있다. 프랑스 남단의 리옹(Lyon)에서 아비뇽(Avignon)까지의 론 강변 약 200km 지역에 위치해 있다. 이 지역의 레드와인은 진한 색에 알코올 농도가 다른 지역보다 높은 편이다. 이 지역에서는 대부분 레드와인을 생산하는데 그 외에 화이트 · 로제 · 스파클링 와인도 생산된다.

주요 생산지역은 에르미타주(Hermitage), 코트 로티(Côte Rôtie), 크로즈 에르미타주(Crozes-Hermitage), 샤토뇌프뒤파프(Châteauneuf-du-Pape), 타벨(Tavel) 등이 유명하다.

타벨(Tavel)은 남부 론(Rhône) 지방에서 생산되는 묵직한 로제와인으로 프랑스에서 가장 유명하다. 그르나슈(Grenache)를 기본으로 생소(Cinsault) 등을 섞기도 한다. 태양왕 루이 14세와 아비뇽 유수 때 교황들도 즐겨 마셨던 와인으로 매우 유명한 로제와인이다.

레드와인 포도품종에는 강한 타닌이 함유되어 오래 저장할 수 있는 시라(Syrah), 그르나슈(Grenache), 무르베드르(Mourvédre) 등이 있다. 화이트와인 포도품종에는 비오니에(Viognier), 마르산(Marsanne), 루산(Roussanne) 등이 있다.

론 지방의 와인판매는 주로 네고시앙(Négociant)이나 협동조합에 의해 이루어진다. 각 생산지역별로 와인의 특색과 주요 포도품종을 살펴보면 다음과 같다.

표 8 … 생산지역과 와인의 특색 및 주요 포도품종

생산지역	와인의 특색 및 주요 포도품종
에르미타주(Hermitage)	대부분 레드와인 : 시라
코트 로티(Côte Rôtie)	색이 진한 레드와인 : 시라
크로즈 에르미타주(Crozes-Hermitage)	대부분 레드와인 : 시라
샤토뇌프뒤파프(Châteauneuf-du-Pape)	레드와인 : 그르나슈 등
타벨(Tavel)	로제와인 : 그르나슈
콩드리유(Condrieu)	화이트와인 : 비오니에
생 조세프(Saint-Joseph)	화이트와인과 레드와인 : 루산, 시라
코르나스(Cornas)	레드와인 : 시라

(4) 알자스(Alsace)

알자스는 라인강을 중심으로 독일과 국경을 마주하는 지역으로 우리에게도 잘 알려져 있는데, 19세기 프랑스의 작가 알퐁스 도데(Alphonse Daudet)의 『마지막 수업』의 배경이 된 곳이다. 이 지역은 중부유럽의 내륙지역으로 여름은 덥지 않고 서늘한 기후로 인해 대부분 화이트와인을 생산한다.

와인 스타일은 독일과 비슷한 점이 많다. 와인은 산도와 과일향이 있고 독일 와인은 발효 중에 당분을 남기거나 포도주스를 와인에 첨가하여 다소 단맛이 나지만, 알자스 와인은 완전발효를 하여 맛이 드라이하다. 알코올 도수는 8~10%인 독일 와인보다 높은 11~12%를 함유하고 있다.

포도품종은 리슬링(Riesling), 피노 블랑[(Pinot Blanc=바이스부르군더(Weissburgunder)=오스트리아 클레브너(Klevner)], 게뷔르츠트라미너(Gewürztraminer), 실바너(Sylvaner), 토카이 피노 그리(Tokay Pinot

Gris), 피노 누아[(Pinot Noir=슈페트부르군더(Spätburgunder)], 뮈스카(Muscat) 등이 있다.

알자스 와인은 대부분 와인 제조자가 포도를 구매하여 본인이름으로 와인을 제조하여 판매하며 보통 목이 긴 와인 병을 사용한다.

대표적인 와인회사로는 휘겔 에 피스(Hugel et Fils), 도멘 진트 훔브레히트(Domaine Zind–Humbrecht), 트림바흐(Trimbach), 도멘 바인바흐(Domaine Weinbach) 등이 있다.

알자스 와인에는 알자스 그랑 크뤼(Alsace Grand Cru), 알자스(Alsace), 크레망 달자스(Crémant d'Alsace) 등이 있다.

(5) 루아르(Loire)

이 지역은 프랑스 파리 서쪽 대서양 연안에 위치해 있으며 낭트(Nantes)에서 루아르 강을 따라 1,000km에 이르는 긴 계곡은 관광지로도 매우 유명하다.

루아르 지역에서는 낭트 지역을 중심으로 대부분 드라이한 화이트와인을 생산하는데, 전체 와인 생산량 중 약 2/3 이상이 드라이한 화이트와인이다. 기타 레드와인, 로제와인, 스파클링 와인도 생산한다.

대체적으로 이 지역에서 생산하는 와인은 오래 숙성하지 않고 영 와인일 때 빨리 마시는 와인이다. 화이트와인인 푸이–퓌메(Pouilly–Fumé)는 3~5년, 상세르(Sancerre)는 2~3년, 뮈스카데(Muscadet)는 1~2년 때가 마시기 좋다.

루아르의 대표적인 지역으로는 낭트(Nantais), 앙주 소뮈르(Anjou Saumur), 투렌

(Touraine), 중앙 포도재배지역으로 구분한다.

포도품종에는 멜론 드 부르고뉴(Melon de Bourgogne), 카베르네 프랑(Cabernet Franc), 슈냉 블랑(Chenin Blanc), 피노 누아(Pinot Noir) 등이 있다.

대표적인 와인은 다음과 같다.

표 9 … 루아르 와인지역

지역	와인
뮈스카데(Muscadet)	화이트와인
앙주 소뮈르(Anjou Saumur)	앙주(Anjou)의 로제와인
투렌(Touraine)	화이트와인(부브레, Vouvray/몽루이, Montlouis) 레드와인(부르괴이, Bourgueil/쉬농, Chinon)
푸이-상세르(Pouilly-Sancerre)	화이트와인(푸이-퓌메, Pouilly-Fumé/상세르, Sancerre)

① 푸이-퓌메(Pouilly-Fumé)

루아르 와인을 대표하는 화이트와인으로 보통 드라이하며 강한 신맛과 향이 있다. 색은 초록색에서 금색이다.

푸이-퓌메(Pouilly-Fumé)에서 생산되는 와인은 소비뇽(Sauvignon)품종으로 만드는데, 드라이한 화이트와인으로 강한 향을 지니고 있다. 반면 푸이 쉬르 루아르(Pouilly sur Loire)에서 생산되는 와인은 샤슬라(Chesselas= Gutedel=Fendant)품종을 사용한다.

잘 어울리는 요리는 훈제연어와 닭고기이다.

② 부브레(Vouvray)

드라이에서 스위트한 맛까지 있는 화이트와인이다. 중간 맛(Semi Dry) 와인은 과일과 잘 어울린다.

③ 뮈스카데(Muscadet)

화이트와인으로 100% 믈롱 드 부르고뉴(Melon de Bourgogne)로 제조된다. 와인의 부케, 아로마, 맛을 포함하는 플레이버(flavor)가 약하므로 술지게미를 넣어 같이 발효시킨다. 약한 드라이 맛이 나고 밝은색을 띤다. 연안에 위치해 있어 해산물과 잘 어울리는데 조개와 굴이 특히 잘 어울리는 와인이다.

④ 상세르(Sancerre)

이 와인은 레드와인과 화이트와인의 두 종류가 있다. 화이트와인은 푸이-퓌메(Pouilly-Fumé)와 뮈스카데(Muscadet)의 중간 정도 타입으로 드라이하고 감칠맛이 좋아 해산물과 잘 어울린다.

⑤ 쉬농(Chinon)

레드와인으로 루비색깔이며, 풍미가 있다.

(6) 프로방스(Provence)

프랑스 남동쪽 지중해 연안에 위치한 프로방스 지역은 마르세유(Marseille)와 엑상 프로방스(Aix-en-Provence), 니스(Nice) 지역을 말한다. 이 지역은 프랑스의 가장 유명한 휴양지이자 가장 오래된 포도재배 지역으로 레드와인, 화이트와인, 로제와인이 생산된다. 이 지역에서는 주로 고급와인보다는 저렴한 와인이 생산된다.

AOC 지역으로는 코트 드 프로방스(Côtes de Provence), 방돌(Bandol), 벨레(Bellet) 등이 있다. 이 지역은 특히 연하고 타닌이 적으며, 신선한 과일향의 로제와인이 유명한데, 보통 1~2년 사이에 마신다. 프로방스에서는 로제와인을 회색빛 와인이라는 의미의 '뱅 그리(Vin Gris)'라고도 한다.

레드와인 포도품종은 그르나슈(Grenache), 시라(Syrah), 카리냥(Carignan), 생소(Cinsault/Cinsaut), 무르베드르(Mourvèdre)가 있다. 화이트와인 포도품종으로는 위니(Ugni)와 클레르테(Clairette)가 있다.

(7) 샹파뉴(Champagne)/샴페인

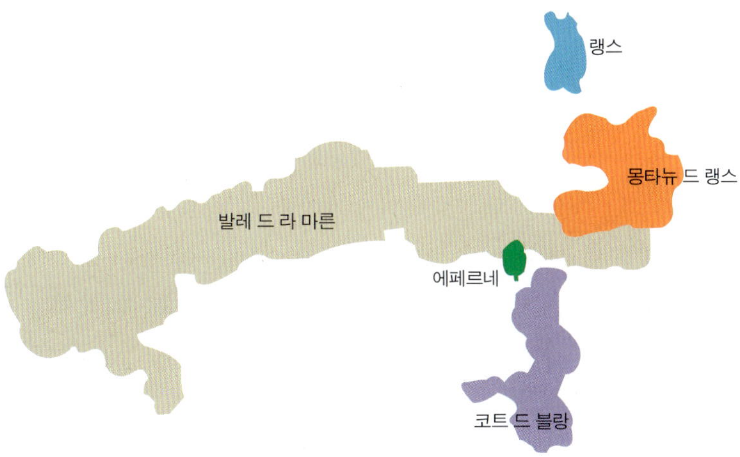

① 개요

프랑스 파리의 동쪽에 위치한 샹파뉴 지방은 프랑스 포도재배지 중에서 가장 북쪽에 위치하고 있어 낮은 평균기온으로 인해 포도재배에 좋은 조건이 아니다. 하지만 세계에서 가장 유명하고 최고급 스파클링 와인(Sparkling Wine)인 샴페인이 생산되는 지역이다. 이 지역의 중심 도시는 랭스(Reims)이다.

세계의 많은 스파클링 와인 중에서 프랑스의 샹파뉴(Champagne) 지역에서 생산된 스파클링 와인만을 샴페인이라고 한다. 프랑스의 다른 지역에서 생산된 스파클링 와인은 뱅 무쇠(Vin Mousseux), 크레망(Crement)이라 부른다. 한편 독일은 젝트(Sekt), 미국은 스파클링 와인(Sparkling Wine), 스페인은 카바(Cava), 이탈리아는 스푸만테(Spumante)라고 칭한다.

프랑스어로는 '샹파뉴(Champagne)'이지만 영어로는 '샴페인(Champagne)'으로 발음한다. 매년 약 2천만 병 정도만 생산된다.

상파뉴(Champagne) 지역은 17세기만 해도 단지 보통 수준의 포도주를 생산하던 곳이었다. 17세기 샹파뉴 지역의 오빌레 베네딕토수도원의 와인 제조 책임자였던 동 페리뇽(Dom Perignon) 수도사는 추운 날씨로 인해 와인이 발효를 중지했다가 당분이 남아 있던 와인이 봄에 발효되어 뚜껑이 발포되는 와인을 마시고 나서 이 와인을 연구했다. 그는 탄산가스의 보존을 위해 코르크마개를 발명했고, 1750년경 마침내 그에 의해 현대적인 샴페인이 탄생했다.

포도품종에는 피노 누아, 피노 뫼니에르, 샤르도네가 있다.

첫째, 청포도인 샤르도네로 만든 블랑 드 블랑(Blanc de Blanc) 샴페인이 있다.

둘째, 적포도만으로 만든 블랑 드 누아(Blanc de Noir) 샴페인이 있다.

셋째, 포도재배가 우수한 해의 포도로 최소 3년 이상 숙성한 빈티지(Vintage) 샴페인이 있다.

넷째, 라벨에 빈티지가 없는 여러 밭의 포도와 다른 생산연도의 포도로 제조한 논-빈티지(Non-Vintage) 샴페인이 있다.

다섯째, 로제 샴페인이 있다.

② 샴페인 제조

포도는 수확 후에 즉시 즙을 짜서 통에 저장한 뒤 그 통에서 먼저 발효를 시킨다. 여러 가지 생산연도, 양, 보관장소별로 많게는 50개의 와인을 서로 혼합한다. 물론 혼합하지 않고 만든 빈티지 샴페인도 있다.

① 착즙(Pressurage: 프레쉬라주)

② 1차 발효(Fermentation Alcoolique: 페르망타시옹 알코올리크) : 통발효

③ 퀴베(Cuvee) 만들기(Assemblage: 아상블라주) : 블렌딩하기

④ 병입(Tirage: 티라주)

⑤ 2차 발효(Deuxiéme Fermentayion: 되지엠 페르망타시옹) : 효모와 당분을 첨가하여 병발효

⑥ 숙성(Séjour en Cave: 세주르 앙 카브) : 최소 1년 이상

⑦ 리들링(Remuage: 르뮈아주) : 침전물 병목에 모으기

⑧ 침전물 제거(Dégorgement: 데고르주망)

⑨ 도자주(Dosage) 첨가 : 부족한 포도주와 설탕을 보충하는 것. 도자주의 당도에 의해 샴페인 당도 결정

⑩ 병입 및 외관 치장

③ 고급 샴페인의 기준

① 1등급 포도밭에서 생산된 가장 좋은 포도를 사용한 것

② 포도즙을 짤 때 첫 번째 나오는 주스만 사용한 것

③ 병에서 오랫동안 숙성시킬 것

④ 라벨에 표시된 샴페인

⑤ 잔에 채운 다음 거품의 크기가 작고 거품 올라오는 시간이 오래도록 지속되는 것

⑥ 와인 자체가 수정같이 맑고 윤기가 있는 것

④ 종류

샴페인은 여러 종류의 포도와 품종이 섞이기 때문에 생산지역보다 제조회사가 중요하다. 유명한 생산자로는 페리에 쥬에(Perrier Jouër), 모에 에 샹동(Moët & Chandon), 뵈브 클리코 퐁사르당(Veuve Cliquot Ponsardin), 크뤼그(Krug), 볼랑저(Bollinger), 폴 로제(Pol Roger), 테탱제(Taittinger), 루이 뢰데레(Louis Roederer) 등이 있다.

표 10 … 샴페인 제품

제조회사	제품
피페 에이식(Piper Heidsieck)	레어(Rare)
로랑 페리에(Laurent Perrier)	쿠베 그랑 시에클(Cuvee Grand Siécle)
페리에 쥬에(Perrier Jouët)	플뢰르 드 샹파뉴(Fleur de Champagne)
포메리 에 그르노(Pommery & Greno)	루이스 포메리(Louise Pommery)
모에 에 샹동(Moët & Chandon)	동 페리뇽(Dom Pérignon)
테탱제(Taittinger)	콩트 드 샹파뉴(Comtes de Champagne)
뵈브 클리코 퐁사르당(Veuve Clicquot Ponsardin)	라 그랑드 담(La Grande Dame)
크뤼그(Krug)	그랑드 쿠베(Grande Cuvée)

⑤ 맛의 구분

샴페인은 당분 함유가 가장 적은 것부터 부뤼트(Brut), 엑스트라 섹(Extra Sec), 섹(Sec), 데미섹(Demi-Sec), 두(Doux) 등으로 구분한다.

표 11 … 맛의 구분

종류		당분	정도
프랑스어	독일어		
부뤼트(Brut)	Herb(헤르프)	1.5% 미만(6~15L/g)	떫다/쓰다
엑스트라 섹 (Extra Sec)	Extra Trocken (엑스트라 트로켄)	1.2~2% 미만(12~20L/g)	매우 드라이
섹(Sec)	Trocken(트로켄)	1.7~3.5% 미만(17~35L/g)	드라이
데미섹 (Demi-Sec)	Halb Trocken (할프 트로켄)	3.3~5% 미만(33~50L/g)	중간 단맛
두(Doux)	Mild(밀트)	5% 이상(50L/g 이상)	달다

⑥ 샴페인 서비스

첫째, 고객에게 샴페인 병과 라벨을 보여주는 쇼잉(Showing)

둘째, 고객이 확인 후 개봉 준비를 한다.

셋째, 샴페인의 코르크마개를 덮고 있는 철망을 제거

넷째, 병을 기울여 잡고 엄지와 두 번째 손가락을 이용하여 천천히 위로 밀어올린다.

다섯째, 이때 코르크마개가 갑자기 빠져 소리가 크게 나지 않도록 코르크를 단단히 잡는다.

여섯째, 개봉 후 호스트 잔에 부어 시음시킨다.

일곱째, OK 확인이 되면 고객에게 먼저 글라스의 1/3 정도를 따라 거품이 가라앉으면 두세 차례 반복하여 붓는다.

여덟째, 서비스가 끝나면 샴페인 병은 와인 쿨러에 넣어둔다.

프랑스 주요 와인의 생산지역별 종류는 〈표 12〉와 같다.

표 12 … 프랑스 주요 와인의 생산지역별 종류

지역	생산 와인
보르도(Bordeaux)	레드와인과 화이트와인
부르고뉴(Bourgogne)	레드와인과 화이트와인
샹파뉴(Champagne)	샴페인(발포성 와인)
루아르(Loire)	대부분 화이트와인
알자스(Alsace)	대부분 화이트와인
론(Rhône)	대부분 레드와인
프로방스(Provence)	대부분 로제와인

자료: 최영준 외(1999) 재인용

제2절 독일

1. 개요

독일은 기후적으로 볼 때 와인을 생산하기 위한 포도재배에는 날씨가 다소 춥고 비도 자주 내리기에 자연환경이 그다지 좋지 않다. 보통 포도를 재배하는 북방 한계점은 북위 50° 정도인데 독일의 경우 북위 49~51°에서 포도재배가 이루어진다. 이러한 배경으로 오늘날의 독일 와인은 많은 노력과 땀을 통하여 이루어졌고, 독일은 세계에서 좋은 품질의 와인을 생산하는 국가 중 한 곳이 되었다. 특히 세계적으로 유명한 화이트와인을 생산하고 있는데 생산지로는 라인강과 모젤강 유역이 유명하다. 최근에는 레드와인 생산도 증가하고 있다.

독일 와인은 날씨가 차고 일조량이 풍족하지 못해 산도는 높은 반면 당분은 많지 않아 알코올 도수가 보통 8~10% 내외로 낮은 편이다. 독일에는 140여 종의 포도품종이 재배되고 있는데, 100여 품종 이상이 화이트와인 포도품종이다. 그중에서 중요한 포도품종은 다음과 같다.

대표적인 화이트와인 포도품종의 리슬링(Riesling)과 뮐러투르가우(Müller-Thurgau=Rivaner), 바이스부르군더(Weissburgunder=Pinot Blanc, 오스트리아 Klevner), 그라우부르군더(Grauburgunder) 등이 있다.

대표적인 레드와인 포도품종으로는 슈페트부르군더(Spätburgunder=Pinot Noir), 트롤링거(Trollinger=Vernatsch=Schiava), 도른펠더(Dornfelder) 등이 있다.

독일 와인의 이해를 위한 용어는 다음과 같다.

첫째, 안바우게비테(Anbaugebiete)는 1971년 독일 와인법(2012년부터 geschützte Ursprungsbezeichnung)에 의해 규정되었다. 크발리테츠바인(Qualitätswein)을 위한 생산지 표시로서 가장 넓은 와인산지단위(Region)로는 13개 지역이 있다.

둘째, 베라이히(Bereich) 혹은 바인바우베라이히(Weinbaubereich)는 안바우게비테(Anbaugebiete) 내의 와인을 생산하는 특정 지역을 의미한다.

셋째, 그로스라게(Grosslage)는 여러 포도밭이 모여 이루어진 포도재배지이다.

넷째, 아인첼라게(Einzellage)는 개별 포도밭을 의미한다.

다섯째, 쉴러바인(Schillerwein)은 화이트와인과 레드와인을 섞어 만든 로제와인이다.

여섯째, 바이스헤르프스트(Weissherbst)는 적포도로 제조한 로제와인이다.

독일의 13개 크발리테츠바인 베슈팀터 안바우게비테에는 41개의 베라이히(Bereich)와 165개 그로스라겐(Großlagen)이 있다.

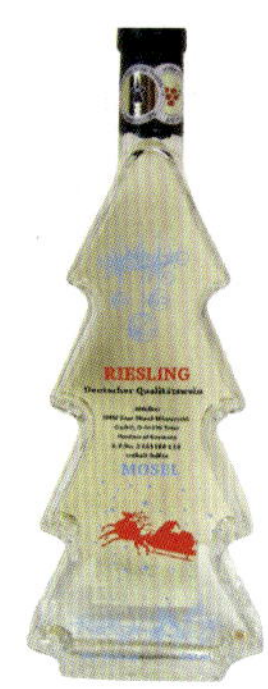

2. 주요 생산지

독일의 와인 생산지역은 엘베(Elbe)에서 보덴제(Bodensee)까지 이어진다. 대표적인 지역으로는 중앙라인유역(Mittelrhein), 모젤(Mosel), 라인가우(Rheingau), 아르(Ahr), 나에(Nahe), 라인헤센(Rheinhessen), 팔츠(Pfalz), 헤시셰 베르크슈트라세(Hessische Bergstrasse), 프랑켄(Franken), 뷔르템베르크(Würtemberg), 바덴(Baden) 등이 있다.

(1) 라인가우(Rheingau)

독일 와인을 대표하는 지역으로 모젤과 더불어 독일 와인 중에서 가장 고급 화이트와인이 생산되는 곳이다. 이 지역은 라인(Rhein)강과 마인(Main)강에 접하고, 로르히하우젠(Lorchhausen am Rhein)에서 호흐하임(Hochheim am Main)까지이다.

이 지역에서는 갈색 와인 병을 사용하고 있고, 모젤 와인보다 알코올 함량이 높으며 맛은 원숙하다. 이 지역은 대부분이 소규모로 와인을 생산한다.

유명한 와인으로는 슐로스 폴라즈(Schloss Vollrads), 슐로스 요하니스베르크(Schloss Johannisberg), 슈타인베르거(Steinberger) 등이 있다.

(2) 라인헤센(Rheinhessen)

라인란트팔츠주의 주도인 마인츠(Mainz)에서 보름스(Worms)시와 빙겐(Bingen)의 삼각지를 이루는 지역으로, 유명한 와인은 라인강 유역을 따라 생산된다.

유명한 와인은 오펜하이머 크뢰텐브룬넨(Oppenheimer Krötenbrunnen), 군터스블루머 포겔스게르텐(Guntersblumer Vogelsgärten), 나켄하이머 엥겔스베르크(Nackenheimer Engelsberg), 알스하이머 존넨베르크(Alsheimer Sonnenberg) 등이 있다.

(3) 모젤(Mosel)

이 지역은 모젤강을 따라 위치하고 있는데, 트리어(Trier)에서 시작하여 코블렌츠(Koblenz)에서 라인강과 만난다. 모젤강과 그 지류인 자르와 루버강 유역의 와인은 진한 색은 아니지만 진한 향에 풍부한 과실풍미가 있으며, 강한 산미가 특징이다.

모젤 와인은 보통 빨리 마시는데 생산된 지 1~2년 안에 마시는 것이 좋다.

유명한 생산지로는 에르덴(Erden), 첼팅겐(Zeltingen), 베른카스텔(Bernkastel), 리저(Lieser) 등이 있다. 유명한 와인은 벨렌너 존넨우어(Wehlener Sonnenuhr), 젤러 슈바르체 카츠(Zeller Schwarze Katz), 첼팅거 로틀라이(Zeltinger Rotlay) 등이 있다.

(4) 팔츠(Pfalz)

라인헤센의 남쪽에 위치한 이 지역은 독일에서 레드와인이 많이 생산되는 지역 중 한 곳이다.

유명한 생산지로는 슈네펜플룩(Schnepfenflug), 횔렌파트(Höllenpfad), 포이어베르크(Feuerberg), 파펜그룬트(Pfaffengrund) 등이 있다.

유명한 와인으로는 뒤르크하이머 슈네켄뵐(Dürkheimer Schneckenböhl), 다이데스하이머 라인스횔레(Deidesheimer Leinshöhle), 헤르스하이머 하일리겐베르크(Herxheimer Heiligenberg) 등이 있다.

표 13 … 독일 와인의 주요 생산지[1)]

생산지역	화이트(%)	레드(%)	생산지
아르(Ahr)	15	85	Walporzheim(발포르츠하임), Ahrtal(아르탈)
헤시셰 베르크슈트라세 (Hessische Bergstrasse)	87.9	12.1	Starkenburg(슈타르켄부르크), Umstadt(움슈타트)
미텔라인(Mittelrhein)	85	15	Bacharach(바카라흐), Rheinburgengau(라인부르겐가우), Siebengebirge(지벤게비르게)

생산지역	화이트(%)	레드(%)	생산지
나에(Nahe)	17	83	Kreuznach(크로이츠나흐), Schloss Boeckelheim(슐로스 뵈켈하임)
라인가우(Rheingau)	85.1	14.9	Johannisberg(요하니스베르크)
라인헤센(Rheinhessen)	78.5	21.5	Bingen(빙겐), Nierstein(니어슈타인), Wonnegau(보네가우)
팔츠(Pfalz)	61.5	38.5	Suedliche Weinstrasse(쥐들리히 바인슈트라세), Deutsche Weinstrasse(도이체 바인슈트라세), Mittelhaardt(미텔하르트)
모젤(Mosel)	90.9	9.1	Zell/Mosel(첼/모젤), Bernkastel(베른카스텔), Obermosel(오베르모젤), Moseltal(모젤탈), Saar–Ruwer(자르–루버)
프랑켄(Franken)	89	11	Steigerwald(슈타이거발트), Maindreieck(마인드라이엑), Mainviereck(마인피어엑), Bayerischer Bodensee(바이에리셔 보덴제)
뷔르템베르크 (Würtemberg)	33.7	66.3	Remstal–Stuttgart(렘스탈–슈투트가르트), Obere Neckar(오베레 네카르)
바덴(Baden)	70	30	Bodensee(보덴제), Markgraeflerland(마르크그레플러란트), Ortenau(오르테나우)
			Badisches Frankenland(바디셰스 프랑켄란트)
잘레–운스트루트 (Saale–Unstrut)	76	24	Seeberg(제베르크), Schloss Neuenburg(슐로스 노이엔부르크)
작센(Sachsen)	86.5	13.5	Elbetal(엘베탈), Elstertal(엘스테르탈)

주 : 1) Dries & Metz, 1995. www.germanwine.de

3. 독일 와인의 등급

(1) 바인(Wein)

독일 와인 중 가장 낮은 등급이다. 테이블 와인으로서 이탈리아의 비노 다 타볼라(Vino da Tavola) 정도의 수준이다.

2) 란트바인(Landwein)

바인(Wein) 범주 안에서 좀 더 좋은 와인이 란트바인(Landwein)이다. 1982년에 도입된 등급으로 지방 와인으로서 바인(Wein)보다는 높은 등급이다. 예전 프랑스의 뱅 드 페이(Vin de Pays)급 정도이다. 여기에는 26개의 안바우게비테가 있는데 이는 다음과 같다.

Ahrtaler Landwein, Badischer Landwein, Bayerischer Bodensee-Landwein, Brandenburger Landwein, Landwein Main, Landwein der Mosel, Landwein Neckar, Landwein Oberrhein, Landwein Rhein, Landwein Rhein-Neckar, Landwein der Ruwer, Landwein der Saar, Mecklenburger Landwein, Mitteldeutscher Landwein, Nahegauer Landwein, Pfälzer Landwein, Regensburger Landwein, Rheinburgen-Landwein, Rheingauer Landwein, Rheinischer Landwein, Saarländischer Landwein, Sächsischer Landwein, Schleswig-Holsteinischer Landwein, Schwäbischer Landwein, Starkenburger Landwein, Taubertäler Landwein이다.

(3) 우수품질와인(Qualit tswein)

독일에서 생산되는 와인 중 가장 많은 생산량을 차지하고 있으며, 전체 생산량의 약 65% 정도를 생산하고 있다. 독일 13개 와인 생산지역의 포도로 만들어지는 우수품질와인(이전표기 특정생산지 고급와인: 쿠베아, Q.b.A.: Qualitätswein bestimmter Anbaugebiete)이다. 특정 지역에서 허가된 포도품종만으로 생산되는 고급와인이다.

(4) 고품질 고급와인(Prädikatswein)

프레디카츠바인(Prädikatswein=이전표기 QmP)은 독일에서 생산되는 최고급 와인등급으로 예전에는 줄여서 쿠엠페(QmP: Qualitätswein mit Prädikatwein)라고 했는데, 설탕을 전혀 첨가하지 않는다. 독일의 와인

등급을 가장 낮은 등급인 바인(Wein)부터 살펴보면 다음과 같다.

표 14 … 독일 와인등급

<table>
<tr><td rowspan="8">독일</td><td>바인(Wein)</td><td></td></tr>
<tr><td>란트바인(Landwein)</td><td></td></tr>
<tr><td>크발리테츠바인(Qualitätswein)</td><td></td></tr>
<tr><td rowspan="5">프레디카츠바인(Prädikatswein)</td><td>카비네트(Kabinett)</td></tr>
<tr><td>슈페트레제(Spätlese)</td></tr>
<tr><td>아우스레제(Auslese)</td></tr>
<tr><td>베렌아우스레제(Beerenauslese)</td></tr>
<tr><td>트로켄베렌아우스레제(Trockenbeerenauslese)</td></tr>
</table>

4. 젝트(Sekt)

젝트란 독일 및 오스트리아의 발포성(Sparkling) 와인의 총칭, 즉 와인에 가스가 포함된 스파클링 와인(Sparkling Wine)을 의미한다. 특히 리슬링 젝트(Riesilng Sekt)는 유명하다. 이 젝트는 최소 75% 이상이 리슬링 포도로 제조되어야 한다.

유명제품으로는 다인하르트(Deinhard), 헹켈(Henkell), 쿠퍼베르크(Kupferberg), 뭄(Mumm), 클로스터젝트(Klostersekt), 퓌르스트 폰 메테르니히(Fürst von Metternich) 등이 있다.

제3절 스페인

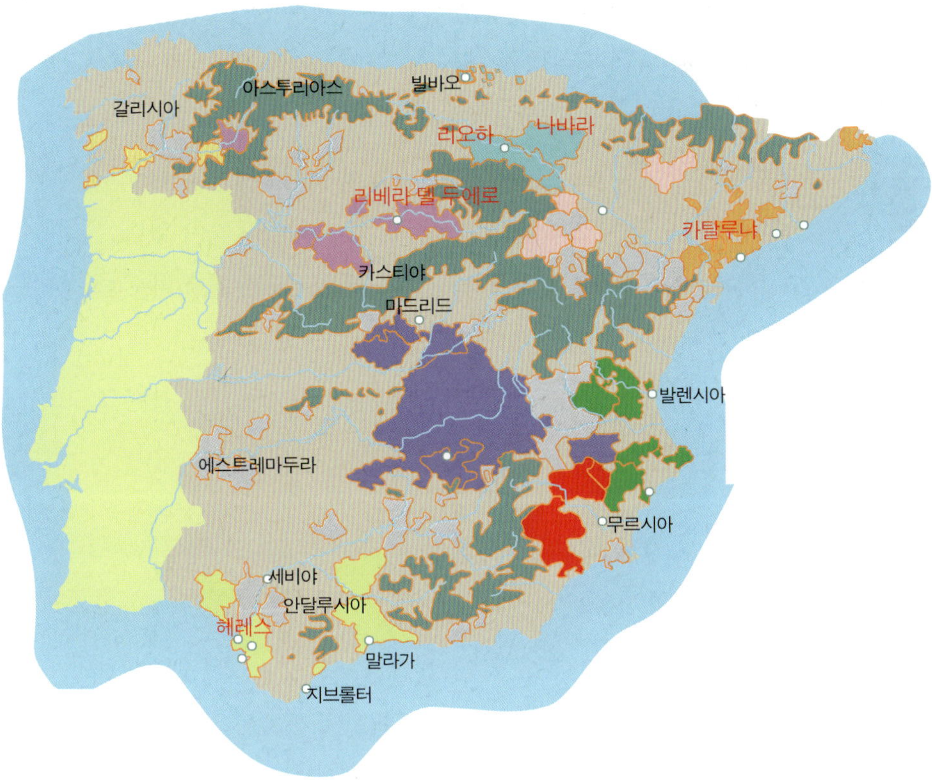

1. 개요

세계에서 가장 넓은 포도재배면적을 가진 국가인 스페인은 이미 BC 1100년경부터 포도재배가 시작되었다.

스페인은 와인품질관리제도를 시행하고 있는데, 리오하(Rioja)에서는 1926년 와인품질관리제도가 시행되었고, 헤레스(Jerez)의 경우 1933년에 명산지로 지정되었다. 그리고

1970년 전면적인 개정을 통해 원산지 통제명칭법인 DO(Denominación de Origen)이 제정되었다. 과거 스페인 와인의 품질은 와인시장에서 좋은 평가를 받지 못했지만 최근에는 가격대비 품질이 좋은 것으로 평가되고 있다.

스페인은 약 200여 종의 포도가 재배되고 있으며 레드와인과 화이트와인을 생산하는데 주요 포도품종은 다음과 같다.

레드와인 포도품종으로는 템프라니요(Tempranillo, 포르투갈의 틴타 로리즈: Tinta Roriz=Tinto Fino), 그라시아노(Graciano), 가르나차(Garnacha), 마수엘로(Mazuelo), 모나스트렐(Monastrell), 보발(Bobal) 등이 있다.

화이트와인 포도품종으로는 아이렌(Air en), 팔로미노(Palomino), 비우라(Viura), 말바시아(Malvasia=Malvagia=Malmsey), 알바리뇨(Albariño), 페드로 시메네스(Pedro Ximenez), 가르나코 블랑코(Garnacho Blanco) 등이 있다.

2. 주요 생산지

북부 스페인에서 남부 스페인까지 와인이 생산되고 있다. 예전부터 라 만차(La Mancha) 지역과 리오하(Rioja) 지역은 잘 알려진 와인 생산지이다.

주요 와인 생산지는 라 만차(La Mancha), 리오하(Rioja), 리베라 델 두에로(Ribera del Duero), 헤레스(Jerez), 페네데스(Penedés), 리아스 바이사스(Rias Baixas), 프리오라토(Prirato) 등이 있다.

① 라 만차(La Mancha)

스페인 중앙의 중앙 고원지대에 위치하고 있다. 스페인에서 생산량이 가장 많으며 지속적으로 와인품질이 개선되는 지역이다.

② 리오하(Rioja), 프리오라토(Priorato)

프랑스 보르도의 영향으로 고급품질의 레드와인을 주로 생산한다. 리오하는 스페인의 보르도로 불린다.

③ 리베라 델 두에로(Ribera del Duero)

스페인 와인은 불과 몇 십년 전까지만 해도 저가의 와인으로 평가받았다. 하지만 현재는 고급와인도 생산된다. 세계적인 와인인 베가 시칠리아 우니코(Vega Sicilia Unico)와 페스케라(Pesquera)가 이 지역에서 생산된다.

④ 페네데스(Penedés)

이베리아반도 북동쪽 바르셀로나 남서쪽에 위치해 있는데, 프랑스 품종을 도입하여 와인을 만든다. 이 지역은 스페인의 발포성 와인인 카바(Cava)의 생산지로 유명하다.

⑤ 리아스 바이사스(Rias Baixas)

이베리아반도 북서쪽에 위치하고 있으며, 화이트와인이 생산된다.

⑥ 헤레스 데 라 프론테라(Jerez de la Frontera)

셰리와인의 생산지이다.

3. 등급

① 비노 데 메사(VdM: Vino de Mesa)

스페인 와인 중 가장 낮은 와인등급으로 지리적 명칭이 없는 와인이다. 와인에 대한 기준이 거의 없어 타 지역의 포도가 혼합되기도 한다.

② 비노 데 라 티에라(VdlT: Vino de la Tierra)

프랑스 와인의 뱅 드 페이(Vins de Pays)에 속하는 등급이다. 상위등급으로 올라갈 수 있다.

③ 비노 데 칼리다드 콘 인디카시온 제오그라피카(VCIG: Vinos de Calidad con Indicacion Geografica)

지리적 명칭을 사용하는 와인산지를 의미한다.

④ 데노미나시온 데 오리헨(DO: Denominacion de Origen)

이 등급부터 고급와인으로서 와인생산규정이 적용되는데, 지정된 지방과 지역 그리고 포도밭에서 생산된다.

⑤ 데노미나시온 데 오리헨 칼리피카다(DOC: Denominacion de Origen Calificada)

스페인의 우수한 고급등급의 와인이다. 리오하(Rioja)와 프리오라토(Priorato)가 이 등급으로 되어 있다.

⑥ 비노 데 파고(Vinos de Pago)

2003년에 신설되었으며, 특별한 환경과 기후, 토양을 가지고 매우 우수한 와인을 생산한 적이 있는 DOC 지역에 위치한 단일 포도밭에서 생산되는 와인이다. 라 만차(La Mancha)의 데미노 데 발데푸사(Demino de Valdepusa)가 최초로 지정되었다.

한편 스페인 와인에는 숙성기간을 표기한다.

① 비노 호벤(Vino Joven)

와인은 숙성하지 않거나 최소 숙성하여 병입한다.

② 비노 데 크리안사(Vino de Crianza)

레드와인은 총 2년간 숙성시키는데 최소 6개월은 오크통에서 숙성시킨다. 리오하 와인은 1년간 오크통에서 숙성시킨다. 로제 · 화이트 와인은 총 1년간 숙성시키는데 최소 6개월은 오크통에서 숙성시킨다.

③ 레세르바(Reserva)

레드와인은 총 3년간 숙성시키는데 최소 1년은 오크통에서 숙성시킨다. 로제 · 화이트 와인은 총 2년간 숙성시키는데 최소 6개월간 오크통에서 숙성시킨다.

④ 그란 레세르바(Gran Reserva)

총 5년간 숙성시키는데 최소 1년 6개월간 오크통에서 숙성시킨다.

4. 셰리와인

(1) 개요

셰리(Sherry)와인은 세계에서 가장 유명한 식전주로서 스페인의 대표적인 와인이다.

스페인 남부 안달루시아의 헤레스 데 라 프론테라(Jerez de la Frontera) 지역에서 생산되는 유명한 식전와인이다. 이 지역은 건조한 기후에 높은 온도 그리고 백악질 토양이 특징이다.

Jerez가 변형되어 프랑스어로는 Xeres라 하고 영어로는 Sherry라고 하는데, D.O. Jerez-Xérès-Sherry로 표기한다.

이 와인은 발효가 끝나면 브랜디를 와인에 첨가하여 알코올 도수를 높인 강화와인이다.

세계적인 알코올 강화와인은 셰리와인을 비롯하여 포르투갈의 포트와인(Port Wine)과 마데이라(Madeira), 프랑스 남부지역의 뱅 두 나튀렐(Vin Doux Naturel), 이탈리아의 마르살라(Marsala)가 대표적이다.

셰리와인은 긴 항해기간에 와인이 변하지 않게 브랜디를 첨가한 것에서 유래되었다. 이후 영국 무역업자들에 의해 세계로 널리 퍼졌다. 그리고 셰리와인은 잔의 다리가 짧고 튤립 모양의 몸체가 좁은 코피타(Copita)에 마신다.

(2) 제조

셰리와인은 팔로미노(Palomino), 모스카텔(Moscatel), 페드로 시메네스(Pedro Ximenes) 품종을 사용하여 만든다. 셰리와인은 90% 이상이 팔로미노(Palomino)품종이다. 모스카텔(Moscatel), 페드로 시메네스(Pedro Ximenes)는 단맛이 있는 셰리와인에 주로 사용된다.

셰리와인의 제조는 다소 특이하다.

화이트와인을 우선 만들어 통에 붓는데 가득 채우지 않아 공기접촉을 통해 와인의 표면에 효모막(Yeast film)이 형성되게 하여 제조한다. 셰리와인은 솔레라(Solera)라는 독특한 시스템으로 만드는데 이는 피라미드 모양으로 오크통을 쌓아 올려서 신선한 와인과 숙성된 와인이 혼합되도록 하는 시스템이다. 셰리와인은 발효종료 후 브랜디를 첨가한다. 반면 포트와인은 발효과정에 브랜디를 첨가한다.

(3) 셰리의 구분

셰리와인은 제조법에 따라 크게 피노(Fino)와 올로로소(Oloroso)로 구분한다.

셰리와인의 약 80% 정도가 피노(Fino) 타입이다. 피노(Fino), 만자니야(Manzanilla), 아몬티야도(Amontillado)가 여기에 속하는데 차게 해서 마신다.

피노(Fino)는 플로르(Flor)의 영향을 받으며 드라이하고 색이 올로로소에 비해 밝은 것이 특징이다. 발효가 끝나면 브랜디를 11~13%의 화이트와인에 넣어 15.5% 정도의 알코올 함량을 가진 드라이한 셰리와인이 된다.

올로로소(Oloroso)는 플로르(Flor)의 영향을 받지 않도록 알코올 함량이 18% 이상으로 높고 색이 짙으며 묵직한 느낌에 단맛이 난다. 크림셰리는 식후주로서 올로로

소에 당도를 더 높인 것이다. 올로로소(Oloroso), 크림셰리(Cream Sherry)가 여기에 속하는데 피노보다 높은 온도에서 마신다.

① 피노(Fino)

가장 일반적으로 마시는 셰리와인이다. 가볍고 달콤한 향이 있는 연한 갈색으로서 차게 하여 식전주로 마신다. 알코올 도수는 16~18% 정도이다. 주로 조개류, 새우, 생선수프 등과 잘 어울린다.

② 만자니야(Manzanilla)

피노보다 다소 진하지만 밝은 골드색이며 매우 드라이하여 씁쌀한 맛에 새콤한 향이 난다. 식전주로 마시기 좋다. 알코올 도수는 16~17%이다. 구운 생선요리 등과 잘 어울린다.

③ 아몬티야도(Amontillado)

약간 숙성하여 호박색의 짙은 색에 약간 씁쌀한 맛이 있다. 알코올 도수는 18~20%이다. 치즈, 햄, 소시지 등과 잘 어울린다.

④ 올로로소(Oloroso)

제조 시 와인에 플로르가 생기지 않으며 어두운 갈색으로 향이 짙다. 부드럽고 달콤한 맛이 나며, 알코올 도수는 18~20%로서 식후주로 사용된다.

⑤ 크림셰리(Cream Sherry)

당분함량이 높고 건포도색의 진하면서도 어두운 색에 부드러운 맛이 나는 셰리와인이다. 보통 식후 디저트로 많이 마신다. 알코올 도수는 19~20%이다. 쿠키나 케이크 등이 잘 어울린다.

(4) 생산자

셰리와인은 생산자가 중요한데, 주요 생산자는 다음과 같다.

산데만(Sandeman), 오스본(Osborne), 페르난도 데 카스티야(Fernando de Castilla), 크로프트(Croft), 윌리엄스 & 햄버트(Williams & Humbert), 에밀리오 루스타우(Emilio Lustau), 곤살레스 비아스(Conzalez Byass), 하베이스(Harveys), 세이보리 앤 제임스(Savory and James), 이달고(Hidalgo) 등이 있다.

제4절 포르투갈 와인

1. 개요

이베리아반도 서쪽에 위치한 포르투갈은 와인 생산국으로서 세계 10위권 안에 있다. 포르투갈은 국민의 10% 이상이 와인과 관련된 일에 종사하고 있다.

와인관련 법률은 1987년 유럽연합(EU)에 가입하면서 EU의 규정에 맞게 와인등급체계를 갖추었다. 와인의 품질은 DO(Denominacao de Origem)법에 의해 관리되고 있다.

포르투갈은 레드와인을 주로 생산한다. 와인을 아는 사람들은 포르투갈 와인 하면 우선 포트와인, 마데이라(Madeira)와인 그리고 마테우스 로제를 떠올린다. 이 와인들은 세계적으로 유명하다. 특히 포트와인(Port Wine)은 세계적으로 유명한 디저트 와인이다. 포트와인은 스페인의 셰리와인처럼 강화와인인데, 약 20%의 알코올을 함유하고 있다.

포르투갈의 주요 와인산지는 비뉴 베르데(Vinho Verde), 도우루(Douro), 다웅(Dão), 마데이라(Madeira) 지역 등이 대표적이다. 포르투갈의 와인품종은 약 340여 종이 허가되어 있다.

주요 레드와인 포도품종은 스페인의 템프라니요(Tempranillo)품종인 틴타 로리즈(Tinta Roriz), 틴타 카오(Tinta Cao), 투리가 나시오날(Touriga Nacional), 투리가 프랑세사(Touriga Francesa) 등이 있다. 이 품종은 포트와인 양조에 주로 사용된다.

주요 화이트와인 포도품종은 말바시아 피나(Malvasia Fina), 말바시아 레이(Malvasia Rei), 비오시뇨(Viosinho), 보아(Boa) 등이 있다.

2. 주요 생산지

(1) 도우루(Douro) 지역

도우루(Douro)는 포르투갈 북쪽에 위치하고 있으며 포트와인이 많이 생산되고 있다. 도우루(Douro)강 유역에는 유명한 와인산지가 있는데, 스페인의 리베라 델 두에로와 포르투갈의 포트와인 생산지가 있다.

(2) 비뉴 베르데(Vinho Verde) 지역

이 지역은 포르투갈에서 생산되는 와인의 25% 정도가 생산되고 있으며 오래전부터 우수한 품질의 포르투갈 와인을 생산하는 지역이다.

1908년부터 화이트와인과 레드와인 DOC 지역으로서 가장 큰 우수와인 생산지이다. 비뉴 베르데(Vinho Verde)는 일명 '그린 와인(Green Wine)'이라 하는데, Verde는 그린(Green)의 의미로서 영 와인(Young Wine)이다. 이 영 와인은 발효 후 2~3개월 이내에 병입하는데 신선하게 마시기 위해서는 2년 이내에 마시는 것이 좋다.

레드와인(Red Wine), 화이트와인(White Wine), 로제와인(Rose Wine)이 있다.

(3) 다웅(Dão) 지역

포르투갈의 가장 오래된 와인생산지이며 다웅(Dão)강이 흐르는 포르투갈의 가장 높은 산맥이 자리하고 있는 산악지대이다. 이 지역은 도우루강 남쪽 50km 내륙에 위치하고 있는데 레드와인과 화이트와인을 생산하며, 와인품질이 우수하다.

3. 등급

포르투갈 와인등급은 4등급으로 이루어져 있는데 가장 높은 등급은 DOC이고 가장 낮은 등급은 VdM이다.

표 15 … **와인등급**

등급	품질	내용
DOC Denominação de Origem Controlada(데노미나사웅 데 오리젱 콘트롤라다)	최상급와인 (원산지통제명칭 와인)	• 포르투갈 최상급 와인 • 원산지 통제 위한 와인등급 • 예전 프랑스 AOC등급
IPR Indicação de Proveniencia Regulamentada (인디카사웅 데 프로베니엔시아 레굴라멘타다)	상급와인 (한정지역 생산와인)	• 우수품질 제한 와인 • 예전 프랑스 VDQS등급
VR Vinho Regional(비뉴 레기오날)	지역와인 (지방명칭와인)	• 1993년 지정 • 지방와인 • 예전 프랑스 뱅 드 페이(Vin de Pays) 등급 • 산지명 표기
VdM Vinho de Mesa(비뉴 데 메사)	테이블 와인	• 일반 테이블 와인 • 예전 프랑스 뱅 드 타블(Vin de Table) 등급 • 원산지 표시할 수 없음

4. 포트와인

(1) 개요

북부 포르투갈의 도우루(Douro)강 상류지역의 알토 도우루에서 적포도와 청포도로 제조된다. 포트와인은 일반적으로 레드와인으로 만들어지지만 화이트와인으로 만들어지기도 한다. 대표적인 포도품종은 토우리가 나시오날(Touriga Nacional)이다.

포트와인(Port Wine)의 유래는 이 지역의 수출을 담당한 항구 이름인 '오포르투(OPorto)'에서 왔다. 17세기 영국에 와인 수출 시 오랜 수송기간에 의한 와인의 변질을 방지할 목적으로 포도 증류주인 브랜디를 첨가하였는데 이것이 포트와인이 되었다.

(2) 제조

포트와인은 스페인의 셰리와인과는 달리 포도를 발효시킬 때 높은 주정을 넣고 강화하여 발효를 중단시켜 만든다. 포트와인은 짧은 발효기간으로 인해 침용(Maceration)이 충분히 되지 않기 때문에 전통적으로 1,300~2,000갤런 용량의 라가르(Lagar)라는 60cm 높이의 돌이나 시멘트로 만든 사각형의 통에서 사람들이 포도를 발로 으깨어 압착해서 추출을 촉진한다.

첫째, 압착 : 전통적으로는 라가르(Lagar) 통에서 발로 압착한다.

둘째, 발효 : 효모를 넣고 발효한다.

셋째, 브랜디 첨가(베네피치오과정, Beneficio) : 포트와인은 10% 정도로 발효하는데 발효과정 중에 도수 높은 주정을 넣고 강화하여 발효를 중단시킨다. 이때 브랜디는 와인의 25% 정도를 넣는다.

높은 알코올 도수로 인하여 효모는 죽고 발효가 중지된다. 이로 인해 와인은 20% 정도의 알코올을 포함하고 잔당이 남아 단맛의 포트와인이 된다.

넷째, 오크통이나 병 숙성

다섯째, 혼합

여섯째, 병입 및 출하

(3) 숙성방법에 따른 분류

포트와인은 숙성방법에 따라 크게 통 숙성 포트와인(Cask Aged Port)과 병 숙성 포트와인(Bottle Aged Port)으로 나눌 수 있다.

포트와인은 어디에서 숙성하는가에 따라 품질을 구분하는데 보통 병에서 숙성한 포트와인이 고급이다. 반면, 통 숙성 포트와인(Cask Aged Port)은 풍부한 과일향에 진한 색인데, 가격이 상대적으로 저렴하다.

① 병 숙성 포트와인(Bottle Aged Port)

병 숙성 포트와인은 오크통 숙성 후에 병입하여 숙성해서 만드는데 병 숙성 후에 맛이 더욱 좋아진다. 이 포트는 보통 디캔팅하는 경우가 많다.

단일 빈티지로 만든 레이트 보틀드 빈티지(LBV: Late Bottled Vintage), 빈티지가 좋은 해의 와인을 섞은 빈티지 캐릭터(Vintage Charater), 단일 포도원의 포도로 만든 킨타(Quinta), 통에서 2년 숙성 후 병에서 더 숙성한 빈티지 포트(Vintage Port)가 있다.

② 통 숙성 포트와인(Cask Aged Port)

오크통에서 숙성한 후 와인을 정제하여 병입한다. 병입 후 바로 마실 수 있는 통 숙성 포트와인은 보통 병에서 숙성을 계속해도 맛이 크게 개선되지는 않는다.

여러 해의 와인을 혼합하여 4~5년 동안 오크통에서 숙성시킨 토니(Tawny) 포트, 통 속의 숙성기간이 6년에서 40년 이상인 에이지드 토니(Aged Tawny), 통 숙성기간은 최소 7년이며 통 숙성 포트와인 중 가장 가격이 높은 콜에이타(Colheita)가 있다.

(4) 포트와인의 종류

① 루비포트(Ruby Port)

가격이 저렴한 루비포트는 붉은색에 단맛이 나는 디저트 포트와인이다. 색은 진한 루비색이며 레드와인 품종으로 만든다. 2~3년 정도 큰 저장통에서 숙성시키며, 대부분 병 숙성은 않고 병입 후에 바로 마실 수 있다.

② 토니 포트(Tawny Port)

레드와인 품종으로 만들고 루비 포트와인보다 색이 엷은 갈색 포트와인이다. 루비포트보다 숙성기간이 긴데, 화이트 포트와인과 숙성시킨 루비 포트와인을 블렌딩하여 5~6년 정도 통 숙성을 한다. 큰 숙성 통에서 숙성시킨 후 작은 저장통인 피페

(Pipe)로 옮겨 숙성시킨다.

영 토니 포트와인은 숙성기간을 표기하지 않는다. 에이지드 토니 포트와인은 여러 빈티지를 블렌딩한 포트와인으로서 평균 숙성기간을 10년, 20년 30년, 40년으로 표기한다.

③ 화이트 포트(White Port)

화이트 포트와인은 주로 토니 포트(Tawny Port)와 블렌딩에 사용되고, 아페리티프용이다. 색은 흰색이나 엷은 노란색이며 화이트와인 품종으로 만든다. 숙성기간은 대부분 길지 않으며, 다른 포트와인보다 도수가 높지 않고 다소 드라이하다.

맛에 따라 매우 드라이한 맛(Extra Seco/Extra Dry), 드라이한 맛(Seco/Dry), 중간 맛(Meio Seco/Semi Dry), 단맛(Doce/Sweet), 매우 단맛(Muito Doce/Very Sweet)이 있다.

④ LBV 포트(Late Bottled Vintage Port)

같은 해 수확한 포도로만 만든 포트와인이다. 4~6년 정도 통 숙성 후 여과하여 병입한다. 상대적으로 빈티지 포트(Vintage Port)만큼 품질이 우수하지는 않다.

⑤ 빈티지 포트(Vintage Port)

포도품질이 아주 좋은 해의 포도로 만든 최고급 포트와인으로 수확연도를 표기한다. 2년 오크통 숙성 후 와인상태를 보고 포트와인기구인 IVP(Instituto do Vinho do Porto)에 신청하여 빈티지 포트를 만들 것인지를 결정한다. 병 숙성을 오래 하며, 디캔팅이 필요한 포트와인이다.

⑥ 로제 포트(Rose Port)

루비 포트와인을 로제와인방식으로 제조한다. 가볍고 과일향이 있다.

⑦ 빈티지 캐릭터(Vintage Character)

여러 해의 포트를 혼합해 만든다. 보통 4~5년 정도 숙성한다.

⑧ 콜에이타(Colheita)

'수확'이라는 의미로 포도수확, 빈티지의 의미가 내포되어 있다. 단일 빈티지 포트와인이다. 라벨에는 수확 및 병입 연도와 콜에이타(Colheita)라고 표기된다.

⑨ 싱글 킨타 빈티지 포트(Single Quinta Vintage Port)

단일 포도밭/포도원(Single Quinta)에서 생산된 품질 좋은 포도만으로 만든 빈티지 포트와인이다. 병 숙성을 한다.

(5) 마데이라(Madeira)

마데이라는 포르투갈령의 섬으로 아프리카 서북부 대서양에 위치해 있다. 마데이라는 세계 3대 주정강화와인이다.

마데이라 와인은 초기에는 품질이 좋지 않은 와인이었다. 긴 수출 길에 와인이 변질되지 않도록 브랜디를 첨가하여 적도를 넘는 긴 항해를 해야 했다. 작열하는 태양열과 배의 흔들림으로 와인은 높은 온도에 노출되었다가 적도를 지나고 나면 다시 온도가 내려가 자연스럽게 특이하게 숙성되었다.

나폴레옹 전쟁으로 이러한 과정이 불가능해지자 브랜디를 첨가하고 3~6개월 정도 에스투파(Estufa)라는 오븐에 온도를 서서히 50℃까지 높였다가 다시 실온으로 내리는 에스투파젱(Estufagem)을 인위적으로 하게 되었다. 에스투파(Estufa)는 마데이라 와인을 만들기 위해 인위적으로 고온으로 하는 오븐 혹은 가열실이다.

마데이라 와인은 18~20도의 술로 드라이(Dry)에서 스위트(Sweet)까지 있다. 알코올 강화 시 포트와인은 약 75% 정도의 브랜디를 넣지만, 마데이라 와인은 약 95% 이상을 넣어 알코올을 18~20%로 높인다.

제조방법은 포트와인 방식으로 스위트한 마데이라를 만들고, 셰리와인 방식으로 드라이한 마데이라를 만든다.

먼저 와인을 만든 후 증류주를 첨가해 알코올 함유량을 18~20%로 강화하여 높인다. 그리고 에스투파(Estufa) 혹은 알루미늄 탱크에서 50~60℃의 온도로 3~6개월 동안 가열하여 마데이라 고유의 특성을 가지는 에스투파젬(Estufagem)과정을 거친다. 이후 오크통에서 3년 이상 숙성시킨다.

마데이라 와인의 주요 포도품종으로 세르시알, 베르텔류, 부알, 말므지 등이 있다. 세르시알이 드라이하고 베르텔류, 부알, 말므지 순으로 단맛이 난다. 마데이라 와인의 스타일은 포도품종에 따라 4가지로 구분할 수 있다.

① 세르시알(Sercial/Cerceal)

드라이한 연한 노란색의 식전주이다. 화이트와인 품종으로 독일 리슬링과 같은 품종인 세르시알품종을 사용하여 만든다. 다소 드라이하고 차게 하여 마시는 식전주로 사용된다. 아몬드향에 당분이 4% 이하이다.

② 베르델류(Verdelho)

단맛이 조금 있는 황색의 와인이다. 화이트와인 품종으로 세르시알보다 조금 진한 황색에 단맛이 약간 나는 와인이다. 당분이 4.9~7.8%이다. 수프나 디저트 중 과일 케이크에 곁들이면 좋다.

③ 부알(Bual)

디저트 와인으로 단맛이 다소 있는 진한 밤색의 와인이다. 독일의 할프 쥐스(Halb Süß) 정도의 중간 단맛의 와인이다. 짙은 밤색의 와인이다. 당분은 7.8~9.6%이다.

④ 말므지(Malmsey)

식후주로서 단맛이 가장 강한 진한 갈색의 와인이다. 말바시아(Malvasia)라고도 한다. 독일의 제어 쥐스(Sehr Süß) 정도로 당분 약 10~14% 정도의 단맛이 강한 디저트 와인이다.

⑤ 레인워터(Rainwater)

여러 마데이라 와인을 섞어 만든 가벼운 마데이라이다. 라벨에 e.g라고 표기된다.

제5절 이탈리아

1. 개요

지중해에 접해 있고 기후가 온난한 이탈리아는 국토의 모양이 우리나라처럼 길게 형성된 반도국가로서 전 국토에서 포도재배가 이루어지고 있다.

이탈리아 와인의 역사는 매우 오래되었는데 이미 약 3000여 년 전부터 생산되기 시작했다. 이탈리아는 와인의 생산량과 소비량 그리고 수출량이 세계 최상위 국가 중 한 곳이다.

주요 와인 생산지역으로는 토스카나(Toscana), 피에몬테(Piemonte), 베네토(Veneto), 에밀리아로마냐(Emilia-Romagna), 시칠리아(Sicilia), 움브리아(Umbria) 등이 있다. 주요 레드와인 포도품종은 네비올로(Nebbiolo), 바르베라(Barbera), 부라케토(Brachetto), 산조베제(Sangiovese), 코르비나(Corvina), 몬테풀차노(Montepulciano) 그리고 캘리포니아 진펀델(Zinfandel)과 동일품종으로 알려진 프리미티보(Primitivo) 등이 있다.

네비올로는 장기 숙성용 와인에 사용되고, 산조베제는 키안티의 주요 포도품종이다. 오늘날에는 카베르네 소비뇽, 메를로 등의 품종도 재배된다.

화이트와인 포도품종은 모스카토(Moscato), 트레비아노(Trebbiano=Ugni Blanc), 피노 그리지오(Pinot Grigio=Pinot Gris=Ruländer), 가르가네가(Garganega), 베르나차(Vernazza), 말바지아 비앙카(Malvasia Bianca) 등이 있다. 오늘날에는 샤르도네, 소비뇽 블랑 등의 품종도 재배된다.

이탈리아 와인은 독일 와인과는 반대로 당분함량은 높은 반면 산도는 약하다.

2. 주요 생산지

이탈리아의 포도 생산지역은 20개의 DOC 지역으로 구분하고 있는데 이는 행정구역과 동일하다. 대표적인 와인 생산지역은 다음과 같다.

① 토스카나(Toscana)

이탈리아 중부 피렌체/플로렌스(Firenze, Florence)를 중심으로 남쪽 시에나까지의 지역으로서 레드와인이 유명하다. 이 지역은 세계적으로 유명한 가볍고 신선한 타입의 레드와인인 키안티(Chianti)의 산지이다. 그리고 오래 숙성 가능한 브루넬로 디 몬탈치노(Brunello di Montalcino), 귀족들이 즐기는 비노 노빌레 디 몬테풀차노(Vino Nobile di Montepulciano) 등이 있다.

키안티 와인에는 가볍고 신선한 와인인 키안티(Chianti), 오래전부터 조성된 포도밭에서 생산되는 품질이 우수한 키안티 클라시코(Chianti Classico) 그리고 키안티 클라시코 리제르바(Chianti Classico Riserva)가 있다.

한편 이 지역은 이탈리아의 대표적인 고급와인으로 불리는 슈퍼 토스카나(Super Toscana)의 생산지역이기도 한데, 사시카이아(Sassicaia), 오르넬라이아(Ornellaia), 티냐넬로(Tignanello), 솔라이아(Solaia) 등이 있다.

② 피에몬테(Piemonte)

산기슭이라는 의미의 피에몬테는 예전부터 이탈리아 최고의 와인산지이다. 이탈리아 북서부의 알프스 산맥 아래 위치해 있는데 프랑스의 부르고뉴라고 부르는 사람이 있을 정도로 와인품질이 좋다. 최고 품질의 와인은 스위스 접경의 북쪽 지역에서 생산된다.

유명 와인으로는 네비올로로 만드는 바롤로(Barolo), 바르바레스코(Barbaresco)와 가티나라(Gattinara), 아스티(Asti), 돌체토(Dolcetto) 등이 유명하며, 세계적인 식전술인 베르무트(Vermouth)도 유명하다.

베르무트(Vermouth=버무스)는 토리노(Torino) 근교에서 생산되는데 약 50여 가지의 다양한 약초와 과실즙, 쑥 등이 포함된 가향와인이다. 오늘날의 베르무트 제조방법은 1786년 토리노의 안토니오 베네데토 카르파노(Antonio Benedetto Carpano)가 처음 만들었다.

③ 베네토(Veneto)

이탈리아 북동쪽에 위치하고 있으며, 아름다운 해양도시 베니스와 로미오와 줄리엣의 배경이 된 베로나시를 포함한 지방을 말한다. 이탈리아에서 와인을 가장 많이 생산하는 지역으로 소아베(Soave)의 산지이기도 하다.

유명와인으로는 산뜻한 화이트와인인 소아베(Soave)와 발폴리첼라(Valpolicella), 바르돌리노(Bardolino) 등이 있다.

가. 소아베(Soave)

이탈리아의 화이트와인으로 세계적으로 널리 알려진 와인이다. 소아베는 화이트와인 포도품종인 가르가네가(Garganega)로 만들어지며 드라이한 맛이 나는데 특히 여름에 마시기 좋다.

나. 발폴리첼라(Valpolicella)

코르비나(Corvina) 품종 등으로 제조되는데 드라이 혹은 약한 단맛이 있는 신선한 레드와인으로 루비색부터 진한 붉은색이 난다. 발폴리첼라 북부지역에서 생산되는 고급 레드와인인 아마로네(Amarone)는 알코올 함량이 14~16%인데 포도 수확 후 건조시켜 당분함량을 높이고 발효시킨 레드와인이다.

다. 바르돌리노(Bardolino)

레드와인과 로제와인의 생산지역으로서 가르다(Garda) 호수 근처에 위치해 있다. 코르비나(Corvina)품종 등으로 제조되는데 알코올 함량이 낮고 가볍고 신선하며 세련된 맛으로 검은 장밋빛 색깔로 유명하다.

④ 에밀리아로마냐(Emilia-Romagna)

이 지역에서는 많은 와인이 생산되나 고급품질의 와인은 거의 생산되지 않는다.

유명한 제품으로는 화이트와인의 트레비아노(Trebbiano)와 레드와인인 람브루스코(Lambrusco) 등이 있다.

3. 등급

프랑스 AOC제도를 도입하여 DOC제도를 1963년부터 시행하고 있는데, 근래에는 DOC보다 한 단계 높은 DOCG를 사용하고 있다. 이 제도는 이탈리아 정부가 고유품종과 전통기법을 유지 및 관리하기 위해 도입하였다.

한편 와인 라벨에는 클라시코(Classico)라는 문구가 있는데 이는 DOC 와인 중 오래된 원산지에서 생산되는 고급와인에 적혀 있다. 한편 최저 숙성기간을 초과한 고급와인에는 리제르바(Riserva)라고 표기되어 있다.

최하등급 와인부터 나열하면 다음과 같다.

(1) 비노 다 타볼라(VdT: Vino da Tavola)

이탈리아에서 가장 낮은 와인등급으로 이탈리아 와인의 대부분이 이 등급이다. 라벨에는 보통 레드, 화이트, 로제처럼 와인의 색만 표기되어 있다.

(2) 인디카치오네 제오그라피카 티피카(IGT: Indicazione Geografica Tipica)

1992년에 새로이 신설된 등급이다. 프랑스의 IGP등급에 해당되는 와인등급으로 상표에는 지역명이 있다. 이 등급에는 세계적으로 유명한 슈퍼 토스카나 와인도 있으며 새로운 형태로 제조되는 와인도 포함되어 있다.

(3) 데노미나치오네 디 오리지네 콘트롤라타(DOC: Denominazione di Origine Controllata)

DOCG등급의 아래 등급으로 프랑스 AOC등급에 해당하는 와인이다. 이 등급은 포도품종, 생산지, 수확량, 양조방법, 알코올 함량 등을 규제하고 있다.

(4) 데노미나치오네 디 오리지네 콘트롤라타 에 가란티타(DOCG: Denominazione di Origine Controllata e Garantita)

이탈리아 와인 중 가장 좋은 와인등급으로 DOC등급 와인 중에서 선택된 최고급 와인이다. 이탈리아 정부에서 품질을 보증하는 최상급 와인으로 특이한 점은 품질보증 태그(tag)가 붙어 있는데, 레드와인의 경우 분홍색, 화이트와인의 경우 연한 녹색이 와인 병목에 있다.

제6절 칠레

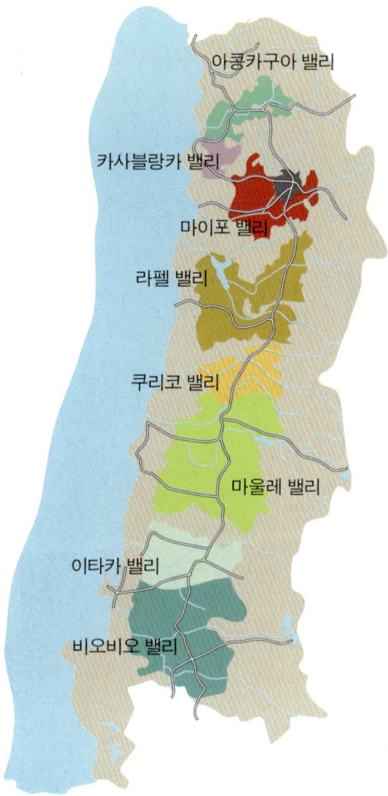

1. 개요

칠레 와인은 스페인 사람들이 16세기 중반 포도농장을 만들면서 시작되었다. 칠레의 와인은 필록세라의 피해를 입지 않은 포도나무로 만들어진다.

칠레는 포도재배에 적합한 자연환경을 가지고 있으며 안정적인 기후로 인하여 특별한 상황을 제외하고는 일반적으로 빈티지가 크게 중요하지 않다. 칠레는 1995년부터 원산지명칭(DO: Denominacion de Origen)제도를 시행하고 있지만 규제는 엄격하지 않다.

칠레 와인은 레드와인의 생산량이 화이트와인보다 많고 또한 레드와인이 유명하다. 특히 최근의 몇몇 와이너리에서는 세계 최고 품질의 와인을 생산하고 있다.

유명 칠레 와인에는 몬테스 알파(Montes Alpha), 세냐(Seña), 알마비바(Almaviva), 산타리타(Santa Rita), 돈 멜초(Don Melchor) 등이 있다.

칠레는 크게 4개 권역지역, 13개 지역, 소지역, 마을로 포도재배지역이 세분화되어 있다. 이 중 센트럴 밸리(Central Valley)에는 주요 와이너리가 많이 산재해 있다.

칠레의 주요 와인품종에는 프랑스의 품종이 많은데, 카베르네 소비뇽(Cabernet Sauvignons) 시라, 메를로, 말벡과 샤르도네(Chardonnay), 세미용, 소비뇽 블랑 등이 있다. 주요 와인 생산자에는 콘차이 토로(Conchay Toro), 몬테스(Montes), 에라주리즈(Errazuriz), 운두라가(Undurraga), 카사 라포스톨레(Casa Lapostolle), 쿠시뇨 마쿨(Cousino Macul) 등이 있다.

2. 주요 생산지

칠레에서 생산되는 와인 중 양질의 와인은 주로 산티아고를 중심으로 한 칠레 중부에서 제조된다.

주요 와인 생산지는 크게 4개 권역으로 구분한다. 코킴보(Coquimbo) 지역, 아콩카과(Aconcagua) 지역, 센트럴 밸리(Central Valley) 지역, 서던 밸리(Southern Valley) 지역으로 구분할 수 있다.

칠레의 유명와인 생산지로는 화이트와인이 유명한 아콩카과(Aconcagua)의 카사블랑카(Casablanca) 밸리와 레드와인이 유명한 센트럴(Central) 밸리 지역의 마이포(Maipo) 밸리, 라펠(Rapel) 밸리, 마울레(Maule) 밸리, 쿠리코(Curico) 밸리 등이 있다.

① 카사블랑카(Casablanca) 밸리

아콩카과(Aconcagua)에 있으며 수도 산티아고 북쪽에 있다. 화이트와인의 품질이 좋다. 이 지역은 샤르도네가 특히 많이 재배되는데 전체 포도재배의 60% 정도를 차지한다.

② 마이포(Maipo) 밸리

칠레 최고의 와인산지인 마이포(Maipo) 밸리는 수도 산티아고 남쪽으로 40km 떨어져 있다. 카베르네 소비뇽이 유명한 지역으로 센트럴 밸리(Central Valley)에 속해 있다. 유명 양조장은 콘차이 토로, 쿠시뇨 마쿨, 산타리타 등이 있다. 와인품종으로는 카베르네 소비뇽, 메를로, 카르미네르, 샤르도네 등이 있다.

③ 라펠(Rapel) 밸리

산티아고 아래 남부에 위치해 있으며 마이포(Maipo) 밸리 아래 있다. 센트럴 밸리(Central Valley)에 속해 있다. 여기에는 산타리타 등의 회사가 있다. 와인품종으로는 카베르네 소비뇽, 메를로, 말벡 등이다.

④ 마울레(Maule) 밸리

산티아고에서 남쪽으로 약 250km 떨어져 있는데, 센트럴 밸리(Central Valley)에서 가장 남쪽에 위치해 있다. 와인품종으로는 카베르네 소비뇽, 메를로, 카르미네르, 샤르도네 등이다.

3. 칠레 와인 표기방법

원산지 표기, 포도품종 표기, 수확연도 표기가 있다.

첫째, 원산지를 표기하는 경우 해당지역의 포도 75% 이상 사용

둘째, 라벨에 포도품종을 표기하는 경우 품종 75% 이상 사용, 여러 품종이 섞인 경우 비율이 큰 품종부터 3가지를 표기함

셋째, 수확연도를 표기하는 경우 당해 수확포도 75% 이상 사용

4. 숙성표기

칠레는 숙성에 따라 다음과 같이 표기할 수 있다.

① 레제르바 에스페시알(Reserva Especial)

알코올 도수 12% 이상의 와인으로 최소 2년 이상 숙성된 와인에 표기한다. 품질이 좋은 와인이다.

② 레제르바(Reserva)

알코올 도수 12% 이상의 와인으로 최소 4년 이상 숙성된 와인에 표기

③ 그란 비노(Gran Vino)

최소 6년 이상 숙성된 와인에 표기

④ 돈(Don)

아주 오래된 와이너리에서 제조된 고급와인에는 돈(Don)으로 표기

⑤ 피나스(Finas)

정부 인정의 포도품종으로 만든 와인

제7절 미국

1. 개요

미국 와인이 세계시장에서 이름을 알리기 시작한 것은 불과 몇 십 년 전이다. 미국은 와인을 재배하기에 알맞은 기후조건을 가지고 있어 미국 와인은 칠레와 마찬가지로 기후의 영향을 덜 받는다.

미국은 풍부한 자본과 기술이 바탕이 되어 다양한 실험적인 시도를 통해 새로운 와인을 생산하고 있다. 유럽의 와인회사들은 전통적인 와인 제조로 인해 와인의 다양화를 기할 수 없어 미국 와인회사와의 합작을 통해 여러 종류의 와인을 개발하고 있다. 미국의 와인회사 중에서 상당수가 프랑스, 독일, 스위스, 영국, 스페인 등의 회사와 자본참여를 통해 회사를 운영하고 있다.

미국 와인의 생산지는 캘리포니아주, 오리건주, 워싱턴주, 뉴욕주 등으로 구분할 수 있다. 미국 대부분의 와인은 캘리포니아에서 생산된다.

캘리포니아는 미국 와인 생산량의 90% 이상을 차지하고 있고, 미국 와인 중 유명한 진펀델의 경우 캘리포니아에서 거의 독점적으로 생산된다. 미국은 레드와인과 화이트와인을 생산하고 있는데 최근에는 과거와 달리 화이트와인도 많이 생산하고 있다.

미국산 유명 와인메이커는 캘리포니아주 샌프란시스코 근교의 소노마 카운티와 나파 밸리에 있으며, 또한 나파 밸리와 소노마 카운티가 가장 유명한 와인 생산지역이다. 미국 와인은 보통 포도품종 기재 와인, 빈티지가 적힌 와인이 고급와인이라 할 수 있다. 또한 나파 밸리나 소노마 카운티의 유명한 메이커 와인이 고급와인이다.

주요 레드와인 품종으로는 카베르네 소비뇽(Cabernet Sauvignon), 메를로(Merlot), 피노 누아(Pinot Noir), 카베르네 프랑(Cabernet Franc), 시라(Syrah), 진펀델(Zinfandel) 등이 있다.

주요 화이트와인 품종으로는 샤르도네(Chardonnay), 소비뇽 블랑(Sauvignon Blanc), 슈냉 블랑(Chenin Blanc), 비오니에(Viognier), 세미용(Sémillon), 게뷔르츠트라미너(Gewürztraminer), 비달 블랑(Vidal Blanc) 등이 있다.

2. 주요 생산지

① 소노마 밸리(Sonoma Valley)

샌프란시스코 북쪽에 위치해 있으며 산을 경계하여 나파 밸리의 서쪽에 긴 분지형태로 되어 있다. 길이는 나파 밸리의 1/2배 이상이다. 소노마는 나파 밸리와 더불어 캘리포니아 양대 와인산지라고 할 수 있다.

유명와인 생산자는 부에나 비스타 카네로스(Buena Vista Carneros), 조던(Jordan), 켄우드(Kenwood), 시미(Simi), 글렌 앨런(Glen Allen), 파라다이스 리지 와이너리(Paradise Ridge Winery) 등이 있다.

② 나파 밸리(Napa Valley)

미국 와인의 대표적인 산지이다. 나파 밸리(Napa Valley)는 1979년 프랑스 샤토 무통 로칠드(Chateau Mouton Rothschild)와 합작하여 만든 오퍼스 원(Opus One) 등 캘리포니아 와인을 세계적인 유명와인으로 성장시킨 로버트 몬다비(Robert Mondavi)가 있는 곳이다. 위치는 샌프란시스코 북동쪽 약 60km에 있다.

주요 와인 생산자로 로버트 몬다비(Robert Mondavi), 클로 뒤 발(Clos du Val), 베린저(Beringer), 섀퍼(Shafer), 스택스립 와인셀러(Stag's Leap Wine Cellars) 등이 있다.

③ 멘도시노(Mendocino) 카운티

맨도시노 카운티는 소노마의 바로 북쪽이다. 캘리포니아 최북쪽, 샌프란시스코 북쪽으로 150km에 위치해 있다.

멘도시노에 위치한 선선한 기후의 앤더슨 계곡은 샤르도네, 피노 누아, 게뷔르츠트라미너, 리슬링, 그리고 스파클링 와인을 생산하기에 좋다.

주요 와인생산자는 켄달 잭슨(Kendall-Jackson), 페처 빈야드(Fetzer Vineyards) 등이 있다.

3. 등급

① 메리티지 와인(Meritage, 보르도 스타일 와인)

메리티지 와인은 버라이어탈 와인과는 차별화되는 고급와인이라 할 수 있다.

첫째, 프랑스 보르도 지역의 포도품종만을 섞어서 만든다.

둘째, 단일 포도품종을 75% 이상 사용할 수 없다.

셋째, 와인 제조자의 와인상품 중에서 최고의 품질이어야 한다.

넷째, 매년 생산된 포도로 25,000케이스만 생산 가능하다.

유명와인으로는 오퍼스 원(Opus One)이나 인시그니아(Insignia) 등이 있다.

② 버라이어탈 와인(Varietal Wine, 품종기재 와인)

버라이어탈 와인은 고급와인이라 할 수 있는데 원료가 된 포도품종을 와인이름으로 사용한다. 포도품종을 표기하는 경우 반드시 75% 이상을 와인생산에 사용해야 한다.

③ 제네릭 와인(Generic, 일반 와인)

여러 포도품종을 블렌딩하여 만든 가격이 저렴한 일반 테이블 와인이다. 이 와인은 포도품종을 기재하지 못한다.

4. 명칭 표기

미국에는 포도재배지역을 구분하는 지정재배지역(AVA: American Viticultural Area)이 시행되고 있다. 이 제도는 1983년부터 시행되었는데 취지는 포도재배지역을 구분하기 위함이다. 따라서 프랑스처럼 와인품질에 대한 보장은 없고 다만 지역을 구분한다.

첫째, 명칭이 승인된 전문포도재배지역(AVA)의 명칭을 사용하려면 사용된 포도의 85% 이상이 그곳에서 생산되어야 한다.

둘째, 와인 원산지가 캘리포니아처럼 주(State)인 경우 사용된 포도의 100%가 그 주 지역 내에서 생산된 것이어야 한다. 오리건의 경우 90%, 텍사스는 85% 이상이다.

셋째, 와인 원산지가 소노마처럼 카운티(Country)인 경우 사용된 포도의 75% 이상이 그 카운티에서 생산된 것이어야 한다.

넷째, 와인 원산지가 와이너리인 경우 사용된 포도의 95% 이상이 그 와이너리에서 생산된 것이어야 한다.

다섯째, 빈티지를 표기한 와인은 수확연도 포도를 95% 이상 사용해야 한다.

제8절 호주

1. 개요

호주는 최근 몇 십 년 동안 와인산업이 가장 빠르게 성장한 국가 중 한 곳이다. 이러한 배경에는 와인산업에 기술을 접목하여 자동화한 것이 큰 영향을 미쳤다.

1788년 호주로 이민이 시작되었고, 1820년대 제임스 버스비라는 스코틀랜드 출신이 프랑스 론 지방의 시라를 가져와 호주 동남쪽 뉴사우스웨일스의 헌터 밸리에 조성된 포도원에서 첫 와인을 탄생시켰다. 이 지역은 지중해 타입의 기후조건으로 당분함량이 높고 산도가 거의 없는 것이 특징이다.

호주는 미국 캘리포니아와 비슷한 지중해성 기후로 포도성장에 알맞다. 그리고 기후는 매년 변화가 별로 없어 포도품질에 큰 영향을 미치지 않는다. 따라서 유럽에 비해 와인 빈티지는 중요한 편이 아니다.

호주의 와인관련 법률은 미국처럼 엄격하지 않다. 호주의 와인회사는 2,000곳이 넘지만 여러 브랜드를 가진 대규모 와인회사가 대부분의 와인시장을 점유하고 있으며 전체 와인생산량의 약 80% 정도를 담당하고 있다.

대표적인 회사로는 밀다라 블라스(Mildara Blass), 사우스 코프 와인(South Corp Wine), 베린저 블라스 와인 이스테이트(Beringer Blass Wine Estates)를 소유한 포스터 그룹(Foster's Group), 올랜도 윈담(Orlando Wyndham)그룹 등이 있다.

유명와인으로는 펜폴즈 그랜지(Penfolds Grange), 헨슈케 힐 오브 그레이스(Henschke Hill of Grace), 눈 이클립스(Noon Eclipse), 그랜트 버지(Grant Burge), 바스 필립 리저브 피노 누아(Bass Phillip Reserve Pinot Noir), 르윈 에스테이트의 아트 시리즈(Leeuwin Estate Art Series), 울프 블라스(Wolf Blass), 린드만(Lindemans) 등이 있다.[9]

호주의 주요 와인생산지는 사우스오스트레일리아주, 뉴사우스웨일스주, 웨스턴오스트레일리아주, 빅토리주이다. 이 중에서 사우스오스트레일리아주에서 많은 와인이 생산된다. 특히 바로사 밸리, 쿠나와라 등이 유명하다.

현재 호주에서는 레드와인, 화이트와인, 강화와인, 스파클링 와인 등 모든 형태의 와인을 생산하고 있다. 호주는 약 140여 종의 포도품종을 재배하는데, 주로 레드와인 품종과 화이트와인 품종을 재배한다. 가장 유명한 포도품종은 남부 호주의 바로사 밸리의 시라즈와 쿠나와라의 카베르네 소비뇽이다.

주요 레드와인 품종은 호주의 대표품종인 시라즈와 카베르네 소비뇽이다. 기타 메를로, 피노 누아, 그르나슈 등이 있다.

주요 화이트와인 품종은 샤르도네, 세미용, 소비뇽 블랑, 리슬링 등이 있다.

호주는 1994년부터 지리적 표시 시스템(GIS: Geographic Indications System)을 시행하고 있는데 라벨표기 시 다음과 같은 규정이 있다.

첫째, 포도품종 표기 시 85% 이상 사용

둘째, 두 가지 이상 포도품종 혼합 시 한 품종이 85% 이하인 경우 많은 비율부터

기재

셋째, 생산지역 표기 시 해당지역 포도 85% 이상

넷째, 빈티지 표기 시 당해 빈티지 95% 이상

2. 주요 생산지

(1) 뉴사우스웨일스(New South Wales)

뉴사우스웨일스는 호주에서 가장 오래된 와인 생산지역이자 호주 와인의 발생지인 헌터 밸리가 있다. 헌터 밸리는 고급 샤르도네 와인으로 유명하다. 이 지역은 호주 남동부의 시드니가 중심도시로 레드와인과 강화와인도 생산된다.

와인산지로 헌터 밸리(Hunter Valley), 머지(Mudgee), 오렌지(Orange) 지역이 있다.

(2) 빅토리아(Victoria)

빅토리아주는 뉴사우스웨일스의 아래인 남쪽에 위치하고 있다. 호주 와인산지 중에서 규모가 가장 작다. 이 지역은 토양, 기후 등의 자연환경이 다양하여 샤르도네, 피노 누아, 시라즈, 토카이, 뮈스카 등의 다양한 품종이 재배된다. 중심도시는 멜버른(Melbourne)이다.

와인 산지는 야라 밸리(Yarra Valley), 굴번 밸리(Goulburn Valley), 머레이 달링(Murray Darling), 피레네(Pyrene) 등이 있다.

(3) 남부 호주

호주에서 가장 큰 와인 생산지역이다. 호주를 남북으로 구분한다면 남부 호주는 호주 남부지역의 중앙에 위치하고 있다. 이 지역은 호주 와인의 50% 이상을 생산한다.

이 지역의 중심도시는 애들레이드(Adelaide)시이다. 이 지역은 호주에서 시라즈와 카베르네 소비뇽으로 만든 레드와인이 유명하다. 또한 샤르도네, 리슬링, 세미용으로 만든 와인이 유명한 지역이다.

이곳 중에서 바로사 밸리(Barossa Valley)의 시라즈와 쿠나와라(Coonawarra)의 카베르네 소비뇽은 호주의 와인 생산지역 중 매우 유명한 지역이다. 기타 애들레이드 힐스(Adelaide Hills), 클레어 밸리(Clare Valley), 에덴 밸리(Eden Valley) 등이 있다.

(4) 서부 호주(Western Australia)

호주의 남서부에 위치한 서부호주 지역을 칭한다. 중심도시는 퍼스(Perth)이고 가장 유명한 생산지는 마거릿 리버(Margaret River)이다. 이 지역은 새로운 와인 생산지라고 할 수 있는데 프랑스 포도품종이 많이 재배된다. 일반 테이블 와인과 강화와인, 단맛의 와인을 생산하고 있다.

와인산지는 마거릿 리버(Margaret River), 스완 밸리(Swan Valley), 그레이트 서던(Great Southern) 지역 등이 있다.

3. 등급

경매회사인 랭턴(Langton)사가 1990년부터 호주 와인을 대상으로 5년마다 처음에는 4단계, 현재는 3단계로 실시하는 등급분류(Langton's Classification of Australian Wine Index)가 있다. 처음에는 34개의 와인이었지만 차츰 증가하여 현재는 100개가 훨씬 넘는다.

표 16 … 랭턴 호주 와인 등급[1]

등급	내용
익셉셔널(Exceptional)	가장 높은 수요와 수상경력이 있는 호주 와인
아웃스탠딩(Outstanding)	벤치마킹할 만한 품질의 와인
엑설런트(Excellent)	아주 훌륭한 품질의 와인

주 : 1) https://www.langtons.com.au

한편 호주 와인은 제네릭 와인(Generic Wine), 버라이어탈 와인(Varietal Wine), 버라이어탈 블렌드 와인(Varietal Blend Wine)으로 구분할 수 있다.

첫째, 제네릭 와인(Generic Wine)

여러 종류의 포도를 섞은 일반적인 대중용 테이블 와인이다. 드라이 화이트(Dry White), 드라이 레드(Dry Red)로 표기한다.

둘째, 버라이어탈 와인(Varietal Wine)

와인 레벨에 포도품종이 기재된 와인을 칭한다. 단일품종의 와인이다.

셋째, 버라이어탈 블렌드 와인(Varietal Blend Wine)

블렌딩한 와인품종의 비율에 따라 순서대로 기입한 것을 칭한다.

3
PART

증류주

01 CHAPTER

증류주의 이해

제1절 증류법

1. 증류법의 원리

사전적 의미에서 증류법은 액체를 가열하면 기체가 되는데 이를 다시 냉각하면 액체가 되게 만드는 방법으로 물질마다 기화점이 다르다는 원리이다.

증류법은 서로 다른 비등점을 이용하는 것으로 알코올 기화점은 78도이고, 물의 기화점은 100도이다. 양조주는 보통 4~14도 정도의 알코올성 음료인데, 이를 증류하면 증류주가 된다. 따라서 여기서는 순도 높은 고알코올을 얻기 위해 양조주를 증류하여 알코올을 추출해 내는 것을 의미한다.

와인을 증류하면 브랜디, 보리나 기타 곡물이나 식물로 제조한 양조주를 증류하면 위스키 · 보드카 · 진 · 럼 등이 되며 막걸리를 증류하면 소주가 된다.

2. 증류법의 종류

(1) 단식 증류법(Pot Still)

옛날 방식으로 구리제의 솥과 냉각용 사관으로 구성되어 있다. 보통 소량의 알코올을 추출하는 데 이용되는 방식이다. 스틸(Still)은 증류장치를 뜻한다.

단식 증류기는 원료가 지닌 본연의 향이 배어 있고 중후한 맛이 있어 고급증류주의 제조에 사용된다. 장점은 시설비가 많이 들지 않고 원료가 지닌 맛과 향이 적게 손실된다는 것이다. 단점은 대량생산을 할 수 없고 반복 증류의 불편함이 있다는 것이다.

(2) 연속식 증류법(Patent Still 혹은 Continuous Still)

순도가 높은 고농도의 알코올을 추출해 내기 위해서는 증류를 반복해야 한다. 그러나 여기에는 비용과 시간이 많이 필요하다. 따라서 연속식 증류기는 새로운 방식으로서 연속적으로 술덧을 제공하여 연속적으로 알코올을 추출할 수 있는 증류기를 말한다.

장점은 연속작업이 가능하여 대량생산이 가능하고 생산원가가 상대적으로 높지 않은 것이다. 단점은 시설투자비가 많이 들고 원료가 지닌 주요 성분을 상실할 수 있다는 것이다. 위스키 제조용 연속식 증류기(Patent Still)는 증류탑이 2개이다.

우리나라 사람들이 가장 즐겨 마시는 일반적인 소주는 희석식 소주로서 고구마나 당밀 등으로 만든 주정인 술을 연속식 증류기를 사용하여 만든 95% 정도의 고농도의 술에 물을 넣어 만든다.

02
CHAPTER

위스키Whiskey

제1절 위스키의 이해

1. 위스키의 정의

위스키는 증류주 중에 가장 널리 애음되는 술이다. 위스키는 국가별, 지역별, 원료별, 증류법, 저장법 등에 따라 다양하게 제조된다. 위스키는 곡류인 보리, 옥수수, 밀 등을 주원료로 하여 증류시켜 만든 술이다.

제조 시 원료를 감미(단맛)가 있게 당화시켜 효모(누룩)를 섞는다. 그런 다음 발효시켜 여러 번 증류하여 오크통에 넣어서 숙성시킨다. 위스키는 보드카나 진과는 달리 통에 숙성한다.

숙성기간은 짧게는 2~3년에서 길게는 몇 십 년을 숙성시킨다. 위스키의 색은 증류하여 오크통에 넣기 전에는 무색이지만 큰 참나무통(Oak)에 넣어 숙성되는 동안 호박색으로 변하고 향이 부여된다.

위스키의 어원은 켈트어의 우식 베하(Uisge-Batha)이며 이는 생명의 물이라는 의미이다. 라틴어의 아쿠아비타(Aqua-Vitae), 프랑스 브랜디인 오드비(Eau-de-Vie) 등은 생명의 물이라는 의미를 내포하고 있다.

오늘날 위스키의 영어 표기는 'Whiskey'와 'Whisky'가 있다. 아일랜드와 미국에서는 '-key'로 쓰고, 스코틀랜드와 캐나다에서는 '-ky'로 쓴다. 여기서는 위스키를 'Whiskey'와 'Whisky'를 병행하여 적겠다.

2. 위스키의 역사

위스키의 유래에 대한 유력한 설은 12세기경 아일랜드에서 만들어졌다.

1171년 잉글랜드 헨리 2세의 군대가 아일랜드를 공격하였는데, 이때 아일랜드 주민들이 즐겨 마시던 위스게 베타(Uisge Beatha)라는 '생명의 물'이라는 토속주가 군인들 사이에서 유행하여 세상에 널리 퍼지게 된 것인데, 이것이 위스키의 어원이자 유래가 되었다는 설이다. 15세기에는 스코틀랜드에서 위스키가 제조되어 스카치(Scotch) 위스키가 나타났다. 18세기 잉글랜드가 스코틀랜드를 합병하고 정부가 재원확보를 위해 높은 세금을 부과했다. 이에 불만을 품은 증류업자들이 하일랜드의 산속에 들어가 맥아로 위스키를 밀조했다.

밀조자들은 맥아 건조를 위해 석탄의 종류인 이탄(Peat)을 이용했는데 이렇게 훈연된 맥아를 사용하여 스카치 위스키가 탄생하게 되었다.

한편 증류한 술을 숨기기 위해 셰리(Sherry) 오크통에 장기간 넣어두었는데, 이것이 증류 당시에는 무색이었는데 호박색으로 변하고 풍미가 더해지는 술이 되었다.

1826년에 로버트 스타인이 연속식 증류기를 발명했다. 연속식 증류기의 발명으로 옥수수를 주원료로 사용하는 그레인 위스키(Grain Whisky)가 제조되고 몰트 위스키(Malt Whisky)와 혼합(Blending)하여 위스키를 제조하게 되었다.

19세기 중반 유럽에서는 필록세라(Phylloxera)에 의해 포도나무가 거의 죽어 코냑(Cognac)이 생산되지 않자 영국의 상류층에서는 코냑의 대체품으로 스카치 위스키가 널리 애음되는 계기가 되었다.

미국에서는 켄터키를 중심으로 옥수수를 주원료로 사용하여 만드는 버번(bour-bon) 위스키가 제조되고 현재 미국의 대표적인 위스키로 유명하다. 우리나라 위스키에서는 1974년 수출조건으로 백화양조와 진로에서 위스키 원액을 외국에서 수입하여 인삼위스키를 만들었다. 이후 위스키 생산을 위한 여러 시도는 있었지만 오랜 숙성기간에 의한 많은 재고발생과 외국 위스키와의 가격경쟁력 등의 문제에 봉착하여 활성화되지 못했다.

3. 위스키 제조

위스키 제조 시 맥아(몰트)를 건조할 때 이탄이라고 하는 피트(Peat)의 연기를 이용하여 건조한다.

미국의 콘 위스키의 경우 오크통의 안쪽을 불로 그을려 만드는 등의 방법이 있다.

아이리시 위스키는 맥아를 건조할 때 훈연을 하지 않는다. 일반적으로 몰트 스카치 위스키의 제조과정은 다음과 같다.

보리에 수분을 흡수하여 침맥한 후 발아실로 옮겨 발아시키는 맥아(몰트) 제조, 피트(Peat)의 연기로 건조, 건조한 맥아의 뿌리 제거 후 분쇄하여 당화액으로 만드는 분쇄와 당화, 효모를 첨가하여 당분을 알코올과 이산화탄소로 분리되는 발효액화하는 발효, 8% 정도의 보리발효액을 단식 증류기로 두 번 증류과정을 거치는 증류, 2번째 증류에서 증류의 첫 부분과 마지막 부분은 제외한 나머지를 참나무나 떡갈나무로 만든 오크통(Oak)에 저장하여 오크통으로부터 색이 우러나오고 향을 창조하는 숙성, 그리고 여러 몰트 위스키를 혼합하는 블렌딩과 후숙성 및 병입 등을 거친다.

그레인 위스키의 제조과정은 곡물을 바로 분쇄하여 당화시키고 발효 후 연속식 증류기로 증류한 다음 저장 및 숙성하고 블렌딩하여 병입한다.

베팅(Vetting)은 몰트 위스키끼리 섞은 위스키이다.

그림 1 … 위스키 제조과정

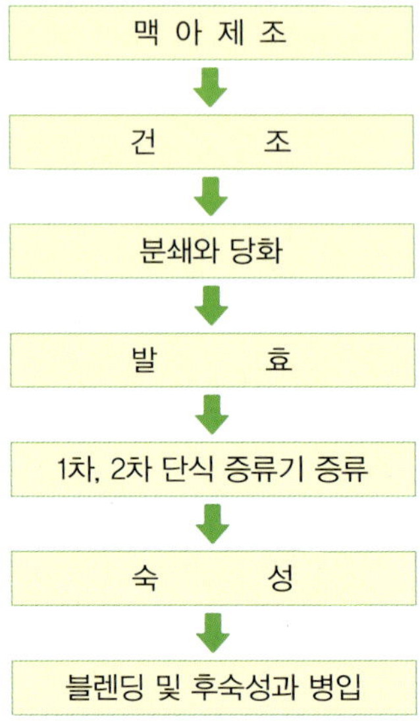

4. 위스키의 분류

(1) 산지별 분류

산지별 위스키는 크게 스카치 위스키, 아이리시 위스키, 아메리칸 위스키, 캐나다 위스키, 일본 위스키로 구분된다.

표 1 … 위스키의 산지별 분류

산지	위스키
스코틀랜드	스카치 위스키(Scotch Whisky)
아일랜드	아이리시 위스키(Irish Whiskey)
미국	아메리칸 위스키(American Whiskey)
캐나다	캐나다 위스키(Canadian Whisky)
일본	일본 위스키(Japanese Whisky)

(2) 원료에 의한 분류

주원료에 따라 몰트 위스키, 그레인 위스키, 블렌디드 위스키, 라이 위스키, 콘 위스키, 그리고 버번 위스키로 구분된다.

표 2 … 원료에 의한 분류

위스키	주원료
몰트 위스키(Malt Whiskey)	발아시킨 맥아
그레인 위스키(Grain Whiskey)	옥수수 등 곡물
버번 위스키(Bourbon Whiskey)	51% 이상 옥수수, 곡물
콘 위스키(Corn Whiskey)	80% 이상 옥수수
라이 위스키(Rye Whiskey)	51% 이상 호밀, 곡물
블렌디드 위스키(Blended Whiskey)	몰트(Malt) 30% 이상과 그레인(Grain) 70% 미만 혼합

5. 위스키의 종류

(1) 스카치 위스키(Scotch Whisky)

스카치 위스키는 스코틀랜드 지역에서 제조되는 위스키를 의미한다. 위스키는 영국이 아일랜드를 정복하면서 아일랜드 사람들이 마시던 술이 전수되었다.

널리 마시기 시작한 것은 19세기 연속식 증류기의 발명으로 그레인 위스키의 대량 생산과 몰트 위스키와의 블렌딩을 통한 블렌디드 위스키가 나타나면서이다.

스카치 위스키는 하일랜드(Highland)의 풍미와 향이 스며 있는 위스키이다. 스코틀랜드산 위스키의 제품으로는 저스테리니(Justerini)사와 블룩스(Blooks)사의 알파벳 첫머리에서 유래된 제이앤비(J&B), 켈트어로 사슴이 있는 골짜기라는 의미의 글렌피딕(Glenfiddich), 21년의 숙성으로 탄생한 로얄 살루트(Royal Salute), 특이한 3각 병 모양에 보조개라는 이름의 딤플(Dimple), 블랙 & 화이트(Black & White), 유명한 사교장의 이름에서 유래된 화이트 호스(White Horse), 에든버러에서 탄생한 발렌타인(Ballantine), 루벤스가 그린 초상화가 있는 올드 파(Old Parr) 등이 유명하다.

스카치 위스키는 제조법에 따라 3가지가 있다.

① 몰트 위스키(Malt Whisky)

몰트(Malt) 위스키는 피트(Peat)로 훈연된 보리맥아만으로 만들어진 위스키로 풍미가 있지만 다소 진한 성격의 위스키이다. 이 위스키는 보리로만 제조된다.

보리를 물에 담가 부드럽게 한 후 넓은 곳에 펴 놓는다. 보리가 발아하면 서서히 당분으로 변해가는 것이다. 이 맥아를 말려서 훈연을 하는데 이 과정이 바로 스카치 위스키 특유의 맛을 지니게 한다. 그 뒤 보리를 갈아 당분이 생기도록 맑은 물과 효모를 첨가한다. 고전적인 방법인 단식 증류기(Pot Still)로 두 번의 증류를 하면 몰트 위스키가 되는데 이를 스페인산 셰리 오크통에 넣어 숙성시킨다. 이 과정에서 위스키의 색이 나타난다. 숙성기간은 최소 3년 이상이고 도수는 40도 이상이다.

몰트 위스키는 생산지역에 따라 4가지로 분류할 수 있다.

첫째, 가장 유명한 지역인 영국 북부의 하일랜드(Highland)

둘째, 스코틀랜드 남부 몰트 위스키보다 그레인 위스키로 더 유명한 로랜드(Lowland)

셋째, 서쪽의 섬 지역인 아일레이(Islay)

넷째, 아일레이 아래 로랜드 서쪽 끝 반도에 위치한 캠벨타운(Cambell Town)

② 그레인 위스키(Grain Whisky)

그레인(Grain) 위스키는 옥수수, 밀 등의 다양한 곡류를 원료로 하여 만든 위스키로 가볍고 온화한 풍미와 함께 부드럽고 순한 맛을 지닌 위스키이다. 훈연과 단식 증류기를 사용하는 몰트 위스키와는 달리 피트로 훈연하지 않고 연속식 증류기(Patent Still)를 사용하는데, 통에서 3년 정도 숙성한다.

그레인 위스키와 몰트 위스키의 차이는 그레인 위스키를 최근의 근대화된 위스키라고 하면 몰트 위스키는 전통적 혹은 고전적인 위스키이다.

또한 그레인 위스키는 진한 맛의 몰트 위스키와 달리 맛이 부드럽고 순하며, 그레인 위스키는 몰트 위스키에 비해 생산원가가 저렴하다.

그레인 위스키는 몰트 위스키와 블렌딩하여 블렌디드 위스키를 만들기 위해 주로 생산된다. 따라서 이러한 블렌딩을 통해 블렌디드 스카치 위스키(Blended Scotch Whiskey)가 탄생하게 된다.

③ 블렌디드 위스키(Blended Whisky)

19세기 중엽 앤드류 어셔(Andrew Usher)에 의해 개발되었는데 위의 두 위스키를 적당한 비율로 섞은 위스키이다. 오늘날의 위스키들은 블렌디드 위스키가 주류를 이루며 우리가 즐겨 마시는 위스키의 대부분이 블렌디드 위스키이다. 베팅(Vetting)은 몰트 위스키끼리 섞은 위스키이다.

④ 발렌타인(Ballantine)

1827년 에든버러 조지 발렌타인이라는 농부가 에든버러에 식료품점을 운영하면서 개발한 위스키이다. 스탠더드 위스키에서 30년에 이르기까지 여러 위스키가 판매되고 있다. 1937년 캐나다의 거대 주류회사인 하이렘워커사(Hiram Walker)에 인수되었다.

⑤ 시바스 리갈(Chivas Regal)

시바스 가문의 왕이라는 의미의 시바스 리갈은 1801년 창립된 시바스 브라더스(Chivas Brothers Ltd.)의 제품이다. 우리나라에서 이 술이 널리 알려지게 된 계기는 고 박정희 대통령께서 이 술을 드시다가 심복에게 총탄을 맞고 운명하셨기 때문이다.

⑥ 로얄 살루트(Royal Salute)

'로얄 살루트'는 왕의 예포라는 뜻으로 세계 최고급 위스키로써 명성을 얻고 있다. 영국 여왕 엘리자베스 2세의 대관식을 기념하기 위해 즉위했던 1953년에 한정품으로 발매되기 시작했다. 200년 전통의 웨이드사가 디자인한 독특한 도자기 술병은 예술작품으로 인정되기도 하여 위스키와 더불어 병도 유명하다.

엘리자베스 여왕 즉위 50주년인 2003년에는 이를 기념하기 위해 50년 숙성시킨 위스키를 한정 발매하기도 했다.

⑦ 글렌피딕(Glenfiddich)

100% 푸어 몰트 위스키의 대명사이자 세계적인 베스트셀러 위스키이다. 글렌피딕이란 사슴이 있는 골짜기라는 의미로 1887년 빅토리아 여왕 즉위 50주년을 기념하기 위해 크리스마스에 제조되었다.

병 모양이 특이한데 독특한 삼각형의 초록색 혹은 갈색 병 모양과 금색 병마개는 글렌피딕의 상징이다. 강한 남성적인 풍미를 지니는 위스키이다. 영국 윌리엄그랜트&선즈사(William Grants & Sons Ltd.)에서 제조된다.

⑧ 조니워커(Johnnie Walker)

위스키 시장에서 가장 많이 판매되는 위스키 중 하나인 조니 워커는 레드라벨, 블랙라벨, 골드라벨, 블루 등 다양한 라벨의 제품이 있다. 이 위스키는 약 40여 종의 몰트 위스키와 그레인 위스키를 블렌딩하여 만드는데, 조니워커&선즈사(Johnnie Walker & Sons Ltd.)에서 만든다.

레드라벨은 6년 숙성시킨 위스키이다. 블랙라벨은 12년 숙성시킨 위스키이다. 스윙은 15년 숙성시킨 위스키이다. 골드라벨은 18년 이상 숙성된 최상급 싱글 위스키로 만든다. 조니워커 탄생 100주년 기념으로 만들어졌다. 블루라벨은 30년 이상 숙성시킨 위스키이다. 모든 병에 고유번호가 있다.

PART 3 증류주

⑨ 딤플(Dimple)

보조개라는 애칭을 가진 위스키이다. 위스키 병이 삼각형으로 되어 있다.

⑩ 제이앤비(J&B와 J&B JET)

이탈리아 청년 자코모 저스테리니는 애인인 오페라 가수를 너무나 사랑하여 그녀를 따라 영국 런던으로 가면서 주류회사를 설립하여 성공하였고 왕실에도 납품하였다. 후에 회사를 브룩스가 인수하고 이 두 사람의 첫머리를 따서 'J&B(Justerini & Brooks)'라 하였다.

제이앤비 젯은 스페이강 지역의 최고급 몰트를 80% 이상 넣어 제조하였다. JET의 의미는 검은 보석 젯이며, 위스키 병은 검은색이다.

(2) 아이리시 위스키(Irish Whiskey)

아일랜드는 위스키의 발생지이다. 아이리시 위스키는 영국이나 캐나다와 다르게 E자를 더 넣어 위스키(Whiskey)로 표기한다.

아이리시 위스키는 맥아를 건조할 때 훈연을 하지 않는다. 건조한 맥아를 맥아즙으로 만들 때 밀, 귀리, 호밀 등을 같이 넣어 만든다.

스카치 위스키가 단식 증류기로 2번 증류하는 것과는 달리 아이리시 위스키는 3번 증류를 한다. 그리고 아이리시 위스키는 최소 3년을 숙성시키는데, 평균 7년 정도를 숙성시킨다.

아일랜드 사람들은 보통 상온에서 마시는데, 최근까지도 아이리시 위스키에 얼음이나 얼음물을 섞어 마시는 사람을 야만인이라고 하였다.

아이리시 위스키에는 현재 가장 오래된 아이리시 위스키인 부시밀즈(Bushmills), 중후한 맛의 존 제임슨(John Jameson), 부드러운 맛의 튤라모어(Tullamore), 패디(Paddy), 존 파워(John Power) 등이 있다.

① 튤라모어 듀(Tullamore Dew)

튤라모어는 아일랜드 중부의 마을이름으로 듀는 이슬이라는 의미이다. 즉 '튤라모어의 이슬'이라는 뜻이다. 가볍고 경쾌한 맛이다.

② 부시밀즈(Bushmills)

영국령 북부 아일랜드 있는 아이리시 위스키 중에서 가장 오랜 역사를 가지고 있다. 부시밀즈는 앤트림에 있는 해안가 마을이름으로 숲속의 물레방앗간이라는 의미이다. 특히 부시밀즈를 만드는 1608년에 설립된 부시밀즈 양조장(Old Bushmills Distillery)은 세계적으로 유명하다. 위스키의 숙성용 통은 세리통과 버번통을 사용한다.

③ 존 제임슨(John Jameson)

아이리시 위스키의 대표 브랜드로 존 제임슨이 1780년 더블린에서 설립하였다. 현재는 페르노 리컬 그룹에 속해 있다. 단식 증류법으로 만든 중후한 맛의 아이리시 전통 위스키이다.

④ 존 파워(John Power)

더블린에서 1791년 창업한 존파워&선사(John Power & Son)의 위스키이다. 풍미가 좋다.

(3) 아메리칸 위스키(American Whiskey)

미국을 대표하는 위스키인 버번 위스키(Bourbon Whiskey)는 옥수수가 주원료로 제조된다. 일반적으로 아메리칸 위스키라고 칭한다.

버번 위스키의 유래에는 여러 가지가 있으나 켄터키주 스코트의 목사 엘리어 크레그가 1789년에 처음 시도했다고 한다.

아메리칸 위스키는 크게 스트레이트 위스키(Straight Whiskey)와 블렌디드 위스키(Blended Whiskey)의 2가지로 분류할 수 있다.

① 스트레이트 위스키(Straight Whiskey)

가. 버번 위스키(Bourbon Whiskey)

아메리칸 위스키는 1783년 에반 윌리암스가 보리와 옥수수를 혼합하여 위스키를 제조한 것에서 시작되었다. 하지만 일반적으로는 1789년 켄터키주 스코트의 목사 엘리어 크레그가 옥수수를 사용하여 제조한 것을 시초로 보고 있다.

버번 위스키는 최소한 51% 이상의 옥수수를 넣어야 한다. 기타 곡물로는 보리와 호밀을 넣는다. 그 다음 내부가 그을린 새 참나무통에 2년간 숙성시킨다. 켄터키에서 대부분이 생산되고 기타 테네시주, 오하이오 등에서 생산된다.

켄터키에서 증류되는 것을 켄터키 스트레이트 버번 위스키(Kentucky Straight Bourbon Whiskey)라고 한다.

나. 라이 위스키(Rye Whiskey)

라이 위스키(Rye Whiskey)는 흑맥이라는 호밀(Rye)을 최소 51% 이상 넣어 만든 미국에서 가장 오래된 위스키지만 오늘날 미국에서는 찾아보기 힘들다. 버번보다 맛이 진하다.

다. 콘 위스키(Corn Whiskey)

버번보다 부드러운 맛을 지닌 이 위스키는 옥수수를 80% 이상 넣어 만든다. 이 위스키는 미국 남부의 위스키로서 대개 사용했던 그을린 참나무통에서 숙성시킨다.

라. 테네시 위스키(Tennessee Whiskey)

테네시주에서 만든 위스키를 테네시 위스키라고 한다. 미국에서 생산되는 좋은 품질의 고급위스키이다.

버번과의 차이점은 제조과정에 있는데 증류한 다음 단풍나무로 만든 숯에 다시 여과하여 버번보다 제조과정을 한번 더 거친다. 조지 디켈(George Dickel)과 잭 다니엘(Jack Daniel's)이 있다.

② 블렌디드 위스키(Blended Whiskey)

블렌디드 위스키는 다른 위스키 종류와 혼합한 위스키이다.

스트레이트 위스키인 스트레이트 버번이나 스트레이트 라이 등을 20% 이상 섞은 위스키이다. 즉 아메리칸 블렌디드 위스키(American Blended Whiskey)는 버번이나 라이 위스키에 곡물로 만든 증류주를 혼합한 것이다.

③ 유명상표

가장 일반적인 버번 위스키의 대명사인 짐 빔(Jim Beam), 야생칠면조 사냥에 모이는 사람들을 위해 제조한 와일드 터키(Wild Turkey), 여과과정에서 단풍나무 숯으로 여과하여 순한 잭 다니엘

(Jack Daniel's), 1860년에 탄생한 얼리 타임스(Early Times) 등이 있다.

가. 짐 빔(Jim Beam)

독일에서 이민 온 빔가에서 만든 미국의 대표적인 위스키이다. 가장 오랜 역사를 가진 이 회사의 위스키는 부드러운 맛이 특징이다. 블랙라벨은 라벨의 101개월(8년 5개월)이 의미하듯 장기 숙성한 고급품이다.

나. 와일드 터키(Wild Turkey)

야생칠면조라는 의미의 이 위스키는 아이젠하워 대통령이 즐겨 마셨다고 전해지는데 50.5도의 높은 알코올을 함유하고 있다. 켄터키주 오스틴 니콜즈사의 제품이다. 이 위스키는 1855년 남캐롤라이나주에서 매년 개최되는 야생칠면조 사냥에 모인 사람들을 위해 제조된 데서 비롯되었다.

다. 얼리 타임스(Early Times)

1860년 켄터키주 버번카운티에서 탄생한 버번 위스키로서 켄터키주의 루이빌에서 생산되고 있다. 풍미가 있고 부드러워 인기가 높다.

라. 아이더블유 하퍼(I. W. Harper)

1877년에 설립된 회사로 I. W. 하퍼는 두 공동창업자의 이름이다. 향이 강하고 달콤한데 대맥과 호밀의 사용 비율이 높다.

마. 올드 그랜 데드(Old Grand-dad)

올드 그랜 데드는 1882년부터 버번을 제조하기 시작했는데, 이름은 창업자인 하이든 대령의 별명이다. 알코올 도수가 57%인 도수 높은 위스키도 판매하고 있다.

바. 시그램 세븐 크라운(Seagram's 7 Crown)

금주법이 해지된 1934년 미국에서 발매된 위스키로서 블렌디드 위스키이다.

사. 센레이 리저브(Schenley Reserve)

유명 주류회사인 센레이사 제품으로 블렌디드 위스키이다.

아. 잭 다니엘(Jack Daniel's)

대표적인 미국의 고급위스키이다. 소년시절부터 위스키 증류 일을 했던 창업자 잭 다니엘이 1846년 테네시주 린치버그 마을에서 설립하였다. 테네시 고산지대에서 생산되는 사탕단풍나무 숯으로 여과 후에 숙성한다.

자. 조지 디켈(George Dickel)

독일에서 이민 온 조지 디켈이 1879년에 설립했다. 잭 다니엘과 동일한 타입의 테네시 위스키(Tennessee Whiskey)이다.

(4) 캐나디언 위스키(Canadian Whisky)

보리맥아, 흑맥이라 불리는 호밀(Rye), 옥수수 등을 원료로 하여 제조되는데, 라이를 51% 이상 원료로 넣으면 라벨에 라이 위스키로 표기할 수 있다. 1920년경 미국의 금주법이 시행되면서 밀반출이 이루어져 급성장하게 되었다.

캐나다는 블렌딩한 캐나디언 위스키(Canadian Whiskey)를 제조한다. 캐나디언 위스키는 아메리카 위스키에 비해 밀의 사용량이 많은 것이 특징인데, 아메리칸 위스키보다 연하고 가볍다. 숙성기간은 최소 3년이다.

위스키 생산의 중심은 캐나다 남동부 온타리오호 주변이다.

유명 제품으로는 라벨에 영국왕실 문장이 있는 캐나디언 클럽(Canadian Club), 시그램사의 주제품인 시그램즈 V.O.(Seagram's VO), 호밀과 옥수수로 만든 블랙 벨벳(Black Velvet) 등이 있다.

① 캐나디언 클럽(Canadian Club)

1858년 창업 이래 캐나디언 클럽은 캐나다의 대표적인 주류회사인 하이렘워커사의 주력 위스키 제품으로 미주 판매 1위를 기록하기도 했다. 다른 위스키보다 부드럽고 라이트하며 마일드한 풍미로 젊은 층이 많이 선호한다. 클럽에서 인기가 높아 클럽 위스키라고 불리기도 하고, 첫머리 글자를 따서 CC라는 애칭으로 불린다.

19세기 말 빅토리아 여왕 때부터 영국 왕실에 납품하고 있어 라벨에 영국 왕실의 문장이 표기되어 있다. 6년, 8년, 12년, 20년 등이 있다.

② 시그램스 V.O(Seagram's V.O)

1924년 몬트리올에서 창업한 세계 대형 주류회사인 시그램사의 주력 제품이다. 호밀과 옥수수로 제조된 블렌디드 위스키이다.

③ 크라운 로얄(Crown Royal)

왕관의 형태를 본떠서 만든 위스키이다. 세계의 거대 주류기업인 시그램사의 주력 제품이다. 1939년 영국 국왕 조지 6세 부부가 캐나다 방문을 기념하여 시그램사가 만든 제품이다.

④ 블랙 벨벳(Black Velvet)

영국계 기업인 길비 캐나다사가 만든 위스키로 1970년 미국으로 수출되어 성공하였다. 옥수수와 호밀을 주원료로 하여 만든 위스키이다.

(5) 우리나라 위스키

한국에 위스키가 들어온 것은 정확하지는 않지만 구한 말경으로 추측하고 있다. 일반 사람들이 마시기 시작한 것은 8 · 15광복 이후 미군부대에서 시중으로 유출된 위스키를 통해서이다. 50~60년대에는 소주에 색소를 넣어 제조한 가짜 위스키가 생겨났다.

기타 재제주인 베리나인이 1978년에 출시되면서 한때 위스키 시장을 지배하기도 했다. 80년대에는 88올림픽 유치를 계기로 몰트 위스키와 그레인 위스키를 스코틀랜드에서 수입하여 자체적으로 블렌딩한 패스포트, 비아이피(VIP), 썸싱 스페셜이 출시되었다. 그러나 경쟁력이 없어 몇 년 후 생산이 중단되었다. 1991년 주류 수입이 자유화되면서 외국의 유명 술들이 수입되었다.

03

CHAPTER

진 Gin[10]

1. 개요

진(Gin)은 게네베르(genever)라고도 한다. 주니퍼 베리(Juniper Berry)는 프랑스어로 주니에브르(Genièvre)라고 하는데, 노간주나무 혹은 그 열매로 만든 술인 진을 의미한다. 영국에서 이를 줄여 진이라고 하였다.

진은 일반적으로 노간주나무 열매인 주니퍼 베리(Juniper Berry)로 향을 내어 만든 무색투명한 맑은 색의 증류주이다. 예외적으로 금색의 골든 진이 있다. 주니퍼 베리(Juniper Berry)는 소나무향이 나는데, 이탈리아, 독일, 유고 등이 세계적으로 유명하다.

진의 탄생은 다른 술과는 달리 17세기 중엽 대학의 실험실에서 탄생했다. 네덜란드 라이덴(Leiden)대학의 의학부 실비우스(Sylvius) 교수가 동인도 지역에서 일하는 네덜란드인을 열대성 열병으로부터 보호하기 위해 약용으로 연구하여 개발한 약주이다. 해열작용과 이뇨효과가 있는 주니퍼 베리의 성분을 추출하고사 알코올에 넣어 증류하였다. 진은 그 당시 배가 아플 때 사용되기도 하고, 더위를 이겨내기 위한 효과도 있다.

오늘날에도 더운 날씨에 칵테일 중에서 진을 기주로 한 진토닉을 즐겨 마시는 사람이 많다. 진에 과즙과 청량음료를 넣어 마시면 주니퍼 베리의 소나무향이 약해진다.

네덜란드의 진을 영국에서 즐기게 된 계기는 다음과 같다.

영국은 프랑스와 전쟁을 하면서 영국인이 코냑 마시는 것을 금지하였다. 코냑 대신 진으로 대체되었고 누구나 진(Gin)을 생산할 수 있도록 하였다. 그러나 몇몇 사람들이 진을 생산할 때 좋지 않은 원료를 첨가함으로써 진 생산을 관리하게 되었다. 영국에서 진은 18세기 들어 진의 소비가 네덜란드를 능가할 정도 즐겨 마시게 되었고, 미국으로 전파되면서 다양한 칵테일의 기주인 베이스(Base)로 사용하게 되면서 진의 소비가 전 세계로 확산되었다. 결국 진은 네덜란드인이 처음 탄생시켰지만 영국인이 성장시키고 미국에 의해 전 세계로 확산되는 영광이 주어졌다고 할 수 있다.

2. 진의 특징

진의 특징은 다음과 같다.

첫째, 노간주나무 열매와 여러 초근목피를 넣어 만드는데, 노간주나무 열매에서 나는 독특한 소나무향이 있다.

둘째, 여러 증류주 중에서 상대적으로 숙취가 많지 않기로 유명한 술이다.

셋째, 위스키나 브랜디처럼 숙성시키지 않는 술이다.

넷째, 과일이름이 붙는 진은 리큐르다. 대표적으로 슬로 진(Sloe Gin)이 있다.

다섯째, 무색투명한 술이다.

3. 진(Gin)의 분류

진은 네덜란드 타입과 영국 런던 타입으로 구분한다.

(1) 국가별 분류

① 네덜란드 진(Dutch Genever)

네덜란드 타입은 호밀과 대맥을 주원료로 하여 제조된다. 증류는 단식 증류기로 3번 증류하여 비교적 알코올 농도가 낮고 짙은 향미에 맥아의 향이 풍기는 묵직한 타입이다. 네덜란드 진은 스트레이트로 주로 마시며, 칵테일용으로는 별로 사용하지 않는다. 유명한 제품으로는 볼스(Bols)가 있다.

② 런던 드라이 진(London Dry Gin)

영국 런던 타입의 진은 네덜란드 진과 다르게 드라이 진(Dry Gin)이라고 표기한다. 그러나 요즘에는 세계 여러 나라에서 런던 드라이 진을 제조하면서 런던 드라이 진이라고 표기하는 것도 있다.

주원료는 몰트와 호밀 그리고 옥수수를 사용하고 네덜란드와는 달리 연속식 증류기를 사용한다.

영국의 진은 두 번 증류를 하는데 보리와 호밀, 옥수수 등을 기본으로 해서 연속식 증류기를 사용하여 59도 이상의 그레인 주정으로 증류하고, 주니퍼 베리, 레몬껍질, 아니스(Anise) 등의 원료를 첨가하여 다시 한번 단식 증류기로 증류하여 향과 맛을 부가한다. 영국 드라이 진(Dry Gin)은 보통 40%이다.

(2) 종류

① 플레이버드 진(Flavored Gin)

진이라기보다는 리큐르라 할 수 있다. 진을 베이스로 하여 당분에 슬로 베리를 넣은 슬로 진, 오렌지와 당분을 등을 넣어 만든 오렌지 진이 있다.

② 플리머스 진(Plymouth Gin)

영국 남서부 플리머스 군항에서 제조된 진이다. 런던 드라이진보다 강한 향미가 있다. 알코올 도수는 41.2%이다. 현재 1개 회사가 있고, 라벨에는 범선이 그려져 있다.

③ 올드 탐 진(Old Tom Gin)

런던 드라이 진에 당분을 2% 정도 첨가하여 만든 진이다.

④ 드라이 진

원래는 영국산 진을 의미한다. 현재는 네덜란드산과 구별하기 위해서 여러 나라에서도 사용한다.

⑤ 골든 진(Golden Gin)

보통의 진과는 달리 나무통 저장을 하여 연한 금색의 진이다.

⑥ 진(Dutch Geneva)

스트레이트로 즐기는 진한 향이 있는 진이다.

4. 유명상표

① 비피터(Beefeater)

깔끔한 맛으로 제임스 버로사(James Borough) 제품이며 영국산이다.

② 길비(Gilbey)

레드 라벨은 37도, 그린 라벨은 47.5%로, 길비사(Gilbey) 제품이며 영국산이다.

③ 고든스(Gordon's)

유명 진 브랜드로 탱커레이 고든사(Tanqueray Gordon & Co. Ltd) 제품이며 영국산이다.

④ 탱커레이(Tanqueray)

최고 품질의 진으로 탱커레이 고든사(Tanqueray Gordon & Co. Ltd) 제품이며 영국산이다.

⑤ 봄베이 사파이어(Bombay Sapphire)

1987년에 출시된 최고 품질의 진으로 인도의 별이라는 의미의 4각형의 푸른색 술병으로 유명한 진이며 바카디사가 1997년에 인수하였다.

⑥ 볼스(Bols)

1575년 창립한 로테르담 교외인 쉬담(Schiedam)에 있는 유명한 증류회사이다. 네덜란드산이다.

04
CHAPTER

보드카Vodka[11]

1. 개요

보드카는 러시아의 국민주로서 현재 세계 여러 나라에서 칵테일 기주인 베이스(Base)로도 많이 사용된다.

보드카는 혹한의 나라 러시아(Russia)에서 발달된 증류주로서 14세기경부터 만들어진 것으로 알려져 있다. 어원은 생명의 물이라는 의미로 러시아(Russia)어의 Voda(물)가 변하였다.

현재는 러시아뿐만 아니라 폴란드, 스웨덴, 핀란드, 미국 등지에서도 생산된다.

보드카는 여러 곡류나 감자에서 발효 · 증류한 술이다. 북유럽과 러시아에서는 주로 감자를 사용하고 미국 · 영국 등지에서는 보리, 옥수수, 호밀 등의 곡물을 혼합하여 제조한다.

보드카가 세계적으로 널리 알려지게 된 것은 1917년 러시아혁명이 계기가 되었다. 러시아인에 의해 제조기술이 유럽으로 전파되었고, 미국의 금주법이 1933년 폐지되면서 미국으로 건너가 애음하는 술이 되었다. 미국에서 보드카는 1939년에 캘리포니아를 중심으로 과일주스를 섞어 칵테일 베이스로 많이 사용되면서 널리 애용하게 되었다.

보드카의 맛은 중성이므로 칵테일에 넣는 다른 재료들의 고유한 맛을 변화시키지 않기 때문에 많이 이용된다. 따라서 칵테일에 보드카를 사용할 때는 아무것도 첨가하지 않은 것을 사용한다.

기타 플레이버드 보드카(Flavored Vodka)가 있는데 보드카에 오렌지, 레몬, 라임, 민트와 같은 과실이나 잎 등이 첨가된다.

2. 제조

첫째, 감자, 보리, 옥수수, 밀 등의 곡물을 당화 발효하여 술을 만든다.

둘째, 이 술을 연속식 증류기로 증류하여 95도 정도의 주정을 얻는다.

셋째, 이것을 자작나무로 만든 숯이 든 여과조를 20~30번 통과시켜 여과해서 냄새를 제거한다.

넷째, 좋은 보드카는 모래에 여러 번 통과시켜 숯의 냄새를 제거한다.

다섯째, 물로 희석하면 최소 40% 이상이 된다.

핀란드에서는 순도 높은 95%의 보드카를 희석할 때 빙하에서 나온 물을 사용한다.

3. 술의 특징

보드카는 색이 없고 투명하며 냄새가 없고 순수한 알코올에 가까운 맛을 지니고 있다. 보드카는 다른 술과 비교하여 맛이 중성이며 부드럽다.

보드카를 가장 잘 표현하는 아주 오래된 격언이 있다.

'첫잔의 보드카는 쐐기와 같고,

둘째 잔의 보드카는 화살과 같다.

셋째 잔 이후로는 가볍고 상쾌한 것이 마치 작은 새와 같다'

보드카의 특징은 다음과 같다.

첫째, 무색투명하다.

둘째, 무미하다.

셋째, 무취하다.

넷째, 중성의 깨끗한 맛이다.

4. 보드카 마시는 방법

첫째, 작은 보드카 술잔과 보드카를 냉동고에 보관한다.

둘째, 마실 때는 냉동고에서 꺼내어 스트레이트로 마신다. 혹은 얼음물에 넣어 마신다.

셋째, 칵테일로 오렌지주스에 넣어 마시기도 한다.

넷째, 보드카와 잘 어울리는 음식은 캐비아이다.

5. 제품

① 러시아

스톨리치나야(Stolichnaya), 모스코프스카야(Moskovskaya), 보르조이(Borzoi)

② 핀란드

핀란디아(Finlandia)

③ 미국

스미노프(Smirnoff), 모나크(Monarch), 사모바(Samovar)

④ 네덜란드

볼스(Bols)

⑤ 영국

고든스(Gordons), 길비(Gilbey)

⑥ 스웨덴

앱솔루트(Absolute)

⑦ 폴란드

벨베데레(Belvedere), 위보로바(Wyborowa)

폴란드, 보드카 수요 감소로 맥주 인기 상승

경기침체, 소비 트렌드 변화로 맥주를 더 찾아
치열한 경쟁구도 속에서 얼마나 '특별한' 가치를 소비자에게 제공하냐가 관건

폴란드 내 보드카 수요 감소

- **경기 침체의 영향과 보드카 외 주류 품목의 다양화로 보드카 판매량 감소**
  - 시장조사 기업인 Nielsen의 조사에 따르면 2013년 상반기 폴란드 보드카 소비량은 25억 즈워티로 전년 대비 약 3% 감소함
  - 보드카 판매량은 2012년 1분기 6,100만ℓ에서 2013년 1분기에는 5,900만ℓ로 감소
  - Grzegorz Chojnacki 증류주 공장 Polmos Bielsko-Biała 감사회 임원은 폴란드 유력 일간지 Rzeczpospolita를 통해 보드카 판매 감소세는 유럽 경제 위기 지속과 부정적인 소비심리의 결과이며 올해 1~3%가량 더 감소할 것이라고 언급함
  - Roland Berger Strategy Consultants의 Grzegorz Łaptaś도 보드카 판매량 감소를 전망했으나 주류 소비가 와인과 맛이 첨가된 증류주로 옮겨가는 추세를 보드카 판매 감소 요인으로 분석함
  - 폴란드 보드카시장의 34.8% 판매점유율을 차지하는 Stock이 가장 큰 회사이며, 최근 파산 신청을 한 CEDC가 23.6%로 2위, Belvedere가 21.3%의 점유율로 3위임

··· **2012~2013년 각 1분기 보드카 매출 비교** (단위: 10억 즈워티, 백만 ℓ)

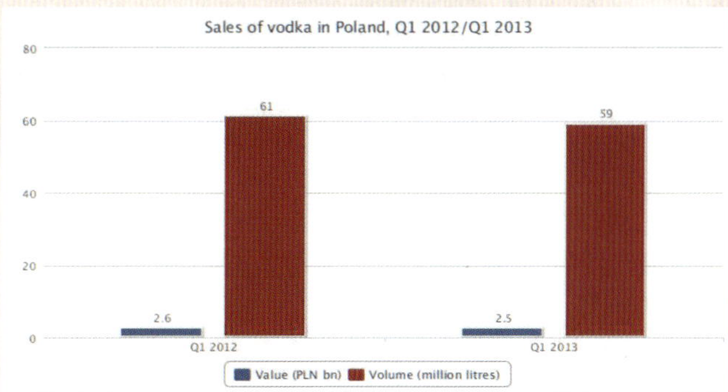

자료원: Nielsen, 2013

- **2011년 대비 2012년 보드카시장 회복 양상 그러나 외부요인에 따른 기저효과가 커**
  - Polish Spirits Industry(PPS)협회에 따르면 폴란드 보드카 생산기업의 약 1/4이 2012년 손익분기점을 넘지 못함. 2011년 58%의 기업이 손익분기점을 넘은 것에 비해 2012년에는 74%의 기업이 수익을 거둔 것으로 나타나 호전되는 양상을 보임
  - 증류주산업은 2011년 32억 600만 즈워티의 순손실이 발생했지만, 2012년 2억 즈워티의 수익을 올림
  - Leszek Wiwała PPS의 대표는 Rzeczpospolita를 통해 제조사가 광고 활동비를 줄여 수익을 이루었으나 이로 보드카 수출이 20% 감소했음을 언급함. 수익 성장에 기여한 다른 요인은 불법 주류 판매의 증가, 높은 가격과 맛이 가미된 증류주 판매의 증가를 꼽음
  - KPMG에 따르면 2000~2011년 폴란드 재무부는 불법 판매된 주류의 미납 세금이 1,340만 즈워티에 달하는 것으로 밝힘

폴란드 맥주시장 현황

- **폴란드인 1인당 소비량이 가장 큰 주류는 맥주**
  - 농업 및 식품경제연구소(IERiGŻ)의 전망에 따르면, 폴란드 주류시장 가치는 2010년 1,730만 즈워티에서 2012년 2,830만 즈워티로 성장함. 이 기간 맥주 생산은 58%, 증류주 생산은 56%로 증가했으나 포도주나 기타 와인 제품 생산은 75~85% 감소함
  - IERiGŻ는 주류 소비가 2000년 1인당 7.12ℓ에서 2011년 9.25ℓ로 증가한 것으로 조사됨. 2011년 총 주류 소비 중 증류주는 36%, 와인은 8%를 차지했으며 맥주는 56%로 가장 큰 비중을 차지함
  - 2011년 폴란드 1인당 주류 소비량은 맥주 94ℓ, 증류수 8.3ℓ, 와인 6.4ℓ를 소비한 것으로 나타남. 폴란드인이 선호하는 3대 맥주는 Kompania Piwowarska, Grupa Żywiec, Carlsberg로 조사됨

- **라거맥주에서 특별한 '진짜' 맥주를 찾는 소비자 늘어나**
  - 맥주 소비문화가 트렌드로 자리 잡은 이유 중 하나는 더 정교하고 다양해진 판매기술에 있음. 특색 없는 라거맥주에 질린 소비자는 점점 더 작은 지역 공장에

서 생산하는 특별한 맥주를 마시고 싶어함. 맥주 소비자는 "소량 생산되는 맥주가 '진짜' 맥주이기 때문에 소비욕구가 생기는 것"이라고 입을 모음

- '가장 기본적이고 자연스러운 것'을 추구하는 소비자 욕구는 점차 맥주 구매결정에 큰 영향을 미침
- 맥주문화는 소비자가 맥주와 맥주 제조에 사용되는 재료와 원산지에 대한 관심에서 출발함. 이러한 문화는 맛이 첨가된 맥주, 훼이트 비어의 판매량 및 홈메이드 맥주의 인기 증가 등 다양한 형태로 시장에 영향을 미침

● **폴란드인 이럴 때 이런 맥주 마신다**

- 폴란드 여성의 약 20%는 적어도 일주일에 한 번 맥주를 마심. 폴란드 여성의 56%는 맥주 선택 시 가장 중요한 기준으로 맛을 꼽았고 그 다음으로 브랜드와 가격을 고려하는 것으로 나타남
- 폴란드 여성 대부분은 친숙하고 일반적으로 접할 수 있는 맥주나 맥주 본연의 맛을 지닌 제품을 고르는 경향이 있음
- 폴란드인의 44%가 맥주를 마시고 대다수가 친구들과 시간을 보내기 위한 것으로 나타남. 67%는 글로벌 브랜드보다 폴란드 브랜드를 선호함. 여성보다는 남성이 전통적으로 맥주 소비 주요층임
- 폴란드인 가운데 19%는 TV로 스포츠경기를 관람할 때 맥주를 마신다고 응답했는데 실제로 폴란드와 우크라이나가 공동 개최한 UEFA 유로 2012(2012 UEFA European Football Championship)는 맥주시장 성장에 일조함
- 폴란드 인기 맥주 브랜드 Żywiec, Tyskie

폴란드 내 맥주 생산, 교역 현황

● **다양한 맥주 포장 타입의 등장**

- 전 유럽에서 가장 인기 있는 맥주 포장 타입으로 금속제 캔이 유리병을 추월함
- 다른 유럽국가에서는 330㎖ 캔이 시장을 주도했지만, 폴란드 내에서는 500㎖ 캔이 주로 판매됨. 점차 가정이 소규모화되고 1인 가정이 늘어나면서 폴란드 대표 맥주 브랜드인 Żywiec cawas가 2012년 330㎖ 캔맥주를 출시하는 등 소비자 세분화에 따라 제품 사이즈도 변하고 있음
- 플라스틱 병도 캔이나 유리병의 대체재가 될 수 있음. 2009년 Żywiec그룹은 플

라스틱 용기 안에 담긴 Warka와 Tatra Pils라는 두 가지 주요 맥주 브랜드를 출시함. 1.5ℓ 플라스틱 병으로 제공된 Warka는 활발한 광고 마케팅으로 소비자에게 좋은 이미지 인식에 성공함. Żywiec그룹은 초기에 1.5ℓ 플라스틱 용기에 담긴 Warka 맥주로 바비큐 파티와 사회행사 등에서 맥주를 즐기는 소비자를 겨냥했으나 정작 쇼핑객 사이에서 인기를 누림

- **소규모 생산 맥주 또는 홈메이드 맥주가 인기**
  - 집에서 직접 제조하는 맥주는 물론 소규모 지역 맥주공장에서 생산되는 수제맥주의 인기는 최근 몇 년간 꾸준히 성장함
  - 몇 년 전부터 소규모 맥주공장은 고품질 맥주 생산 전략을 택하면서 최근까지 연 성장률 20~30%를 보이며 성공적인 전략이었다는 것을 입증함. 2012년 기준 소규모 맥주공장에서 생산된 맥주 중 맛이 첨가된 제품의 성장이 가장 두드러짐. 또한 전국적인 소매 체인점에서 지역 맥주에 대한 유통 규모를 늘려나간 것이 성장의 또 다른 요인임
  - Ciechan, Gostyniec, Browar Kormoran, Sulimar가 대표적인 지역 맥주공장 성공사례로 꼽힘. Ciechan의 경우 "Ciechan은 Ciechanów에서 생산한다"는 원산지 제조를 강조하는 전략을 내세움
  - 더불어 홈메이드 맥주 또한 소비자 입맛을 사로잡고 있음

- **폴란드 내 맥주공장 현황**
  - Tychy지역에 있는 Kompania Piwowarska사의 가장 큰 규모의 맥주공장 생산량은 800만hℓ에 달하며 비알리스토크(Białystok)에 있는 공장은 연간 220만hℓ 생산이 가능함. 포즈난 공장도 750만hℓ까지 생산함
  - Heineken NV의 Grupa Żywiec사가 소유한 최대의 맥주공장은 폴란드 남동쪽 지비에츠에 있으며, 총 1520만hℓ 중 550만hℓ의 생산규모를 갖춤
  - Carlsberg Polska사 브줴스코의 맥주공장은 이 회사의 가장 큰 공장으로 580만hℓ 생산이 가능함
  - 폴란드 지방 맥주공장은 120만hℓ부터 1만hℓ까지 생산 규모가 다양함
  - Spiz, Bierhalle, Brovaria와 같은 레스토랑식 맥주공장은 연간 5,000~1,000hℓ의 생산이 가능함. 여기서 제조된 맥주 가격은 ℓ당 15~20즈워티 정도임

··· 2007~2012년 맥주공장 수 (단위: 개)

구분	2007년	2008년	2009년	2010년	2011년	2012년
맥주공장 수	40	41	42	44	46	49

자료원: Euromonitor International from official statistics, trade associations, trade press, company research, store checks, trade interviews, trade sources

- **폴란드, 외국 브랜드보다 자국 브랜드 맥주 선호**
  - 2012년 동안 폴란드 맥주 수출거래량은 약 10%가 증가했으며 거래액은 약 15% 증가함
  - 유럽 전역의 소비자는 외국 맥주 브랜드를 즐겨 찾는 경향이 나타남. 반면, 폴란드는 자국 브랜드의 판매가 우세함. 폴란드 내 맥주 판매 브랜드 중 단 1%만이 수입제품임
  - 가장 중요한 맥주 수입국은 독일이지만, 2011년 Pilsner Urquell(Kompania Piwowarska SA)로부터 수입을 개시함으로써 체코공화국 또한 중요한 수입시장 중 하나임. 헝가리와 체코공화국은 폴란드 국내 제조업체인 Van Pur Sp zoo와 같은 소매점 체인에서 맥주를 주문하는 주요 수출 대상국임

··· 2006~2011년 폴란드 맥주 생산, 소비, 수출입 추이 (단위: 백만 ℓ)

구분	2006년	2007년	2008년	2009년	2010년	2011년
생산량	3,830.0	3,669.0	3,710.0	3,623.5	3,680.0	3,807.0
표관 소비량	3,751.4	3,579.7	3,585.4	3,476.3	3,504.3	3,641.8
수출량	103.0	123.1	159.1	183.7	210.1	207.9
수입량	24.4	33.8	34.5	36.5	34.4	42.7

자료원: GTIS, Euromonitor International

폴란드 맥주시장의 위협 요인

- **경기 침체의 영향으로 소비 부진 우려**
  - 예상보다 낮은 GDP 성장률, 국가 및 가계부채로 인한 긴축재정조치로 가처분소득이 늘어나지 않아 판매량에 부정적인 요인으로 작용할 것
  - 인구 고령화로 소비자 계층 변화 등이 맥주 판매량에 영향을 미침

전망 및 시사점

- **고객 세분화에 따라 제품군은 더 다양해질 것**
  - 맥주 판매는 2017년까지 더욱 다양한 형태의 마케팅과 제품을 선보일 것으로 기대되며 타깃 계층을 세분화해 나갈 것으로 전망됨
  - EMI는 폴란드 맥주 제조사가 2017년까지 단위당 수익을 늘리기 위해 맛이 첨가된 맥주는 물론 저·무알코올 맥주나 프리미엄 라거와 같은 다양한 제품군과 새로운 포장 타입을 개발해 나갈 것이라고 함
  - 저·무알코올 맥주는 2017년까지 두드러진 성장을 이룰 것으로 기대됨. 건강에 대한 인식 개선과 고수익을 추구하는 제조업체의 상호 이해관계가 맞물리면서 발전할 것으로 기대됨

··· **2012~2017년간 맥주 종류별 성장률 예측** (단위: %)

종류	2016년/2017년	2012~2017년 연평균성장률	2012년/2017년
흑맥주	8.1	15.4	104.3
바이스비어/바이젠/웨이트비어	8.1	15.4	104.3
라거	−0.1	0.6	2.8
프리미엄 라거	1.0	0.8	3.8
스탠더드 라거	−1.0	−0.2	−0.9
국산 스탠더드 라거	−1.0	−0.2	−0.9
수입 스탠더드 라거	−	−	−
이코노미 라거	1.7	3.6	19.1
국산 리코노미 라거	1.7	3.6	19.1
수입 리코노미 라거	−	−	−
국산 스탠더드 라거	−1.0	−0.2	−0.9
수입 스탠더드 라거	−	−	−
저/무알코올 맥주	4.6	4.7	26.0
스타우트	3.4	3.7	20.0
맥주	0.0	0.8	3.9

자료 : Euromonitor International from trade associations, trade press, company research, trade interviews, trade source

● **점점 더 치열해지는 맥주 브랜드 간 경쟁**

- 2012년 출시된 Redd 브랜드는 새로운 맛으로 소비자에 다가가 좋은 반응을 얻고 있음. Tyskie Klasyczne는 '자연스러움'을 제품 포지셔닝으로 내세움
- 높은 가격과 부자연스러운 콘셉트의 Książęce는 소비자 호응을 얻기 어려울 것
- Żywiec와 Okocim 브랜드는 소비자들 사이 높은 인지도를 바탕으로 성장 가능성을 충분히 보임. Okocim은 젊은 소비자를 타깃으로 하며 Żywiec는 개선된 제품을 선보여 강한 제품 정체성 확립을 위해 노력함
- Carlsberg Polska는 Sierpc와 Przesko 지역에 새로운 맥주공장을 설립해 연간 850만hℓ까지 생산량을 증가할 계획임
- 지역 맥주공장은 앞으로 가파른 성장세를 보일 것으로 기대됨. Sulimar, Browar Jagieffo, Browar Fortuna, Browar Perfa를 포함한 많은 지역 맥주공장의 생산성 증대 및 수익률 증가는 투자자를 끌어모을 것임

● **비용 절감을 위해 유통구조도 진화해 나갈 것**

- 유통채널 중에서는 할인점과 편의점을 통한 유통이 가장 두드러지게 증가할 것으로 전망됨
- 제조사는 비용 절감을 위해 기존 인프라를 최대한 활용해 소매 체인점과의 계약 재협상 등의 유통 변화를 추구할 것임

출처 _ WARSAW BUSINESS JOURNAL, Nielson, Euromonitor, Google, KOTRA 바르샤바 무역관 종합. 재인용

05

CHAPTER

럼 Rum[12]

1. 개요

럼은 흔히 해적의 술이라 불리는데, 이 술은 해적들이 많이 활동하던 카리브 해(Caribbean Sea)에서 생겨났기 때문이다.

카리브 해는 북아메리카와 남아메리카대륙의 중간 오른쪽에 있는 바다이다. 이 바다의 북쪽을 멕시코 만(Gulf of Mexico)이라 하고 남쪽을 카리브 해(Caribbean Sea)라고 한다. 여기에는 약 700여 개의 섬이 있는데, 예전의 카리브 해는 해적들의 주요 거점이자 활동지역이었다.

영어로는 럼(Rum), 스페인어로는 론(Ron), 불어로는 롬(Rhum)이라고 한다.

럼의 어원으로 크게 두 가지 설이 있다.

우선 서인도제도의 토착민인 푸에르토리코(Puerto Rico) 원주민들이 흥분 혹은 소동이라는 의미로 럼-불리언(Rum-bullion)이라 하였다. 또는 사탕수수(Sugarcane)를 라틴어로 사카룸(Saccharum)이라 하는데, 이 단어의 어미에서 럼이라고 하였다는 설이 있다.

럼은 17세기 증류기술을 보유한 영국인이 서인도제도의 도미니카공화국 남쪽에 있는 바베이도스(Barbados)에 정착하면서 시작되었다. 럼이 현재는 더 이상 존재하지 않는 노예제도에서 탄생했다. 흑인노예들이 사탕수수밭에서 작업한 후에 남은 찌꺼기로 알코올성 음료를 만들었는데 이것을 나중에 증류한 것이 럼이다.

럼을 세계적으로 널리 애음하게 된 것은 1930년 미국에서 칵테일이 성행하면서이다.

2. 제조

사탕수수의 즙을 농축시켜 설탕결정을 분리한 다음 나머지 액체를 당밀이라 부르는데 럼의 주원료가 이것이다. 따라서 사탕수수로 설탕을 만들 때 제당공정에서 부산물로 생기는 액으로 럼이 만들어졌다.

설탕은 사탕수수 줄기를 으깨어 즙을 만들고 농축시켜 95%의 시럽으로 추출하여 제조한다. 나머지 5%의 침전물인 당밀을 물로 묽게 한 다음 당분이 12~16% 정도 되게 하여 발효시킨다. 발효한 다음 단식 혹은 연속식 증류기로 증류시켜 만든 술로서 알코올 도수 40~75% 정도이다.

증류하여 얻은 증류주에 태운 설탕(Caramel)으로 착색된다. 셰리와인 통이나 그을린 흰 오크통에 넣어서 저장하는데 좋은 럼은 오랜 기간 저장한다.

3. 종류

럼의 종류는 알코올 도수가 아닌 맛이나 풍미와 향, 색에 따라 분류한다. 풍미가 가득한 헤비 럼과 중간의 미디엄 럼, 가벼운 풍미의 라이트 럼으로 나눈다. 혹은 색의 차이로써 다크 럼, 골드 럼, 화이트 럼으로 구분한다.

① 헤비 럼(Heavy Rum) 혹은 다크 럼(Dark Rum)

오랫동안 나무통에서 숙성시킨 짙은 색의 풍부한 향미가 있는 럼이다. 갓 증류한 럼은 흰색이다. 헤비 럼(Heavy Rum)은 당밀을 자연발효하여 단식 증류기로 증류한 후 나무통에서 최소한 3년 이상 숙성시킨다. 주산지는 자메이카, 바베이도스, 트리니다드토바코, 마르티니크 등이다.

② 미디엄 럼(Medium Rum) 혹은 골드 럼(Gold Rum)

중간 타입의 대중적인 럼으로 미디엄 럼은 다른 두 종류의 럼의 장점만을 취해 제조했다. 연속식 증류기로 증류하며 캐러멜로 착색한다. 6개월~1년간 숙성한다. 약간의 감미와 향이 있다. 주산지는 프랑스의 식민지인 마르티니크가 가장 유명하며 기타 도미니카, 가이아나 등이다.

③ 라이트 럼(Light Rum) 혹은 화이트 럼(White Rum)

연속식 증류기로 증류하여 부드럽고 가벼운 럼이다. 칵테일베이스로 가장 많이 사용된다. 이 라이트 럼은 1862년 바카디(Bacardi)사가 처음으로 생산했으며 단기간 저장하여 판매한다. 주산지는 쿠바, 푸에르토리코 등이다.

칵테일에서 럼을 사용할 때는 카리브 해에서 생산되는 럼을 사용하는 것이 일반적인데, 미국에서는 보통 흰색 럼을 칵테일에 사용한다.

대표적인 칵테일로는 다이키리(Daiquiri)와 쿠바 리브레(Cuba Libre)가 있다. 물론 갈색 럼도 사용하는데, 마이 타이(Mai Tai)가 대표적이다.

표 3 … 럼의 종류

맛에 의한 분류		색에 의한 분류	
헤비 럼	진한 갈색에 감미가 강함 (자메이카, 마르티니크 등)	Dark Rum	진한 색
미디엄 럼	연한 갈색에 감미가 약함 (도미니카 등)	Gold Rum	캐러멜 색소로 착색 앰버 럼(Amber Rum)이라고도 함
라이트 럼	부드럽고 청량음료와 칵테일베이스 사용(쿠바, 푸에르토리코 등)	White Rum	무색의 실버 럼(Silver Rum)으로 칵테일용

4. 제품

현재 많은 나라에서 럼을 생산하고 있다. 대표적인 생산지는 마르티니크, 자메이카, 푸에르토리코, 멕시코, 쿠바, 바베이도스, 브라질, 가이아나 등이다.

① 바카디(Bacardi)

쿠바의 프리미엄 럼(Rum)이다.

② 애플턴(Appleton)

자메이카산 럼이다.

③ 하바나 클럽(Havana Club)

쿠바산으로 1878년에 설립되었다.

④ 론리코(Ronrico)

푸에르토리코산으로 1860년에 설립되었다.

⑤ 마이야즈(Myers's)

자메이카산이다.

06

CHAPTER

테킬라Tequila

1. 개요

테킬라(Tequila)는 멕시코의 특산주이자 토속주이지만 불과 몇 십 년 전까지만 해도 세계에 알려지지 않은, 멕시코 국내에서만 소비되는 향토주였다. 그러나 테킬라를 베이스로 하여 쿠앵트로와 라임주스를 넣어 만드는 마르가리타(Margarita)칵테일과 더불어 1968년 멕시코올림픽이 개최되면서 전 세계적으로 널리 애음하는 계기가 되었다.

테킬라는 멕시코 할리스코(Jalisco)주 고원지대의 테킬라(Tequila)라는 마을에서 제조되며 프랑스의 코냑처럼 멕시코 정부는 이곳의 좋은 메즈칼(Mezcal)만을 '테킬라'라고 부를 수 있도록 법으로 보호하고 산지로 정했다.

따라서 테킬라(Tequila) 마을이름이 술 이름의 어원이다. 기타 지역에서 생산되는 것은 메즈칼(Mezcal)이라고 한다. 테킬라는 마게이(Maguey), 즉 영어로는 아가베(Agave)로 발효주인 풀케(Pulque)를 만들고 이를 증류한 술이다.

메즈칼과 테킬라의 일반적인 차이점은 다음과 같다.

첫째, 테킬라는 특정지역에서만 제조된다.

둘째, 메즈칼은 테킬라보다 증류 횟수가 일반적으로 적다. 보통 메즈칼은 1~2번,

테킬라는 2~3번 한다.

셋째, 테킬라는 청색 용설란을 사용하는 반면 메즈칼은 다른 용설란도 사용한다.

넷째, 메즈칼은 용설란에서 자라는 나방의 애벌레인 구사노(Gusano)가 병에 들어 있다.

좋은 테킬라는 일반적으로 청색 용설란(Agave Tequileana)을 100% 사용했는지 그리고 테킬라를 어느 정도 숙성했는지에 따라 구분한다.

2. 제조

테킬라는 다음과 같이 제조한다.

테킬라의 원료는 테킬라주에서 재배하는 용설란의 일종인 청색 용설란(Agave Tequileana)이다. 알로에와 비슷한 모양인데, 이것의 구경(알줄기)인 피냐를 원료로 사용한다. 보통 10년 내외의 것으로 무게 30~40kg, 직경 70~80cm 정도가 적당하다.

마게이(Maguey)를 원료로 하여 내부의 줄기를 빻고 솥에 넣어 쪄서 단맛의 액즙을 짜낸 뒤 발효시킨다. 그러면 풀케(Pulque)가 되는데, 풀케는 우리나라 탁주와 비슷하다. 발효 후 단식 증류기로 2~3번 증류한다.

이때 무색의 화이트 테킬라(Tequila Blanco)는 숙성시키지 않은 것, 테킬라 레포사도(Reposados)나 아녜호(añejo)는 통에 숙성시킨 것이다. 그리고 골드 테킬라는 보통 캐러멜 색소 같은 식용색소를 화이트 테킬라에 첨가하여 색이 엷은 금색이다. 무색이 아닌 금색의 테킬라는 숙성기간에 따라 레포사도와 아녜호로 구분한다.

오크통에 2개월 이상 숙성시킨 것을 테킬라 레포사도라고 한다. 오크통에 최소 1년 이상 숙성시킨 것은 테킬라 아녜호(añejo)라고 한다. 칵테일베이스로 주로 사용되는 테킬라는 숙성되지 않은 화이트 테킬라이다. 숙성시키지 않은 것, 숙성시킨 것 두 가지 모두 알코올 농도는 약 40% 내외이다.

① 미숙성

테킬라 블랑코(화이트) 혹은 실버라고 한다.

② 2개월 이상 숙성

레포사도(Reposado)라고 한다.

③ 최소 1년 이상, 보통 3년 이상 숙성

아녜호(añejo)라고 하는데 '숙성된, 1년 된, 오래된'이란 의미가 있다.

3. 마시는 법

테킬라는 소금과 레몬(라임)을 곁들여 마신다. 주로 금색의 테킬라를 이용한다. 열대지방인 멕시코는 기후가 덥고 건조하여 신맛과 염분을 보충해야 하고, 알코올의 중화 목적도 있다.

따라서 소금, 레몬(라임), 금색 테킬라가 필요하다. 마시는 방법에는 여러 가지가 있는데, 순서는 각자의 취향에 따라 다를 수 있다.

① 레몬이나 라임을 손가락 사이에 끼울 수 있는 모양으로 반달 모양으로 자른다.(2조각)

② 손등에 레몬을 바르고 소금을 묻힌다.

③ 반달 모양으로 자른 레몬이나 라임 1개를 엄지와 검지 사이에 끼운다.

첫 번째 방법(Shooter) → 소금 핥고, 테킬라 스트레이트로 마시고, 레몬조각 깨물기

두 번째 방법 → 테킬라 스트레이트로 마시고, 레몬이나 라임 즙을 짜서 먹고 손등의 소금 먹음

세 번째 방법(Body Shot) → 연인 사이에 마시는 법

네 번째 방법 → 잔에 레몬을 바르고 소금을 묻혀 스트레이트로 마심

4. 제품

좋은 품질의 테킬라는 숙성기간이 길고 보통 100% 청색 용설란(Agave Tequileana)을 사용한다.

① 호세 쿠에르보(Jose Cuervo)

1795년에 설립되었는데, 사우자와 더불어 양대 메이커이다.

호세 쿠에르보 블랑코(Jose Cuervo Blanco)와 쿠에르보 에스페시알 골드(Cuervo Especial Gold)는 푸른 용설란 51%와 기타 용설란 49%로 만들어진다.

골드는 캐러멜 등의 첨가물에 의해 밝은 황금색이다.

레세르바 안티구아 1800 아녜호(Reserva Antigua 1800 Añejo)는 푸른 용설란 100%로 제조된다.

② 사우자(Sauza)

돈 세노비오 사우자에 의해 1873년에 설립되었다. 쿠에르보와 더불어 양대 메이커이다.

③ 페페 로페즈(Pepe Lopez)

1857년에 설립된 유서 깊은 회사이다.

07
CHAPTER

아쿠아비트Aquavit [13]

1. 개요

아쿠아비트는 증류주로서 오늘날에는 주로 감자를 원료로 하여 제조되는 술이다.

라틴어에서 유래되었는데, 물이라는 아쿠아와 생명이라는 비테(Aqua Vitae)라고 하여 생명의 물이라는 의미이다. 주로 북유럽의 스칸디나비아국가인 노르웨이, 스웨덴, 덴마크와 독일 등지에서 생산된다.

덴마크에서는 Akvavit, 독일과 노르웨이에서는 Aquavit라고 표기한다. 색은 일반적으로 무색투명하지만 연한 노란색도 있다. 아쿠아비트는 처음에는 곡물로 만들었고 15세기에는 의약품으로 사용되기도 했다. 18세기에 감자가 유럽에 유입되면서 감자로 대체하여 제조되었다.

제조방법은 다음과 같다.

첫째, 감자를 익힌 뒤 으깨어 맥아와 함께 당화와 발효를 한다.

둘째, 연속식 증류에 의해 95%의 알코올을 추출한다.

셋째, 물로 희석하여 회향풀인 캐러웨이(Caraway) 씨나 아니스(Anise), 오렌지(Orange) 껍질 등의 향료를 첨가하여 착향하여 만든다.

마시는 방법은 술과 잔에 서리가 낄 정도로 냉동고에 보관했다가 꺼내서 마시는

데, 독일 사람들은 맥주와 함께 마신다.

2. 제품

① 덴마크

다른 국가에 비해 비교적 라이트한 맛을 지닌다. 스키퍼(Skipper), 올보(Aalborg)

② 노르웨이

다른 국가에 비해 비교적 헤비(Heavy)한 타입이다. 리니에 아쿠아비트(Linie Aquavit), O.P 안데르손(O.P Anderson)

③ 스웨덴

노르웨이와 덴마크의 중간 타입의 맛을 지닌다. 스바르트 빈바르스(Svart-Vinbars), 스카네(Skane)

④ 독일

덴마크 타입의 아쿠아비트이다. 말테저크로이츠 아쿠아비트(Malteserkreuz Aquavit), 킬러 슈프로테(Kieler Sprotte), 봄머룬더(Bommerlunder)

08
CHAPTER

브랜디 Brandy

1. 개요

브랜디(Brandy)의 어원은 네덜란드어의 브란데 빈(Brande wijn)에서 유래되었는데 '구운 혹은 태운 와인'이라는 의미이다.

브랜디는 브랜디 와인(Brandy Wine)에서 왔으며 영어로는 번트 와인(Burnt Wine), 독일어로는 브란트 바인(Brannt Wein)이라고 한다. 이것이 영국에서 브랜디(Brandy)로 불리게 되었다.

브랜디를 프랑스에서는 오드비(Eau-de-Vie)라고 한다.

브랜디는 과실이나 포도를 증류하여 오크통에 오랜 시간 동안 숙성시켜 만든 술이다.

일반적으로 좁은 의미의 브랜디(Brandy)는 포도로 와인을 만들고 이를 증류하여 만든 술을 칭한다. 물론 다른 과일로 제조되는 브랜디도 있다. 대표적으로 사과로 만든 칼바도스(Calvados)가 있다. 따라서 넓은 의미의 브랜디는 모든 과일로 제조되는 술을 의미한다.

예전에는 포도가 주원료인 브랜디를 제조하였지만, 오늘날에는 포도 외의 다른 과일을 원료로 하여 제조한 증류주가 많으므로 이를 통칭하여 사용된다. 포도 이외의 것으로 만든 브랜디는 보통 브랜디 앞에 해당 과일이름이 붙기도 하고 전혀 다른 이름으로 불리기도 한다.

사과, 자두, 딸기 등으로 만든 대표적인 브랜디는 다음과 같다.

첫째, 사과를 사용한 브랜디인 칼바도스와 미국산 사과 브랜디인 애플 잭(Apple Jack)

둘째, 버찌(Cherry)로 만든 독일의 키르슈바서(Kirsch Wasser)

셋째, 플럼(서양자두)으로 만든 알자스의 미라벨(Mirabelle)과 퀘취(Quetsch), 유고의 슬리보비츠(Slibowitz)

넷째, 딸기로 만든 독일의 힘베에어가이스트(Himbeergeist), 알자스의 프랑부아즈(Framboise)

다섯째, 포도 찌꺼기로 만든 이탈리아 그라파(Grappa)와 프랑스의 오드비 드 마르(Eau-de-Vie de Marc)

일반적으로 그라파는 숙성하지 않아 무색투명하고, 마르는 숙성하여 코냑처럼 호박색이다.

표 4 ··· 브랜디의 종류

원료	종류
포도	코냑(Cognac), 아르마냑(Armagnac), 일반 브랜디
포도 찌꺼기	그라파(Grappa), 오드비 드 마르(Eau-de-Vie de Marc)
사과	칼바도스(Calvados), 애플 잭(Apple Jack)
체리	체리 브랜디(Cherry Brandy), 키르슈바서(Kirsch Wasser)
살구	살구 브랜디(Apricot Brandy)
자두	미라벨(Mirabelle), 퀘취(Quetsch), 즈베츠겐바서(Zwetschgen Wasser/Zwetschgen Brand/Zwetschgen Schnaps), 슬리보비츠(Slibowitz)
딸기	힘베에어가이스트(Himbeergeist), 프랑부아즈(Framboise)

브랜디의 유래는 프랑스의 아르마냑 혹은 코냑 지방으로 알려져 있다.

16세기 구교와 신교의 전쟁인 위그노전쟁과 종교개혁으로 인해 황폐해져 와인의 품질이 떨어지자 네덜란드 상인들이 와인의 증류를 권유했다는 설과 수송편의를 위해 네덜란드 선장에 의해 탄생하였다는 설이 있다.

대표적으로 도빌 나폴레옹(Dorville Napoleon) 등이 있다.

브랜디는 와인을 생산하는 국가에서는 대부분 제조된다. 따라서 와인 생산국으로 잘 알려지지 않은 중국에서도 현재 제조된다.

독일에서는 브랜디를 바인 브란트(Wein Brand)라고 하는데, 독일 소주와 더불어 사람들이 즐겨 마시는 술 중 하나이다. 독일산 와인은 증류주로 만들기에는 적합지 않아 보통 프랑스나 이탈리아산 와인용 포도를 사용하여 만든다.

바인 브란트의 법적 규정은 다음과 같다.

첫째, 브랜디는 와인증류로 제조된다.

둘째, 포도는 허가된 종류만 사용한다.

셋째, 증류된 것은 최대 1,000ℓ 크기의 참나무통에 최소 6개월간 숙성시킨다.

넷째, 공기관의 검사번호가 있어야 한다.

다섯째, 최소 38%의 알코올을 함유한다.

이런 조건이 충족되지 않은 바인 브란트는 와인으로 만든 증류주(Brantwein aus Wein)로 불린다.

2. 제조

브랜디(코냑)는 화이트와인을 증류하여 만드는데 첫 증류로 약 30% 내외의 알코올을 함유하고 두 번째 증류로 약 70%의 알코올을 함유한다. 이 코냑을 저장

하고 숙성기간이 다른 브랜디를 혼합한 다음 숙성 후에 병입한다.

프랑스 브랜디의 제조과정은 다음과 같다.

첫째, 위니 블랑(Ugni Blanc), 콜롬바드(Colombard), 폴 블랑슈(Folle Blanche), 쥐라송 블랑(Jurancon Blanc) 등의 포도품종으로 화이트와인 제조

둘째, 단식 증류기(Pot Still)를 이용하여 2~3번 증류

셋째, 오크통에서 최소 2년간 숙성

넷째, 여러 브랜디를 블렌딩

다섯째, 숙성 후 병입

그림 2 … 브랜디의 제조과정

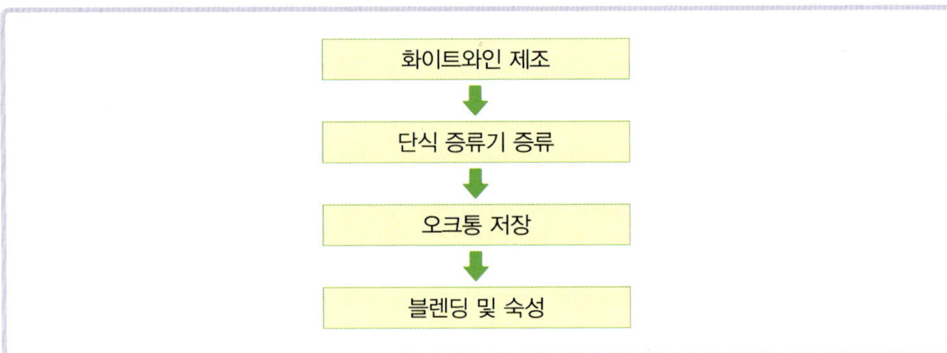

3. 등급

코냑의 제조연도는 존재하지 않는다. 다만 숙성연도나 또는 블렌딩에 따라 품질이 구분되는데, 오래 숙성될수록, 블렌딩 비율이 높을수록 좋은 품질이다.

현재 코냑에 사용하는 별 표기는 1865년 헤네시(Hennessy)가 등급별로 품질을 보증하기 위해 별로 표시하였다. 표기의 의미는 제조회사마다 차이가 있다. 이는 회사 자체에서 정한 숙성기간이 있는데 보통은 더 오래 숙성된다.

브랜디 라벨에 있는 문자의 의미는 다음과 같다.

첫째, V(Very)

둘째, S(Superior)

셋째, O(Old)

넷째, P(Pale)

Pale의 의미는 캐러멜 등 다른 부가적인 재료는 사용하지 않았다는 의미이다.

다섯째, O(Old)

그러나 회사마다 표기방법이나 의미가 다른 경우가 있다. 대표적으로 마텔의 메다이옹(Medaillon)은 V.S.O.P의 의미이다.

보통 2년 이상 숙성한 V.S(Very Superior/Very Special), 4년 이상 숙성한 V.S.O.P(Very Superior Old Pale)나 리저브(Reserve), 6년 이상 숙성한 X.O(Extra Old) 등이 있다. 매우 좋은 품질의 코냑은 50년 이상 숙성된 것도 있는데, Extra라는 표시가 된 코냑은 50년 혹은 그 이상 된 것도 있다.

좋은 와인은 오래 저장하면 품질이 상승하지만 코냑은 다르다. 왜냐하면 코냑은 병 속에서는 더 이상 숙성되지 않기 때문이다. 아래의 표기는 최소 숙성기간을 의미한다.

표 5 … 등급 표기(헤네시)

Very Old(V.O)	15년
Very Superior Old(V.S.O)	15~25년
Very Superior Old Pale(V.S.O.P)	25~30년
Extra Old(X.O)	45년 이상
Extra	70년 이상

4. 마시는 법

코냑은 보통 식후에 스트레이트로 마신다. 잔의 입구는 좁고 허리는 볼록하며 잔의 다리는 짧다. 보통 차지 않게 하여 마시는데 17~20도 정도에서 마신다. 술은 잔에 조금만 따른다. 이유는 향을 피워 향을 즐기면서 마시기 위함이다.

첫째, 잔에 조금 따르고 잔을 들어 색을 본다.

둘째, 코로 음미

좋은 향이 날아가 버리기 전에 코로써 코냑을 음미한다.

셋째, 술을 데운다.

한 손 혹은 두 손으로 잔의 다리에 손가락을 넣어 감싸고 술을 데운다.

넷째, 술잔을 흔들어 향을 피게 한 뒤 한 모금 마신다.

5. 생산지

(1) 코냑(Cognac)

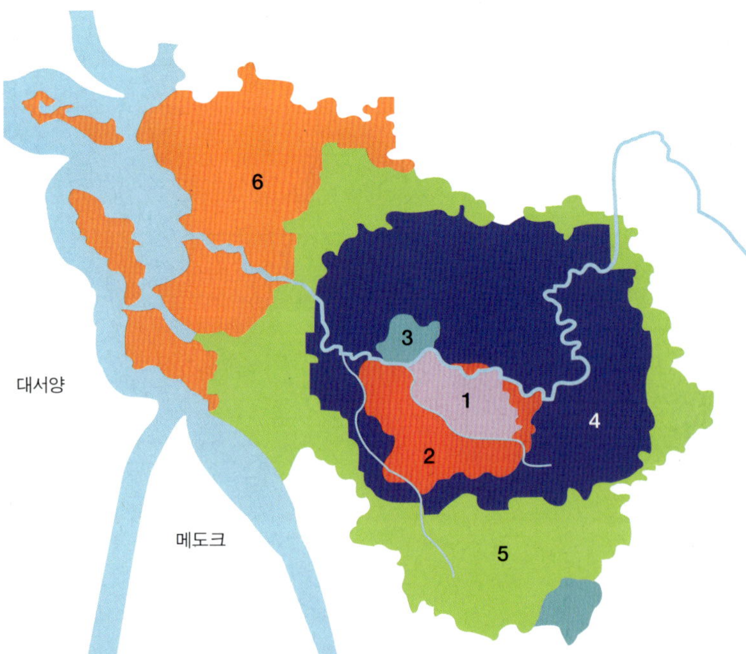

1. 그랑드 샹파뉴(Grande Champagne)
2. 프티트 샹파뉴(Petite Champagne)
3. 보르더리(Borderies)
4. 팽 부아(Fins Bois)
5. 봉 부아(Bons Bois)
6. 부아 오르디네르(Bois Ordinaires)

*번호는 토양이 우수한 순서

① 개요

코냑(Cognac)은 프랑스 남서부 보르도의 북쪽 샤랑트(Charente) 지역에서 생산된다. 이 지역에서 가장 유명한 곳이 바로 코냑시이다. 바로 이 지역에서 생산되는 브랜디에만 코냑이라는 이름을 사용한다. 샹파뉴만이 샴페인을 사용하는 것과 같은 형태이다.

코냑의 명칭은 1919년 원산지통제명칭법에 따라 코냑 지방에서 생산된 브랜디만을 코냑이라 한다. 코냑의 정식이름은 오드비 드 뱅 드 코냑(Eau-de-Vie de Vin de Cognac) 또는 오드비 데 샤랑트(Eau-de-Vie des Charentes)이다.

코냑 지역에서 생산되는 포도는 산도가 높아 와인을 만들면 신맛이 강한 하급 화이트와인이 된다. 17세기 이 지역의 와인은 위니 블랑(Ugni Blanc)이라는 화이트와인 포도품종으로 만든 다소 거친 화이트와인이었다. 하지만 이 화이트와인을 증류하면 독특하고 미묘한 향기를 풍기는 고급 브랜디인 코냑이 되었다.

아르마냑이 다소 거친 남성적인 풍미를 지닌다면 코냑은 다소 부드럽다고 할 수 있다.

증류는 아라니빅이라는 단식 증류기로 하는데 우선 2번 증류 후 한번 더 실시하여 3회 증류한다. 증류는 포도수확 다음 해 3월에 마치고, 4월에는 숙성이 이루어진다.

표 6 … 코냑 생산지역

지역	특징
그랑드 샹파뉴 (Grande Champagne)	코냑시 남동쪽 위치. 최고급 품질 생산. 맛은 강렬하고 묵직함
프티트 샹파뉴 (Petite Champagne)	코냑시 서쪽 위치. 은은하고 가벼운 맛. 좋은 품질을 생산함
보르더리(Borderies)	코냑시 남쪽, 그랑드 샹파뉴 아래 위치. 빨리 숙성되는 제품
팽 부아(Fins Bois)	코냑시 북쪽과 남쪽에 위치. 전체 코냑 생산 40% 차지. 품질은 그랑드 샹파뉴보다 낮음
봉 부아(Bons Bois)	코냑시 외곽을 감싸고 있음. 위 4개 지역을 감싸고 있음. 블렌딩용
부아 오르디네르 (Bois Ordinaires)	코냑시 서쪽 대서양 연안. 가장 일반적인 품질. 내수용 수준. 숙성기간 상대적으로 짧음

생산지역은 가장 품질이 우수한 그랑드 샹파뉴를 비롯하여 프티트 샹파뉴, 보르더리, 팽 부아, 봉 부아, 부아 오르디네르가 있다. 이 지역의 브랜디인 코냑이 좋은 품질을 가지는 것은 여러 조건 중에서 특히 토양을 꼽을 수 있다.

코냑의 토양은 거친 흰색의 흙인 백악질 토양으로 빛의 반사가 좋고, 풍부한 미네랄을 지니며 배수 또한 좋다. 기타 오크통 최대 생산지인 리무쟁(Limousin)과 트롱쉐(Troncais)가 근처에 있다는 점이다.

② 제품

아르마냑 지역은 가족중심의 경영을 하는 소규모 양조장이 많지만, 코냑은 대규모의 회사중심으로 제조된다.

세계적인 코냑은 헤네시(Hennessy), 마르텔(Martell), 레미 마르탱(Remy Martin), 카뮈(Camus), 쿠르부아지에(Courvoisier)가 유명하다.

가. 헤네시(Hennessy)

회사 이름과 동일한 헤네시는 1765년 아일랜드 출신 리차드 헤네시가 설립하였다. 현재는 대기업 루이비통 모에 헤네시 그룹(LVMH) 소속이다. 그는 루이 14세 근위대로 코냑 지방에 주둔하면서 지방주였던 코냑의 전망이 밝다고 판단하여 회사를 설립하였다. 이 회사는 코냑 숙성명칭을 처음 병에 표기하였다.

헤네시는 주질이 묵직하고 중후하며 원주 보유량도 많다. 세계시장에서 점유율이 가장 높은 회사이다.

나. 마르텔(Martell)

1715년 장 마르텔이 설립한 회사로 프랑스 내에서 많이 소비되는 코냑을 생산한다. 창업자의 가문에 의해 270년간 운영되다가 시그램사로 편입되었다. 마크는 황금제비이다.

다. 레미 마르탱(Remy Martin)

1724년도에 창립된 유서 깊은 회사이다. 그랑드 샹파뉴 지역과 프티트 샹파뉴 지역에서 생산되는 술을 사용하는데, 코냑 지방의 최상급지역인 그랑드 샹파뉴와 프티트 샹파뉴 지역의 최상급 포도만을 엄선하여 제조된다.

그랑드 샹파뉴의 브랜디가 50% 이상 사용된 고급브랜디를 핀 샹파뉴(Fine Champagne)라고 하는데, 레미 마르탱은 핀 샹파뉴 코냑이다.

유명제품으로는 최고가품인 루이 13세가 있다.

라. 쿠르부아지에(Courvoisier)

파리의 와인상인인 쿠르부아지에가 1790년에 설립한 회사이다. 1964년 캐나다 주류기업인 하이럼워커사의 일원이 되었다.

세계의 대표적인 코냑으로 나폴레옹 3세 때에는 황실납품업체로 지정되었는데, 마크는 나폴레옹 입상이다.

마. 카뮈(Camus)

카뮈가 주도하여 1863년에 결성한 협동조합에서 출발한 회사이다. 현재의 상표는 카뮈의 손자인 미셀 카뮈가 1934년 사장으로 취임하면서 카뮈라고 하였다. 카뮈 나폴레옹이라는 고급 코냑을 1969년 나폴레옹 탄생 200주년에 판매하면서 세계적으로 유명해졌다. 맛이 묵직하다.

바. 비스키(Bisquit)

소금상인인 알렉상드르 비스키가 샤르나크가 20세인 1819년에 설립한 회사이다. 1969년 리카르사에 편입되었다.

사. 샤토 폴레(Chateau Paulet)

코냑 지방의 샤토 폴레에서 1848년에 시작되었다. 프랑스 대통령관저인 엘리제

궁에서 여러 해 동안 사용되었다.

아. 크르와제(Croizet)

이 회사는 1805년에 설립되었는데, 코냑 지방의 그랑드 샹파뉴 지구에 있다.

(2) 아르마냑(Armagnac)

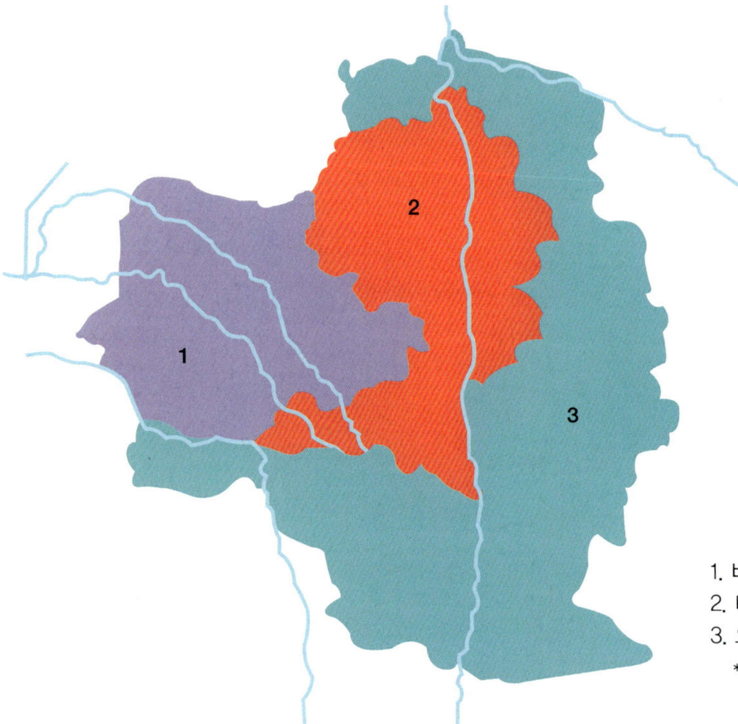

1. 바 아르마냑(Bas-Armagnac)
2. 테나레즈(Ténarèze)
3. 오 아르마냑(Haut Armagnac)

*번호는 토양이 우수한 순서

① 개요

아르마냑 지역은 프랑스 남서부에 위치해 있으며 보르도 남쪽 피레네(Pyrnes) 산맥에 인접해 있다. 이 지역은 구릉지대에 모래토질인데 여기서 생산되는 브랜디를 아르마냑이라고 한다.

보르도를 중심으로 북쪽은 코냑, 남쪽은 아르마냑이다. 이 지역에서 와인이 생산되기 시작한 것은 이미 로마인들에 의해서였다고 알려져 있다. 이 지역의 와인 역시 코냑처럼 신맛이 강하다. 그리고 알코올 함량이 적다. 하지만 증류하면 좋은 브랜디로 탄생한다.

주요 포도품종은 위니 블랑(Ugni Blanc), 바코 블랑(Baco Blanc) 등이다.

아르마냑의 증류기술은 무어인을 통해, 나무통 제조기술은 켈트족에서 전수되었다고 한다. 포도는 일찍 수확하여 덜 익은 상태이고 이를 와인으로 만들면 늦어도 다음해 4월 30일까지 증류를 한다. 증류는 보통 반연속식 증류기를 사용하여 한번 한다. 하지만 단식 증류기와 병용하는 곳도 있다.

아르마냑의 특징을 살펴보면 다음과 같다.

첫째, 맛이다. 코냑과 비교하면 더 드라이하고, 신선하지만 강한 향이 나며 알코올 도수는 낮다. 따라서 코냑에 비해 남성적인 풍미를 지닌다.

둘째, 품질 표시이다. 코냑과 같은 방식으로 한다.

셋째, 숙성이다. 코냑과 비교하여 숙성이 매우 빠르다. 25년 묵은 아르마냑은 코냑의 최고급품과 맞먹는다.

넷째, 색이다. 아르마냑 8년산과 코냑 20년산의 색이 같다. 흑색의 나무통(Black Limousin Oak)을 사용한다.

다섯째, 증류이다. 아르마냑은 반연속식 증류기로 1회 증류한다. 단식 증류기와 병용하는 곳도 있다.

② 생산지역

아르마냑의 생산량은 코냑의 20% 정도이다. 아르마냑은 이 지역의 법정지역 3곳에서 제조된다. 서쪽은 바 아르마냑(Bas-Armagnac), 중간은 테나레즈(Ténarèze), 동쪽은 오 아르마냑(Haut Armagnac)이다.

가장 유명한 생산지는 서쪽인 에오즈(Eauze)를 중심으로 한 바 아르마냑으로 품질이 좋다.

보르도 메도크 지역처럼 해발이 낮은 지대인 바 아르마냑, 해발이 높은 지대인 오 아르마냑으로 구분한다. 숙성기간은 콩트로 표기하는데 1콩트는 약 1년이다.

구분은 아래와 같다.

표 7 … 숙성 구분

별 셋	2년
V.S.O.P	5년
X.O, Napoleon	6년
Hors d'Age(오 다주)	10년
빈티지 아르마냑	10년

③ 제품

규모가 큰 회사로 이루어진 코냑과 달리 아르마냑의 회사는 가족중심의 규모가 작은 양조장이 많다.

가. 샤보(Chabot)

아르마냑 중 가장 잘 알려진 제품이다. 이 회사는 해군제독인 샤보에 의해 창립되었다. 현재는 코냑 회사인 카뮈그룹의 일원이다.

나. 자뉴(Janneau)

테나레즈 지역의 콘돔(Condom)에서 1851년에 설립된 회사이다. 이 회사의 증류는 아르마냑식 반연속식 증류기와 코냑식 단식 증류기를 병행하고 있다.

다. 샤토 드 로바드(Chateau de Laubade)

바 아르마냑에 포도밭이 있으며 100% 본인농장에서 생산된 포도로 만든다. 품종은 위니 블랑, 바코 등이다. 맛은 중후하다. 상표에 바 아르마냑(Bas-Armagnac)이라고 표기되어 있다.

라. 몽주르(Montrouge)

바 아르마냑 지역의 포도재배업자들이 만든 협동조합법인이다.

마. 마르키 드 몽테스큐(Marquis de Montesquiou)

몽테스큐 후작이라는 의미로 알렉상드르 뒤마의 소설 『삼총사』의 달타냥은 17세기 실재인물로 이 지역 출신이다. 그의 직계 자손인 몽테스큐 후작 집안이 직접 관리하여 만든 브랜디가 마르키 드 몽테스큐이다.

바. 칼바도스(Calvados)

16세기 중반 처음 등장한 칼바도스는 사과주인 시드르(Cidre)를 발효 · 증류하여 만든 사과 브랜디로 예전에는 프랑스 서민의 술로써 널리 애음되었다.

칼바도스가 세계적으로 유명해진 것은 독일 출신의 유명작가인 에리히 마리아 레마르크(Erich Maria Remarque, 1898~1970)가 1946년에 발표한 반전소설 『개선문』에 이 술이 등장하면서부터이다.

코냑과 마찬가지로 칼바도스도 원산지 품질통제에 따라 특정지역에서만 생산되는데, 생산지역은 노르망디 지방의 칼바도스 지역으로 중심지는 페이 도주(Pays d'Auge)이다. 유명 품질이 생산되는 곳은 발레 도주(Vallee d'Auge)이다.

다른 지역의 사과주로 만든 술은 오드비 드 시드르(Eau-de-Vie Cidre)라 하고, 미국에서 제조된 것은 애플 잭(Apple Jack)이라 한다.

칼바도스는 알코올이 최소 40% 정도로 색은 호박(Bernstein)색이며 상당히 드라이한 맛이 난다. 오래될수록 맛이 부드럽고 사과향이 두드러진다. 칼바도스는 후식주로서 식사 후 마시기에 알맞은 술이다. 음용온도는 보통 실내온도이다.

코냑 잔과 유사한 잔을 사용하며 제조방법은 다음과 같다.

첫째, 먼저 사과주를 만들어 증류한다.

둘째, 증류는 제조회사에 따라 단식 증류기, 연속식 증류기, 반연속식의 증류 등 다양하게 증류된다. 증류는 보통 2번 한다.

셋째, 증류를 마치면 숙성을 하는데 짧게는 1년, 보통 2~25년 정도 오크통에서 숙성시킨다.

AOC 칼바도스 페이 도주는 페이 도주(Pays d'Auge) 지역에서 단식 증류기로 2회 증류하여 제조된 최상급제품이다. AOC 칼바도스 돔프롱테는 돔프롱테(Domfrontais) 지역에서 배즙을 30% 이상 넣어 제조된다. AOC 칼바도스는 위 두 지역 이외의 칼바도스와 망슈(Manche) · 외르(Eure) · 마옌(Mayenne) 등지에서 제조된 제품이다.

칼바도스의 등급은 숙성 정도에 따라 다르다.

최소 2년: 핀(Fine), 별 셋(Troisé toiles), 사과 셋(Trois pommes)

최소 3년: 비에유(Vieux), 레세르브(Reserve)

최소 4년: 베리 올드(VO: Very Old), 비에유 레세르브(Vieille Reserve)

최소 5년: V.S.O.P

최소 6년: 엑스트라(Extra), X.O, 나폴레옹(Napoléon), 오르 다주(Hors d'Age)

④ 가이스트(Geist)와 바서(Wasser)

사과와 포도로 만든 브랜디 이외에 과일 브랜디가 있다. 과일을 주원료로 하여 증류한 브랜디로서, 독일에서는 가이스트(Geist)와 바서(Wasser)로 구분하는데 생산방법이 다르다. 바서는 원료를 으깨어 과즙을 발효 · 증류한 것이고, 가이스트는 원료를 으깬 후 알코올에 담가 증류한 술인데 살구나 딸기류가 있다.

가. 가이스트(Geist)

과실류를 알코올에 담가 증류한 것을 말한다. 여기에 사용되는 과일들은 당분이 적어 알코올을 첨가해야 한다. 증류 후 최소한 40%의 알코올 농도를 유지한다. 보통 우리나라 산딸기 같은 나무딸기류인데, 독일 슈바르츠벨더 힘베에어가이스트(Schwarzwälder Himbeergeist)가 유명하다.

나. 바서(Wasser)

과실류를 발효시킨 후 증류한 것을 뜻한다. 과일바서(Obstwasser)는 체리, 노란 자두(Mirabelle), 자두, 즈베츠겐(Zwetschgen), 배 등의 과일을 증류하여 만든다. 이러한 과일들은 당도가 높기 때문에 발효과정에서 이미 충분히 알코올을 함유하게 되는데, 증류 후 보통 38% 정도이다.

유명한 과일 브랜디는 알자스(Alsace) 지방과 독일 슈바르츠발트(Schwarzwald), 스위스에서 주로 생산된다. 동유럽의 자두브랜디인 슬리보비츠(Slibowitz) 등도 여기에 속한다.

⑤ 그라파(Grappa)

이탈리아의 대표적인 브랜디로서 식후주이다. 다른 브랜디와 달리 주로 숙성하지 않아서 무색이다.

제조법은 포도를 압착하고 난 후에 남은 포도 찌꺼기를 이용하여 증류한 술이다. 즉 와인 제조 시에 포도를 압착하여 짠 뒤 남은 찌꺼기를 버리지 않고 재발효시킨 후에 증류하여 만든다. 최소 알코올 농도는 37.5%이고 70%까지 있다.

⑥ 마르(Marc)

이탈리아에 그라파가 있다면 프랑스에는 마르(Marc)가 있다. 정식 명칭은 오드비 드 마르(Eau-de-Vie de Marc)라고 하는데 의미 그대로 포도 찌꺼기로 제조한 브랜디이다. 생산지역으로는 부르고뉴, 샹파뉴, 알자스가 대표적이다.

폭탄주의 유래와 종류 및 폐해 또는 폭탄주에 대하여

1. 폭탄주의 유래

폭탄주는 1970년대 미국의 항구 노동자들 사이에서 성행한 음주문화로 돈이 없어 술을 많이 마실 수 없는 노동자들이 빨리 취하기 위해 싸구려 위스키와 맥주를 혼합해 마신 것에서 유래되었다. 물론 유사한 일은 영국 등지에도 있다.

2. 폭탄주의 종류

① 원자 폭탄주

맥주컵(맥주)+양주잔(양주)/ 맥주컵에 양주잔을 넣어 마시는 초기 버전

② 수소폭탄주

약간 강도를 높인 폭탄주/ 위의 비율(맥주와 양주)을 바꾼다.

③ 중성자탄

250cc 맥주잔에 양주를 넣고 양주잔에 맥주를 넣어 마신다. 매우 센 술이다.

④ 충성주/일명 마빡주

맥주잔에 젓가락 두 개를 걸치고 그 위에 양주잔을 놓는다. 테이블에 머리를 박으며 '충성…'을 외친다. 그때 맥주잔에 양주잔이 떨어져 들어간다.

⑤ 회오리주

맥주잔에 양주잔을 넣고 휴지로 컵 윗부분을 막은 후 흔들어서 마신다.

⑥ 골프주

일반적인 폭탄주를 만든 후 마신다. 목젖이 움직이는 횟수를 골프의 타수로 하는데 일반적으로 3번 이내로 꿀꺽거리면 홀인원, 그 다음부터는 한 타, 두 타, 세 타 … 그래서 한 타당 일정액 내기

⑦ **타이타닉주**

맥주에 소주를 띄운 폭탄주

⑧ **뽕가리주(금테주)**

이온음료에 양주를 섞은 폭탄주

⑨ **쌍끌이주**

두 잔의 폭탄주를 연달아 마시는 폭탄주

⑩ **흡혈기주**

포도주에 위스키를 섞은 폭탄주

⑪ **황제주**

드링크에 위스키를 섞은 폭탄주

3. 폭탄주의 폐해

폭탄주는 짧은 시간에 많은 양의 술을 마시는 것이어서 뇌, 심장, 신경 등의 조직이 망가지고 대뇌 전두엽(뇌 앞부분)의 기능마비가 쉽게 올 수 있다는 것이 신경정신과 의사들의 설명이다.

출처 _ 진로 발렌타인스

09

CHAPTER

리큐르/혼성주Liqueur[14]

제1절 리큐르의 이해

1. 리큐르의 정의

프랑스에서는 리큐르(Liqueur)라 하고, 독일에서는 리쾨르(Likör), 우리나라에서는 혼성주라는 의미이다. 영국이나 미국에서는 코디얼(Cordial)이라고도 한다.

어원은 라틴어 녹는다는 뜻의 리퀘파세레(Liquefacere)이다. 본서에서는 용어를 혼용하여 사용하겠다.

리큐르(Liqueur=Compounded Liquor)란 주로 증류주를 베이스로 하여 꽃, 식물, 과일, 식물의 뿌리, 씨, 열매 등의 천연 향료를 넣은 후 다시 감미료, 착색료 등을 첨가하여 만든 술이다.

리큐어는 향미성분과 당, 색을 술에 첨가하여 색다른 맛과 향을 부가한 술이다.

과일이나 곡류를 발효하여 증류한 주정에 꿀이나 설탕을 이용하여 단맛을 내고 과일, 식물이나 껍질, 약초, 씨, 뿌리 등을 넣어 색과 향을 더한 술이다.

프랑스의 경우 리큐르(Liqueur)는 알코올 15% 이상, 당분 20% 이상이고 향신료를 넣은 술을 의미한다. 미국의 경우 리큐르(Liqueur)를 스피릿(Spirit)에 당분 2.5% 이상이고 과실, 약초, 즙 등을 넣은 술을 의미한다. 그래서 리큐르는 혼성주라고 불린다.

리큐르는 칵테일에 사용되거나 스트레이트 혹은 얼음을 넣어 마신다. 리큐르는 칵테일의 다양화에 많은 기여를 하였으며 칵테일에는 다양한 리큐르가 사용된다.

2. 혼성주의 유래

고대 그리스 의학의 아버지라 불리는 의사인 히포크라테스가 와인에 약초를 녹여서 만든 물약이 리큐르의 기원이라 전해지고 있다. 이후 여러 나라에서 건강유지를 위하여 약효성분을 지닌 다양한 식물이나 열매를 원료로 한 술이 제조되었다.

지금과 같이 증류주를 기본으로 한 리큐르는 13세기 스페인 출신의 의사이자 연금술사인 아르노 드 비르누브(Arnaude de Villeneuve)가 프랑스 남부 지중해 연안의 몽펠리에에서 꽃이나 오렌지, 레몬 등에서 향료성분을 추출하여 만들었다고 전해진다.

13세기 이탈리아에서도 만들어졌고, 16세기 이탈리아 피렌체 메디치가에서 프랑스 앙리 2세에게 시집올 때 따라온 요리사에 의해 전해졌다고 한다. 중세시대에는 수도원의 수도사에 의해 주로 약용 목적으로 특색 있고 다양한 종류의 리큐르가 제조되었다. 18세기 이후 유럽의 식생활이 미식학으로 발전되면서 사람들이 마시기 부드럽고 좋은 향이 있는 리큐르를 식후주로 즐기게 되었다.

제2절 제조법

제조방법에는 증류법과 에센스법, 침출법이 있다. 그러나 보통 리큐르 제조 시에는 두 가지 이상의 방법을 사용한다. 제조방법은 다음과 같다.

① 증류법(Distillation)

식물의 껍질, 잎, 씨, 뿌리 등을 일정기간 동안 주정에 담근 다음 침출액이나 배합물질을 우려내어 고형물과 함께 증류한다. 여기에 방향제나 설탕, 시럽 등을 첨가하여 색과 맛을 더하여 만드는 방법이다.

② 에센스법(Essence)

주정(Spirit)에 향료를 배합하고 여과한 다음 당분을 넣어 만든다. 저렴한 가격인데, 독일에서 많이 이용한다.

③ 침출법(Infusion or Maceration)

일명 열을 가하지 않는다 하여 콜드법(Cold Method)이라고도 한다. 이는 증류하면 변하기 쉬운 약초나 향료 그리고 과일 등을 주정에 침지시켜 향미와 성분을 용해하여 추출하기 때문이다.

④ 여과법(Filtration)

침출법의 일종으로 증류주를 가열하여 증기가 향료나 재료를 접하거나 증류주가 통과하면서 향과 맛을 부가하고 여기에 당분을 넣어 다시 여과해서 만드는 방법이다. 오늘날에는 사용하지 않는다.

그림 3 … 제조방법

과일 리큐르
과일 선택
열매꼭지 제거
씨 제거
과즙 추출
맛의 생성
여 과
제조방법에 따른 아로마 투입
단맛 삽입
여 과
저 장
판 매
식물로 만든 리큐르
식물의 선택
각 식물의 특성에 따른 건조
아로마 추출
증 류
각 제조법에 따라 아로마 첨가
단맛 삽입
여 과
저 장
판 매

제3절 리큐르의 종류

1. 등급

프랑스에서는 리큐르를 알코올 도수와 당분함량에 따라 다음과 같이 구분한다.[15]

첫째, Sur Fines(쉬르 핀)은 극최상품으로 알코올 40~50%, 당분 40%이다.

둘째, Fines(핀)은 최상품으로 알코올 30~40%, 당분 35%이다.

셋째, Demi Fines(드미 핀)은 우량품으로 알코올 25~30%, 당분 20%이다.

넷째, Ordinires(오디네르)는 보통품이다.

2. 크렘 드(Crème de)

리큐르의 라벨을 살펴보면 크렘 드(Crème de)라는 용어를 볼 수 있다.

앞에서 언급하였듯이 프랑스에서 리큐르는 알코올 농도 15% 이상, 당분 20% 이상을 의미하는데, 당분 40% 이상인 최고급품에는 크렘 드(Crème de)라는 용어를 붙인다. 예를 들면 크렘 드 카시스(Crème de Cassis), 크렘 드 카카오(Crème de Cacao)가 있다.

3. 종류

일반적으로 리큐르의 종류는 다음과 같다.

첫째, 증류주에 약초와 향초를 첨가하거나 배합하여 만든 약초/향초류

둘째, 감귤류나 과일 등을 설탕과 배합하여 만든 과일/과실류

셋째, 커피, 카카오, 바닐라 또는 과실의 씨의 방향성분을 추출하여 향미나 감미

를 부가하여 만든 종자류

넷째, 당분이 40% 이상이고 크림처럼 농도가 진한 크렘(Crème)류

표 8 … 리큐르의 종류

분 류	성 분
약초/향료 리큐르	증류주나 브랜디에 쓴맛이나 식물성 아로마 혹은 과일즙 또는 식물을 증류하여 방향성 기름에 설탕을 첨가하거나 첨가하지 않는 방법으로 제조된다.
과일주스 리큐르	맛의 기본성분은 과일주스이고, 리큐르의 이름은 주성분 과일이다. 종류로는 오렌지, 파인애플, 복숭아, 망고 등이 있다.
과일향의 리큐르	맛의 기본성분은 증류나 추출을 통한 과일 아로마이고, 종류로는 살구, 복숭아, 자두 등이 있다.
커피/카카오/티 리큐르	최소 알코올 농도는 25도 이상이다. 각 원재료의 사용에 따라 제조되나, 일반적으로 증류하거나 우려내는 방법으로 제조한다.
에멀션(Emulsion) 리큐르	에멀션하여 얻어지는 것으로 초콜릿 리큐르가 있다.
달걀브랜디	브랜디, 설탕, 신선한 달걀 노른자를 배합한다.
펀치(Punch)	주정, 브랜디, 물, 과즙, 설탕, 레몬, 향료 등을 섞는다.

리큐르의 대표적인 제품으로는 트리플 섹(Triple Sec), 삼부카(Sambuca), 크렘 드 카카오(Crème de Cacao), 크렘 드 카시스(Crème de Cassis), 두보네(Dubonnet), 페르노(Pernod) 등이 있는데, 유명한 제품의 성분과 생산지는 다음과 같다.

표 9 … 유명 리큐르의 종류

제품명	주요 재료	주요 생산지
Apricot Brandy(애프리콧 브랜디)	브랜디+살구	네덜란드
Benedictine(D.O.M)* (베네딕틴 D.O.M)	브랜디+약초	프랑스
Anise or Anisette(아니제트)	브랜디+아니스+허브	지중해 연안
B&B(비앤비)	Benedictine+Brandy	프랑스
Cointreau(쿠앵트로)	브랜디+오렌지 필	프랑스
Triple Sec(트리플 섹)	브랜디+오렌지 필+약초	프랑스
Cherry Heering(체리 헤링)	브랜디+체리	덴마크
Drambuie(드람뷔)	스카치 위스키+꿀+허브	스코틀랜드
Grand Marnier(그랑 마니에르)	코냑+오렌지	프랑스
Kahlua(칼루아)	테킬라+커피+코코아+바닐라	멕시코
Tia Maria(티아 마리아)	럼+블루 마운틴커피	자메이카
Sloe Gin(슬로 진)	진+야생자두	지중해와 폴란드
Crème de Cacao(크렘 드 카카오)	브랜디+코코아+계피+바닐라	베네수엘라와 남미
Crème de Mentha(크렘 드 멘타)	박하	네덜란드
Crème de Cassis(크렘 드 카시스)	건포도용 포도	네덜란드
Advocaat(아드보카트)	브랜디+달걀+설탕+바닐라	네덜란드

*D.O.M: Deo Optimo Maximo의 약자로 '최대의 것을 신에게'라는 의미이다.

(1) 약초·향초(Herbs & Spices)

이 리큐르는 초기에 약으로 사용되었는데, 리큐르 중에서 가장 오래된 종류의 것들이 많다. 이 리큐르는 증류주에 여러 가지 약초나 향초를 넣어 증류한다.

압생트(absinthe), 아니제트(anisette), 리카르(Ricard), 페르노(Pernod), 샤르트뢰즈(Chartreuse), 두보네(Dubonet), 아이리시 미스트(Irish Mist), 시나(Cynar), 삼부카(Sambuca), 베네딕틴(Benedictine), 갈리아노(Galliano), 캄파리(Campari), 운더베

르크(Underberg) 등이 유명하다.

① 압생트(Absinthe)

식전주로 음용된 압생트는 녹색의 마주라고 부르는데, 45~70%로 알코올 도수가 높은 리큐르이다. 1797년 오디나레 박사가 프랑스혁명을 피해 스위스로 망명하여 만들었다. 브랜디에 향쑥, 아니스, 살구 씨 등 여러 약초와 향료를 섞어 만든다. 물을 가하면 탁해지고 햇빛에는 일곱 색으로 보인다. 보통 5배 정도의 물을 가하여 마신다. 이 술은 프랑스의 예술가 사이에서 음용되었는데 환각작용, 정신장애, 허약체질을 야기하여 1915년에 프랑스 정부는 제조와 판매를 금지하였다. 반 고흐도 압생트를 애용하였다.

② 페르노(Pernod)

압생트가 금지된 이후 대용품으로 제조되었는데, 원산지는 프랑스이다. 아니스(Anise)를 비롯하여 여러 종류의 향료를 사용하여 만든다. 보통 물이나 오렌지주스에 희석하여 마신다. 색은 노란색이며 알코올 도수는 45%이다. 셰이크 기법으로 드라이진, 드라이 베르무트, 페르노, 크렘 드 망트 화이트로 만드는 녹 아웃(Knock Out) 칵테일이 유명하다.

③ 아니제트(Anisette)

아니제트는 지중해 특산식물인 미나리과 아니스(Anise)의 씨앗을 주성분으로 하여 제조된 무색의 리큐르이며 아니스를 착향시켜 만든다. 남부 유럽국가인 프랑스, 이탈리아, 스페인 등지에서는 압생트(Absinthe) 대용으로 애음된다. 알코올 도수는 25~37% 정도이다.

④ 리카르(Ricard)

아니스 등 여러 약초로 만든 리큐르이다.

⑤ 샤르트뢰즈(Chartreuse)

알프스 샤르트뢰즈 수도원의 이름을 사용하고 있는 리큐르의 대명사이다. 프랑스에서 제조되는 세계 최고급 리큐르이다.

브랜디, 레몬 껍질, 약초 등을 넣어 제조한다. 황색, 녹색, 무색의 세 가지가 있는데 현재 황색과 녹색이 제조된다.

첫째, 황색은 많이 애음하며 알코올 도수 43%

둘째, 녹색의 알코올 도수는 55%

셋째, 무(흰)색은 알코올 도수 72%

⑥ 갈리아노(Galliano)

에티오피아와의 전쟁에서 갈리아노 소령의 영웅적인 업적을 기념하기 위해 바카니에 의해 탄생하였다. 이탈리아 밀라노에서 제조되는 오렌지나 바닐라 향이 강한 단맛의 노란색 리큐르이다. 알프스와 지중해 지역의 오렌지 필, 아니스, 바닐라 등 40여 종의 향신료들을 배합하여 제조한다. 야구방망이 같은 긴 병이 특징이다. 알코올 도수는 35%이다.

⑦ 베네딕틴(Benedictine D.O.M)

프랑스에서 가장 오래된 리큐르의 하나로 1510년 노르망디(Normandi) 페캉의 베네딕트(Benedict)파 수도원에서 동 베르나르도 뱅셀리(Dom Bernardo Vincelli)가 제조하였다. 브랜디에 안젤리카, 약초 및 허브, 꿀 등을 넣어 제조한다. 라벨에는 D.O.M이라 표기되어 있는데 최고의 신에게 바치는 술로서 데오 옵티모 멕시모(Deo Optimo Maximo)의 약어이다.

⑧ 베네딕틴(Benedictine B&B)

보통 B&B라고 하는데 브랜디(40%)와 베네딕틴(60%)을 혼합한 것이다. 보통 스트레이트로 마신다. 강장제이며 피로회복에 좋다. 알코올 도수는 43%이다.

⑨ 캄파리(Campari)

이탈리아의 유명한 리큐르로서 식전주(Aperitif)이자 비터스(Bitters)이다. 여러 가지 씨, 향초, 껍질, 식물의 뿌리 등 70여 종의 재료를 넣어 제조되며 색은 빨간색이다. 칵테일로 많이 사용되는 콜라, 소다, 오렌지주스에 넣어 마신다.

⑩ 시나(Cynar)

아티초크가 들어간 이탈리아 리큐르이다. 와인에 13가지의 다양한 약초와 식물을 넣어 만든다. 지금은 캄파리(Campari)그룹의 일원이다. 색은 어두운 갈색이며, 알코올 도수는 16.9%이다.

⑪ 삼부카(Sambuca)

이탈리아의 리큐르로서 일반적으로 무색이다. 주원료는 아니스로서, 아니제트(Auisette)와 유사하다. 알코올 도수는 42%이다.

⑫ 퀴멜(Kümmel)

발트해 연안, 네덜란드, 독일 등 여러 나라에서 생산되는 리큐르이다. 제조는 브랜디, 회향풀(Caraway), 아니스(Anise) 등을 착향하여 만든다. 색은 무색이며, 알코올 도수는 30~40%이다.

⑬ 두보네(Dubonnet)

프랑스산 리큐르로서 식전주이다. 레드와인에 키니네 등을 넣은 강화주이다.

⑭ 아이리시 미스트(Irish Mist)

아일랜드 위스키에다 오렌지, 약초, 향초, 꿀 등을 넣은 리큐르이다. 맛은 단맛이 나며 색은 연한 노란색이다. 알코올 도수는 40%이다.

⑮ 운더베르크(Underberg)

1846년 독일에서 만들어진 리큐르이다. 주로 식사 후에 마시는 소화제용 식후주(Digestif)이다. 색은 빨간색이며 알코올 도수는 44%이다.

⑯ 크렘 드 망트(Crème de Menthe: Pepper Mint)

크렘(Crème)은 최고라는 의미이고, 망트는 영어로 페퍼민트이며 박하이다. 신선한 박하향이 나는 리큐르이다. 제조는 주정에 민트나 다양한 약초와 향초를 넣어 만든다. 소화나 두통, 경련, 신경통 등에 음용하기도 한다. 보통 차게 해서 스트레이트로 마신다. 색은 녹색, 흰색, 빨간색의 3가지가 있다.

(2) 과실류(Fruits)

과실류 리큐르는 식사 후에 디저트와 함께 즐긴다. 오렌지, 살구, 체리 등의 과일류 리큐르가 있다.

오렌지를 원료로 한 쿠앵트로(Cointreau), 큐라소(Curacao), 트리플 섹(Triple Sec), 그랑 마니에르(Grand Marnier)가 있으며, 버찌로 만든 키르슈 리큐르(Kirsch Liqueur), 복숭아향이 첨가된 서던 컴퍼트(Southern Comfort) 등이 있다.

① 오렌지

가. 큐라소(Curacao)

큐라소(Curacao) 오렌지는 베네수엘라에서 북쪽으로 20㎞ 떨어진 네덜란드령인 카리브 해 큐라소 섬에서 자생한다. 이 열매는 보통 쓰기 때문에 그냥 먹을 수 없었다. 하지만 이 오렌지의 껍질에는 방향유가 있는데 향이 아주 좋아서 알코올을 사용하여 오렌지 껍질에서 향을 빼고 향료와 약초를 배합하여 큐라소를 만든다.

17세기 말부터 만들기 시작했는데, 오늘날에는 오렌지 껍질을 건조하여 수출한다.

가장 유명한 오렌지 리큐르는 네덜란드, 프랑스, 독일, 미국에서 생산되고 있다.

현재 칵테일에 많이 사용되는 화이트 큐라소(White Curacao), 오렌지 큐라소(Orange Curacao), 블루 큐라소(Blue Curacao)와 그린 큐라소(Green Curacao), 레드 큐라소(Red Curacao)의 5가지가 있다.

화이트 큐라소(White Curacao)에는 프랑스의 쿠앵트로(Cointreau)와 미국의 트리플 섹(Triple Sec)이 있다. 화이트 큐라소(White Curacao)를 착색한 블루 큐라소(Blue Curacao), 레드 큐라소(Red Curacao), 그린 큐라소(Green Curacao)는 맛이 같다.

나. 쿠앵트로(Cointreau)

쿠앵트로(Cointreau)는 프랑스 오렌지 술의 대명사로서 화이트 큐라소(White Curacao) 중에서 최고 품질을 자랑한다. 1849년 아돌프 쿠앵트로(Adolphe Cointreau)의 제조법에 의해 브랜디에 오렌지 껍질 추출물과 여러 비법을 더하여 제조되었다.

무색의 프랑스산 리큐르로서, 알코올 도수는 40%이다. 병 모양은 사각형으로 짙은 호박색이다. 식후에 즐겨 마시는데 부드럽지만 강한 단맛이다.

다. 트리플 섹(Triple Sec)

미국에서 제조되는 트리플 섹(Triple Sec)은 세 번 증류하여 제조하는 것으로 브랜디에 오렌지 고유의 향을 유지하기 위하여 오렌지와 큐라소를 증류시켜 만든다. 다른 큐라소 리큐르와는 달리 알코올 도수가 높고 향이 매우 좋다.

"Triple Sec"으로 표기된 것은 알코올 도수가 38%이고, 이 표시가 없으면 알코올 도수가 최소 30%이다. 주로 식사 후에 디저트로 마시며 칵테일에도 많이 이용된다. 커피에 오렌지 리큐르를 띄우고 그 위에 트리플 섹을 넣은 뒤 생크림을 얹어 먹는다.

라. 그랑 마니에르(Grand Marnier)

프랑스에서 1827년부터 제조된 최고급 오렌지 리큐르이다. 3~4년 된 코냑에 좋은 품질의 오렌지 껍질을 가미하여 오크통에 숙성하여 만든다. 종류로는 짙은 금색과 노란색의 2가지가 있다. 짙은 금색은 알코올 도수가 40%이고, 노란색은 30%이다. 짙은 금색은 강한 방향을 지닌다. 주로 스트레이트로 차게 해서 마시거나 칵테일에 이용된다.

② 체리

가. 체리 브랜디(Cherry Brandy)

브랜디에 체리를 담가서 만들거나 체리를 으깨어 발효시킨 뒤 증류하여 만들기도 한다. 맛은 단맛이 나며 색은 붉은색이다.

나. 마라스키노(Maraschino)

옛 유고 지역에서 제조된 체리 브랜디이다. 색은 무색이며, 신맛의 검은 체리인 마라스카(Marasca)를 원료로 하여 여러 향초를 넣어 만든다.

다. 체리 헤링(Cherry Heering)

덴마크에서 제조되는 체리 브랜디이다. 페터 헤링(Peter Heering)이 만들었으며 알코올 도수는 25%이다.

③ 살구

가. 살구 브랜디(Apricot Brandy)

살구의 핵과 과육을 으깨어 발효시키고 증류하여 만든 리큐르이다. 브랜디에 살구, 여러 향과 설탕 등을 넣는다. 색은 진한 적색이며 알코올 도수는 30% 내외이다.

나. 크렘 드 누아요(Crème de Noyau)

브랜디에 살구와 복숭아씨를 넣어 만든 아몬드향의 단맛이 나는 리큐르이다.

④ 복숭아

가. 피치 트리(Peach Tree)

복숭아를 주원료로 한 술로서 주정에 복숭아의 향료와 성분 등을 추출한 증류액을 넣어 제조하였다. 네덜란드 드 퀴페(De Kuyper)에서 생산된다. 색은 흰색이며 알코올 도수는 20%이다.

나. 서던 컴퍼트(Southern Comfort)

미국의 대표적인 리큐르로서 미주리(Missouri)주에서 제조되었다. 버번 위스키와 복숭아 등을 넣어 만든다. 색은 호박색이며, 알코올 도수는 50%이다.

⑤ 자두

가. 슬로 진(Sloe Gin)

야생자두로 만든 술로서 진에 자두성분을 첨가하여 만든다. 약용주로서 소화불량에 효과가 있다고 한다. 프랑스어로 프뤼넬(Prunelle)이며, 자두로 만든 리큐르는 크렘 드 프뤼넬(Crème de Prunelle)이다. 색은 붉은색이며 알코올 도수는 30%이다.

나. 미라벨(Mirabelle)

야생자두로 만드는 술로서 프랑스 알자스 로렌 지방에서 생산된다. 영어로 노란자두(Yellow Plum), 독일어로 겔베 즈베츠게(Gelbe Zwetschge)이다.

⑥ 기타 과일

가. 크렘 드 프랑부아즈(Crème de Framboise)

나무딸기인 라즈베리(Raspberry)로 만든 브랜디이다.

나. 크렘 드 바나나(Crème de Bananas)

바나나를 주원료로 하여 제조되는 술로서 미국에서 생산된다.

다. 크렘 드 카시스(Crème de Cassis)

영어로 블랙커런트(Blackcurrant)라고 하며 브랜디, 검은 나무딸기 열매를 주원료로 하여 만든 단맛의 리큐르이다. 프랑스 부르고뉴의 디종(Dijon)이 유명하다. 색은 익은 포도색과 같은 암적색이며 알코올 도수는 16~20%이다. 칵테일로는 키르(Kir) 계열에 들어간다.

라. 크렘 드 아나나(Crème de Ananas)

파인애플을 주원료로 하여 제조되는 리큐르이다. 영어와 독일어로는 아나나스라고 한다.

(3) 종자류(Bean & Nuts)

과일의 씨(Seed)를 원료로 하여 성분을 추출해서 만들어지는데 일반적으로 식후주로 사용하는 리큐르이다.

종자류로는 자메이카산 커피로 만든 티아 마리아(Tia Maria), 멕시코산 커피로 만든 칼루아(Kahlua), 아일랜드 위스키에 커피의 향을 첨가한 아이리시 벨벳(Irish Velvet), 카카오를 주원료로 한 크렘 드 카카오(Crème de Cacao), 살구를 원료로 한 아마레토(Amaretto) 등이 있다.

① 칼루아(Kahlua)

멕시코산 커피 리큐르로서 테킬라에 커피, 카카오 등을 넣어 만든다. 색은 짙은 갈색이며 알코올 도수는 26%이다. 칵테일은 블랙 러시안이 대표적이다.

② 티아 마리아(Tia Maria)

자메이카산 블루마운틴 커피를 주원료로 하여 만든 단맛의 리큐르이다. 테킬라를 사용하는 칼루아와는 달리 럼을 사용한다.

③ 크렘 드 카카오(Crème de Cacao)

베네수엘라나 에콰도르의 카카오 씨를 주원료로 하여 만드는데 카카오의 풍미와 바닐라의 향이 느껴지는 초콜릿 리큐르다. 크렘 드 카카오 화이트(Crème de Cacao White)와 크렘 드 카카오 브라운(Crème de Cacao Brown)이 있으며 색은 갈색과 흰색이다. 크렘은 최고라는 의미이다. 알코올 도수는 24~30%이다.

④ 아이리시 벨벳(Irish Velvet)

아일랜드 위스키에 커피의 향을 첨가한 리큐르이다. 알코올 도수는 20도이다.

⑤ 기타 커피 리큐르

모카커피로 만드는 크렘 드 모카(Crème de Mocha)와 프랑스산 커피 리큐르인 크렘 드 카페(Crème de Cafè) 등이 있다.

⑥ 아마레토(Amaretto)

아몬드향이 풍기는 이탈리아의 유명한 리큐르로서 오늘날에는 이탈리아와 네덜란드에서 생산된다. 살구 씨를 물에 넣어 같이 증류하고 주정에 아몬드(Almond)와 유사한 향의 성분을 넣고 숙성하여 만든다. 알코올 도수는 30% 내외이다.

4. 기타(Other Specialities)

① 드람뷔(Drambuie)

스카치 위스키에 허브, 꿀을 주원료로 하여 만드는 스코틀랜드의 리큐르이다. 아이리시 미스트(Irish Mist)와 유사하다.

드람뷔(Drambuie)는 스코틀랜드 게릭어로 Dram Bui-Heach로서 "사람을 만족시키는 음료"라는 의미이다. 색은 호박색이며, 알코올 도수는 40%이다. 약간 차게 해서 마시면 더욱 좋다.

스코틀랜드의 찰스 에드워드(Charles Edward) 왕자는 전쟁계획이 실패한 후 그를 따르는 기사들에게 감사의 의미로 드람뷔(Drambuie) 만드는 방법을 가르쳐주었는데, 고산지대에서 나는 약초와 꿀, 스카치 몰트 위스키를 넣어 만든다.

② 아드보카트(Advocaat)

에그 브랜디(Egg Brandy)라고도 하며 네덜란드에서 제조되는 달걀 노른자로 만드는 술이다. 브랜디와 달걀의 노른자가 서로 분리되지 않게 에멀션 상태로 하여 바닐라향과 당분을 첨가하여 만든다. 마시기 전에 흔들어서 마신다. 색은 노란색이며 알코올 도수는 18%이다.

③ 베일리스 아이리시 크림(Bailey's Irish Cream)

세계 1위의 크림 리큐르인 베일리스는 너무나 부드럽고 감미로운 술이다. 아이리시 위스키에 크림과 카카오를 넣어 만든다.

마시는 방법은 온더록스(On the Rocks)나 간 얼음 위에 프라페(Frappe)를 하거나 칵테일이나 커피에 넣어 마신다. 맛이 독특하여 감귤류, 주스류, 토닉, 진저에일과는 섞지 않는다.

④ 아이리시 미스트(Irish Mist)

아일랜드의 안개라는 의미로 아일랜드 위스키에 허브와 꿀 등을 넣어 만든다. 드람뷔(Drambuie)와 유사하다. 색은 담갈색이며 알코올 도수는 35%이다.

⑤ 크렘 드 바이올렛(Crème de Violette or Yvette)

보라색 제비꽃을 주원료로 하여 카카오, 바닐라 등을 배합하여 제조한다. 프랑스와 미국 등지에서 생산된다.

⑥ 센테르베(Centerbe)

이탈리아산 리큐르로서 여러 종류의 약초를 우려 주정과 같이 만든다. 알코올 도수가 30~75%이다.

⑦ 포비든 프루트(Forbidden Fruit)

미국에서 제조되는 리큐르이다. 브랜디에 자몽 타입의 왕귤열매(Shaddock Fruit)를 침출하여 만든다.

제4절 비터스(Bitters)

비터스(Bitters)는 쓴맛이라는 의미로 칵테일 제조 시 부재료로 넣는데, 맛을 돋우고 향을 더하기 위해 사용된다. 비터스(Bitters)는 도수가 높은 착향제이다. 보통 주정에 약초나 향초를 침출시켜 만들며 알코올 도수는 20~45% 정도이다.

프랑스에서는 아메르(Amer)라고 부른다. 보통 칵테일에는 대시(dash, 1dash=32oz=0.9mL) 단위로 사용하며 사용 전에 병을 흔든다.

1. 앙고스투라 비터스(Angostura Bitters)

럼에 여러 가지 약초를 배합하여 만든다. 처음에는 말라리아 치료용으로 사용되었다. 베네수엘라의 앙고스투라시에서 만들어졌으나 지금은 트리니다드토바고에서 만든다. 앙고스투라 비터스의 색은 진한 검붉은색이며, 알코올 도수는 45%이다. 대표적인 칵테일은 맨해튼이다.

2. 오렌지 비터스(Orange Bitters)

오렌지 껍질과 여러 가지 향료를 넣어 만든다. 영국과 이탈리아, 미국 등지에서 만든다. 알코올 도수는 28%이다.

3. 캄파리 비터스(Comparis Bitters)

주로 식전주인 아페리티프(Apéritif)로 이용되는 이탈리아 비터스로 1860년 밀라노에서 제조되었다. 여러 가지 약초를 넣어 매우 쓴맛이 난다. 색은 엷은 빨간색이며 알코올 도수는 25%이다. 소다수나 오렌지주스 등에 넣어 마신다.

4. 아메르 피콘(Amer Picon)

쓴맛과 오렌지향이 나는 비터스이다. 프랑스 피콘사에서 제조하였으며 1837년 알제리에 주둔한 프랑스 병사가 만든 술이다. 색은 짙은 갈색이며 알코올 도수는 처음에는 아주 높았지만 현재는 21%이다. 기타 피콘 비에르(Picon Bière)는 18%, 피콘 아 로랑주(Picon à l'Orange)는 18%이다.

10

CHAPTER

아시아 술[16]

제1절 한국

1. 막걸리

전통주로서 가장 오랜 역사를 지닌 막걸리는 대표적인 우리나라 술이다.

막걸리는 고두밥에 누룩과 물을 넣어 발효시키고 맑은 술인 청주를 걸러내지 않고 만든 탁한 술이다. 막걸리에는 탄산가스가 포함되어 있어 청량감이 있고 유산균이 풍부하다. 색은 불투명한 흰색이며, 알코올 도수는 6~8% 정도이다.

부산의 금정산성막걸리는 1980년 우리나라 민속주 1호로 지정되었다.

2. 동동주

동동주는 우리나라 전통 민속주로서 술 이름은 밥알이 술 표면에 동동 떠 있어 붙여졌다. 동동주는 찹쌀로 빚은 술에 밥알이 떠 있는 맑은 술인데 1984년에 경기도 민속주로 지정되었다.

3. 약주

쌀, 밀, 누룩, 약재 등을 사용하여 만든 뒤 걸러낸 술이다. 약주는 약의 효과가 있는 술이라는 의미도 있고, 혹은 술을 공대하고 존칭하여 약주라고 표현하기도 한다.

탁주보다 더 투명하며 알코올 도수가 강한데, 색은 연한 노랑의 갈색 계열로 약간 투명한 술이며 알코올 도수는 12~18%이다.

4. 청주

쌀을 쪄서 누룩과 물을 더하여 빚어서 걸러낸 맑은 술이다. 술이 완성되면 용수를 박아서 뜬 맑은 술이다. 청주의 시초는 탁주에 용수를 박아 걸러낸 것이다.

5. 안동소주

경북 안동 지방의 전통 민속주로서 증류식 소주이다. 불린 멥쌀을 쪄서 고두밥을 만들고, 쌀이나 밀로 만든 누룩과 물을 섞어 발효한 뒤 청주를 만들고 솥과 소줏고리를 사용하여 증류한다. 알코올 도수는 45%이다.

6. 금산 인삼주

금산 인삼주는 밀과 인삼을 혼합하여 누룩을 만들고 여기에 솔잎, 인삼, 물 등을 넣어 발효시켜 밑술을 뒤에 증류한다. 알코올 도수는 약 43%이다.

7. 한산 소곡주

백제시대부터 제조된 한산 소곡주는 충남 한산의 전통주로서 약주에 속한다. 누룩을 적게 사용한다고 해서 소곡주라 하는데, '앉은뱅이 술'이라고도 한다. 소곡주의 알코올 도수는 15~16%이다.

8. 문배주

평안도의 술로서 우리나라 고유의 재래종 배인 문배를 전혀 사용하지 않고도 향이 난다고 하여 불리게 되었다. 문배주는 좁쌀, 밀, 수수, 누룩으로 빚어 술이 익으면 소줏고리에서 증류시켜 6개월에서 1년간 숙성시켜 만든다. 색은 연한 황갈색이며, 알코올 도수는 40% 이상이다.

9. 이강주

전북의 전통주로서 멥쌀, 배, 생강 등으로 만든 술이다. 이강주는 배[이]와 생강[강]을 넣어서 유래된 술이다. 기타 꿀이나 계피 등이 들어간다. 멥쌀과 누룩으로 만든 약주를 증류한 소주에 배와 생강 등을 넣고 장기간 숙성시켜 만든다.

10. 두견주

당진 지역의 전통주이다. 두견화는 진달래꽃인데, 찹쌀과 진달래를 주원료로 하여 만든 약주이다. 알코올 도수는 19%이다.

11. 경주 법주

예전에는 절 주변에서 빚은 술을 법주라고 하였다. 경주 법주는 쌀과 누룩을 주원료로 하여 솔잎, 국화 등을 넣고 제조한 술로서 경주 교동의 최씨 집안에서 제조하는 약주이다. 알코올 도수는 18%이다.

12. 진도 홍주

전남 진도에서 생산되는 증류주이다. 쌀과 보리를 주원료로 하여 만든 발효주를 증류한 증류주에 지초를 침출시키나 지초에 증류주를 통과시켜 만든다. 술 색이 붉어 홍주라는 하는데, 알코올 도수는 40%이다.

13. 복분자주

전북 고창 지역 선운산의 특산주이다. 나무딸기인 복분자를 발효시켜 제조한 과실주이다.

14. 감홍로

평안도 지방의 명주인 감홍로는 소주에 여러 약재를 넣어 만든 혼성주이다. 발효주를 소줏고리로 증류한 다음 여러 약재를 넣어 우려낸 약용주이다.

제2절 중국

중국술은 주로 수수, 쌀, 보리, 약재 등을 원료로 하여 제조된다. 북부지역은 알코올 도수가 높은 독주가 발달했고, 남부지역은 발효주가 발달했으며, 내륙 산악지역은 다양한 약초나 향초 등을 사용한 혼성주(약미주)가 발달했다.

오늘날 우리에게 잘 알려진 대표적인 중국술은 청도맥주 같은 술이지만 중국을 대표하는 전통주는 아주 오랜 역사를 가지고 있으며 유명한 술도 많다.

중국의 전통술은 크게 백주와 황주로 구분된다.

첫째, 백주는 증류주로서 무색이며 알코올 도수는 38~80% 정도이다. 중국집에서 먹던 중국술인 배갈(바이갈)은 우리가 접하는 대표적인 백주로서 수수(고량)로 제조되어 고량주로 불린다. 백주로서 유명한 술은 마오타이와 오량액이다.

둘째, 황주는 발효주로서 보통 황색 같은 색이 있으며 알코올 도수는 10% 정도이다.

1. 고량주

수수를 주원료로 하여 곡류와 누룩을 넣어 만든 술이다. 숙성은 흙으로 만든 독에서 한다. 고량주는 특이한 맛과 향이 있어 이것을 즐기는 마니아도 많다. 유명 생산지는 천진이다. 색은 무색이며 알코올 도수는 50~60% 정도이다.

2. 죽엽청주

중국 산서성의 대표적인 약술로서 댓잎솔잎청주라고도 한다. 대나무잎, 솔잎, 약재 등 여러 원료를 넣어 만든 대나무향이 나는 술이다. 색은 엷은 금색이며 맑다. 알코올 도수는 38~50% 정도이다.

3. 마오타이

중국을 대표하는 술 중 하나로 중국 남서부 구이저우성(귀주성) 마오타이 마을에서 제조된다. 고량(수수)을 주원료로 하여 보리누룩을 발효시키고 8~9번 정도 증류하여 만든다. 숙성은 독에서 최저 3년 이상 한다.

마오쩌둥(모택동)이 1972년 미국 닉슨 대통령과 국교정상화를 위한 자리에서 만찬주로 사용했을 정도로 유명하다. 색은 무색이며, 알코올 도수는 38~65% 정도이다.

4. 오량액(우량예)

중국 남서부 쓰촨성 이빈시에서 생산되는 백주로 증류주 중에 판매량이 가장 많은 술이다. 마오타이와 함께 대표적인 중국 명주이다. 잡량주라고도 부르는데, 수수 · 옥수수 · 찹쌀 · 쌀 · 밀의 5가지 곡식으로 만들어 오량액이다.

덩샤오핑(등소평)이 지미 카터가 방문했을 때 만찬회에서 사용해서 유명해졌다.

오량액 진품의 구분은 병뚜껑에 봉인된 종이에 그려진 국화문양이다. 색은 무색이며, 알코올 도수는 53% 정도이다.

제3절 일본

1. 개요

일본 술이라 하면 사케를 우선 떠올린다. 사케(술)는 니혼 슈(일본 술)라고 하는데, 예전에는 일본 술의 의미로 사용되었다.

사케는 쌀을 원료로 발효하여 제조한 일본식 청주이다. 하지만 우리나라 청주와는 다소 차이가 있다.

첫째, 사케 만드는 쌀은 따로 재배한다.

둘째, 우리나라는 누룩을 보통 밀로 만드는데, 일본은 쌀로 만든다.

2. 표기

일본의 주세법에는 '쌀과 쌀누룩, 물을 원료로 사용하여 발효하여 걸러낸 것이다. 이 중에서 원료 및 제조방법이 일정기준에 적합한 술에 '특정 명칭'을 라벨에 표기할 수 있다. 중요한 기준은 현미의 간 정도인 정미도이다.

다음의 표 내용 이외의 사케는 보통주라고 칭한다.

표 10 … 특별명칭 제조표기[1)]

특정명칭주의 종류	정미율(%)	원료
혼조조슈(本釀造酒)	70% 이하	쌀, 쌀누룩, 물, 양조 알코올
특별혼조조슈(特別本釀造酒)	60% 이하, 또는 특별한 제조방법	쌀, 쌀누룩, 물, 양조 알코올
준마이슈(純米酒)	특별한 기준 없음	쌀, 쌀누룩, 물
특별준마이슈(特別純米酒)	60% 이하, 또는 특별한 제조방법	쌀, 쌀누룩, 물
긴조슈(吟釀酒)	60% 이하	쌀, 쌀누룩, 물, 양조 알코올
준마이긴조슈(純米吟釀酒)	60% 이하	쌀, 쌀누룩, 물
다이긴조슈(大吟釀酒)	50% 이하	쌀, 쌀누룩, 물, 양조 알코올
준마이다이긴조슈(純米大吟釀酒)	50% 이하	쌀, 쌀누룩, 물

주 : 1) 최창근(2009); http://terms.naver.com 재인용

4 PART

칵테일

01

CHAPTER

칵테일[17]의 이해

제1절 칵테일 개요

1. 칵테일이란

칵테일(Cocktail)이란 일반적으로 알코올 음료인 술에 다른 술을 넣거나 청량음료, 과즙류, 영양음료, 탄산음료 또는 향료 등의 부재료를 섞어 향기, 색, 맛 등을 부여함으로써 새롭게 창조된 음료라 할 수 있다. 따라서 칵테일은 믹스드 드링크(Mixed Drink)인 혼합음료이다. 칵테일에는 알코올, 즉 술을 사용하지 않은 무알코올 칵테일도 있다.

반면, 알코올 음료인 술에 다른 재료를 넣지 않고 마시는 것을 스트레이트라고 한다.

칵테일을 만들 때 기본 재료로 사용되는 주재료인 술을 기주인 베이스(Base Liquor)라고 한다. 보통 베이스로 사용되는 술의 종류에는 8가지가 있는데 이것은 위스키 베이스, 럼 베이스, 진 베이스, 보드카 베이스, 브랜드 베이스, 테킬라 베이스, 와인 베이스, 리큐르 베이스로 구분한다. 칵테일에 사용되는 부재료에는 혼성주, 탄산음료, 각종 주스 등이 있다.

세상에는 칵테일 종류가 수만 가지 있지만 국제 공인칵테일은 약 천여 종 정도이다. 세계 공인칵테일로 인정받으려면 세계 칵테일경진대회에서 통과해야 정식으로 공인된 칵테일의 이름과 제조법이 된다.

2. 칵테일의 유래

칵테일이란 '수탉의 꼬리(Tail of Cock)'라는 의미이다. 칵테일의 유래에는 여러 설이 존재하지만 그중 가장 유력한 3가지는 다음과 같다.

첫 번째, 미국 북부이다. 미국 독립전쟁 당시 벳시 플래너건(Betsy Flannagan)이라 불리는 여자가 처음 만들었다는 설이다. 엘름포드(Elmford) 인근에 주둔한 기지의 몇몇 장교들이 하루일과가 끝나면 저녁에 벳시집에 모였다. 그녀의 이웃사람은 아주 고집 센 영국인이었는데 닭 기르는 것에만 관심이 있었다. 그녀에게 사람들은 옆집 닭의 털을 뽑아버리라고 부추기자 그녀는 결국 다음날 사람들이 벳시의 집을 방문했을 때 화려한 색의 음료에 오색찬란한 닭털로 장식한 음료를 내놓았다. 한 프랑스 장교가 잔을 들고 비브 러 콕스 테일(Vive le Coq's Tail)이라고 했다.

두 번째, 미국 켄터키이다. 이 지역에서는 투계가 활발하게 이루어졌는데, 어떤 사람이 돈을 잃자 홧김에 여러 술을 혼합한 뒤 싸움에서 진 닭의 깃털을 뽑아 술잔에 꽂았는데 옆사람이 이를 보고 '콕 스테일' 하며 비웃었다. 이후로 투계하는 사람들이 여러 술을 섞은 후에 닭 깃털을 장식하고 투계에 대해 희비를 주고받았다고 한다.

세 번째, 멕시코 유카탄반도이다. 이 지역의 어느 항구에 입항한 영국배의 선원들이 어느 술집에 갔는데 한 소년이 카운트에서 껍질을 벗긴 나뭇가지로 이곳 원주민의 혼합음료를 만들고 있었다. 지금껏 스트레이트로만 술을 마셨던 선원들은 신기하여 이게 뭐냐고 물었다. 이 소년은 나뭇가지 형태가 수탉꼬리 같아 '콜라 데 가요(Cola de Gallo)'라고 말했다. 이 의미는 스페인어로 수탉의 꼬리였다. 이것이 영어로 사용되면서 칵테일이 되었다는 것이다.

제2절 칵테일의 분류

1. 용량에 의한 분류

(1) 쇼트 드링크(Short Drink)

용량이 크지 않은 5oz(150mL) 이하의 잔에 제공되는 칵테일이다. 일반적으로 주정이 강한 칵테일을 의미하는데, 두 종류 이상의 알코올성 음료를 배합한다.

이 칵테일은 비교적 낮은 온도의 칵테일에 사용되는데 온도가 상승하기 전에 빨리 마시는데 이유는 만든 후 시간이 경과함에 따라 혼합된 재료가 분리되기 때문이다.

대표적으로 마티니(Martini) 등이 여기에 속한다.

(2) 롱 드링크(Long Drink)

용량이 많은 6oz(180mL) 이상의 칵테일 잔에 제공되는 칵테일을 말한다. 알코올성 음료와 비알코올성 음료를 섞어서 만드는데, 알코올 도수가 낮으며 긴 잔이나 큰 잔을 사용한다. 이러한 롱 드링크는 길이가 긴 잔(Tall Glass)에 얼음을 넣어 제조한다. 비교적 시간을 두고 마신다. 대표적으로 피즈(Fizz), 콜린스(Collins) 등이 여기에 속한다.

2. 용도에 의한 분류

(1) 식전 칵테일(Aperitif Cocktail)

아페리티프는 식욕을 자극시키기 위해 식전에 마시는 음료이다. 식전주인 비포 디너 칵테일(Before Dinner Cocktail)이기 때문에 단맛이 없는 술로서 너무 강한 알코올 도수의 술은 피하는 것이 좋다. 대표적으로 마티니와 맨해튼이 있다.

(2) 식후 칵테일(After Dinner Cocktail)

식후에 소화를 촉진시키기 위해 즐기는 칵테일이다. 식사 후에 입가심이나 입 냄새 방지, 소화촉진을 위해 마신다. 대부분 단맛이 나며 프랑스에서는 디제스티프(Digestif)라고 한다. 식후 칵테일은 주로 브랜디나 리큐르를 넣은 것이다. 대표적으로 브랜디 알렉산더나 푸즈 카페, 그라스호퍼 등이 있다.

(3) 올 데이 타입 칵테일(All Day Type Cocktail)

식사와 상관없이 하루 어느 때라도 가볍게 즐기는 칵테일로서 대표적으로 트로피컬 칵테일(Tropical Cocktail)이 있다.

3. 맛에 의한 분류

(1) 드라이 칵테일

단맛이 없는 칵테일

(2) 스위트 칵테일

단맛이 강한 칵테일

(3) 사워 칵테일

신맛이 강한 칵테일

4. 형태에 의한 분류

(1) 하이볼(High Ball)

롱 드링크 칵테일로서 간단히 빨리 제조할 수 있는 칵테일이다. 하이볼이란 하이볼 잔에 증류주와 탄산음료를 섞어 도수를 낮춘 칵테일로 갈증해소에 좋다. 대표적인 칵테일로는 진&토닉, 스카치소다, 버번 콕, 럼 콕, 보드카 토닉 등이 있다.

(2) 크러스타(Crusta)

베이스는 주로 브랜디로 하는 칵테일로서 잔을 가득 채우지 않는 롱 드링크이다. 보통 식사 후의 칵테일로 즐긴다. 일반적으로 증류주에 리큐르, 레몬주스, 설탕 등을 섞고 레몬 껍질이나 오렌지 껍질을 넣어 스노 스타일(Frost)로 만든 칵테일이다.

(3) 피즈(Fizz)

피즈는 술을 베이스로 하여 단맛과 신맛이 나며 소다수를 넣은 칵테일이다. 진이나 리큐르를 베이스로 하여 레몬주스, 설탕시럽, 소다수를 넣고 과일로 장식한다.

대표적인 종류로는 슬로진 피즈, 진 피즈, 카카오 피즈 등이 있다.

(4) 사워(Sour)

사워는 신맛, 시큼한이라는 의미이다. 증류주에 설탕과 레몬주스를 많이 넣어 신맛이 강한 롱 드링크이다.

만드는 방법은 2가지인데, 얼음을 넣어 올드 패션드 잔(Old Fashioned Glass)에 제공하기도 하고 얼음을 사용하지 않고 사워 잔(Sour Glass)에 제공하기도 한다. 우리나라는 사워 잔을 사용한다. 대표적으로 브랜디 사워, 위스키 사워, 럼 사워 등이 있다.

(5) 콜린스(Collins)

12oz 이상의 잔을 사용하는 롱 드링크로서 피즈(Fizz)와 유사한 칵테일이다. 술에 레몬즙, 라임즙, 설탕을 넣고 소다수로 채운 다음 체리, 레몬조각 또는 오렌지로 장식한다.

영국에서 콜린스 가족에 의해 개발되었다. 진을 사용하는 톰 콜린스(Tom Collins)와 위스키를 사용하는 존 콜린스(John Collins)가 있다. 톰 콜린스는 항상 진을 사용한다. 존 콜린스는 네덜란드 진(Genever)을 사용하지만, 미국에서는 버번 위스키를 사용한다.

(6) 슬링(Sling)

콜린스나 피즈와 만드는 방법이 유사하다. 피즈보다 용량이 많고 리큐르를 첨가하여 맛을 달고 부드럽게 하며 과일장식을 한다. 독일어로 마시다인 '슐링겐(Schlingen)'이 변형된 말이다. 대표적인 칵테일로 싱가포르 슬링과 진 슬링이 있다.

(7) 리키(Rickey)

롱 드링크이다. 증류주에 신선한 라임이나 레몬을 짜서 넣고 소다수를 채우는 것이 기본 제법이다. 신맛이 강한 재료를 사용하지만 설탕이나 시럽을 넣지 않아 달지 않다. 진 리키, 럼 리키, 스카치 리키 등이 대표적이다.

(8) 쿨러(Cooler)

롱 드링크이다. 차게 하여 갈증해소에 좋은 롱 드링크로서 술에 라임주스나 레몬주스, 설탕을 넣은 다음 소다수나 진저에일을 채운다. 대표적으로 진 쿨러, 럼 쿨러, 와인 쿨러 등이 있다.

(9) 프라페(Frappe)

프라페란 프랑스어로 '얼음으로 차갑게 냉각한 것'이란 의미이다. 칵테일 잔이나 샴페인 잔에 가루얼음을 가득 넣고 리큐르를 부어 체리와 함께 짧은 빨대를 2개 꽂는다. 대표적으로 민트 프라페, 카카오 프라페 등이 있다.

(10) 플로트(Float)

식후 칵테일로서 술이나 재료의 중량인 무게를 이용하여 내용물이 섞이지 않게 한 층 한 층 층을 쌓아 띄운(올린) 것이다. 플로트(Float)는 '떠오른다'는 의미이다.

일반적으로 푸즈 카페(Pouse Cafe)라고 부른다. 질량이 가장 무거운 재료를 먼저 잔에 넣고 다음으로 무게가 무거운 순서로 바 스푼을 이용하여 넣어 여러 종류의 술이 차곡차곡 쌓이게 한다. 대표적으로 푸즈 카페, 엔젤스 키스 등이 있다.

(11) 플립(Flip)

와인이나 포트와인, 증류주 등에 달걀 노른자, 설탕, 시럽 등을 넣고 넛멕을 뿌린 음료로 대형 와인 잔을 주로 사용하여 제공한다. 플립은 에그 녹과 유사하지만 우유는 사용하지 않는다. 영양가가 높아 피로해복이나 병후에 마시기 적합하다.

(12) 픽스(Fix)

보통 식전 칵테일로서 약간 단것에 강한 맛이 코블러와 유사하다. 그러나 픽스는 알코올 도수가 높다. 빨대와 함께 제공한다. 대표적으로 진 픽스, 보드카 픽스, 럼 픽스 등이 있다.

(13) 스노 스타일(Snow Style)

잔의 가장자리에 레몬즙을 바르고 소금이나 설탕을 묻혀 눈처럼 표현한 칵테일로서 Rimmed with Salt 또는 Rimmed with Sugar라고도 한다. 대표적으로 마르가리타, 키스 오브 파이어 등이 있다.

(14) 미스트(Mist)

안개를 의미하는 것으로 프라페와 유사하다. 미스트는 주로 위스키나 브랜디 등의 증류주로 만든다. 대표적으로 스카치 미스트와 버번 미스트가 있다.

(15) 생거리(Sangaree)

롱 드링크이다. 와인이나 셰리와인, 증류주, 에일(Ale) 또는 맥주 등에 설탕이나 레몬주스 등을 넣어 만든다. 생거리는 스페인어로 피라는 의미이며 적포도주를 묽게 한 색에서 유래되었다. 대표적으로 레드와인 생거리, 셰리 생거리, 진 생거리 등이 있다.

(16) 펀치(Punch)

1658년 인도 거주 영국인이 개발하였다. 펀치는 인도어로 다섯 가지를 의미하는데, 사용되는 재료로는 술, 라임, 스파이스(주스), 설탕, 물 등이다. 펀치는 일반적으로 뜨겁게 또는 차갑게 혹은 알코올성 또는 비알코올성으로 다양하게 만들 수 있다.

주로 파티에 제공되는데 대형 그릇인 펀치볼(Punch Ball)에 술, 과일, 설탕, 물 등을 혼합하여 주로 큰 얼음을 넣고 띄워서 마시는 음료로서 사람들이 떠서 마신다.

(17) 스매시(Smash)

줄렙(Julep)과 유사한 롱 드링크로서 박하잎을 으깨다(smash)에서 유래되었다. 바 스푼으로 설탕과 약간의 물을 넣고 설탕을 녹인다. 박하잎을 넣어 으깬 후 원하는 술과 프라페처럼 곱게 간 세이브드 얼음(Shaved Ice)을 넣고 섞어서 박하잎이나 파인애플로 장식한다. 대표적으로 위스키 스매시가 있다.

(18) 줄렙(Julep)

기력 회복을 위해 마시던 칵테일로서 4각의 큐브드 얼음(Cubes Ice)을 부순 크러시드 얼음(Crushed Ice)과 민트(박하)줄기를 넣어 만든다. 대표적으로 민트 줄렙, 브랜디 줄렙 등이 있다.

(19) 스위즐(Swizzle)

스매시와 유사하지만 알코올 도수가 상대적으로 낮다. 술에 라임주스 등을 넣고 곱게 간 세이브드 얼음(Shaved Ice)과 함께 잔에 서리가 맺히도록 휘젓는다.

(20) 그로그(Grog)

손잡이가 있는 잔에 꿀 혹은 설탕과 럼을 넣고 뜨거운 물로 희석시켜 만든 것으로 강한 알코올성 칵테일이다. 취향에 따라 계피스틱으로 저어서 먹어도 좋다. 토디와 비슷하다.

(21) 토디(Toddy)

추위로부터 몸을 보호하기 위해 영국에서 전통적으로 내려오는 따뜻한 칵테일이다.

하이볼이나 올드 패션드 잔 혹은 손잡이가 있는 잔에 꿀 혹은 설탕이나 위스키 같은 증류주를 넣은 다음 뜨거운 물로 채운다. 때로는 차게도 마신다. 그로그(Grog)와 비슷하다.

(22) 데이지(Daisy)

증류주에 리큐르, 레몬주스나 라임주스, 그레나딘 시럽을 넣고 소다로 채운다. 넓은 샴페인 잔, 고블릿 잔을 사용한다. 브랜디 데이지, 위스키 데이지 등 베이스로 다른 여러 데이지가 있다.

(23) 글뤼바인(Glühwein)

화이트와인이나 레드와인으로 만든다. 와인에 레몬즙, 설탕, 계피 등을 넣고 끓이지 않고 약한 불에 데운다.

(24) 스트레이트 업 & 온더록스(Straight up & On the Rocks)

스트레이트는 술에 아무것도 넣지 않고 마시는데, 체이서(Chaser)와 함께 제공된다. 대표적으로 위스키 스트레이트, 보드카 스트레이트 등이 있다. 온더록스는 올드 패션드 잔에 얼음을 넣고 술을 넣어 제공된다.

(25) 하프 앤 하프(Half and Half)

반반씩 섞은 음료를 의미한다. 맥주와 진저에일, 흑맥주와 담색맥주를 반반씩 섞는다.

(26) 코블러(Coobler)

구두 수선공이라는 의미로 롱 드링크이다. 구두 수선공이 여름철 더위를 식히기 위해 쉬면서 마시는 것에서 유래되었다. 주로 와인이나 과일주를 베이스로 하는데, 알코올 도수가 낮으며 청량감과 피로회복에 좋다.

(27) 에그 녹(Egg Nog)

우유와 달걀을 사용하는 에그 녹은 미국 남부에서 유래되었다. 크리스마스나 연말에 차게 또는 따뜻하게 마시는 칵테일로 우유, 달걀 노른자, 큰 텀블러, 빨대로 구성된다. 브랜디 에그 녹이 대표적이다.

(28) 슬링(Sling)

슬링은 콜린스나 피즈와 매우 비슷한데, 리큐르를 사용한다. 증류주에 달고 신맛을 더해 소다를 채운 다음 레몬이나 체리 같은 과일로 장식한다. 필스너 또는 텀블러 잔을 사용한다.

(29) 핫 드링크 칵테일

아이리시 커피나 자메이카 커피같이 얼음을 넣지 않은 따뜻한 칵테일이다.

(30) 트로피컬(Tropical)

열대성 롱 드링크 칵테일로서 럼, 과일주스, 시럽, 열대과일 등을 넣어 시원하며 단맛이 난다. 이 칵테일은 많은 양의 과일장식을 한다. 대표적으로 피나 콜라다, 마이 타이 등이 있다.

(31) 에이드 & 스쿼시(Ade & Squash)

에이드는 과일즙에 설탕시럽과 물을 넣은 비알코올성 칵테일이다. 스쿼시는 물 대신 소다수를 넣은 것이다. 레몬에이드, 오렌지 스쿼시 등이 있다.

02

CHAPTER

칵테일 만들기

제1절 칵테일의 기본기법과 기구

1. 칵테일 기본기법

(1) 셰이크(Shake)

셰이크(Shake)는 흔든다는 의미로 주로 비중이 무거워 서로 잘 혼합되지 않는 생크림, 달걀, 우유, 과일주스, 시럽 등이나 아주 차게 할 때 셰이크기법을 사용한다. 이 기법은 강한 술을 부드럽게 하는 효과가 있다.

(2) 스터(Stir)

스터(Stir)는 휘젓기로서 믹싱글라스와 바 스푼을 이용하여 혼합하기 쉬운 재료를 섞으면서 냉각시키는 기법이다. 얼음을 제공하지 않는 칵테일은 믹싱글라스에서 조주된다. 셰이크와 달리 술 본연의 맛을 더욱 돋게 한다.

(3) 빌드(Build)

손님 잔에 직접 재료를 넣고 만드는 기법이다. 재료를 쉽게 혼합할 수 있는 칵테일에 주로 사용된다. 하이볼이나 핫 드링크 등을 만들 때 이용한다.

(4) 블렌딩(Blending)

믹서를 이용하여 칵테일을 만드는 기법이다. 우리가 일반적으로 사용하는 믹서를 이용하여 프로즌 스타일 칵테일이나 얼음, 밀크, 생크림, 달걀 등 혼합하기 어려운 재료를 사용할 때, 그리고 음료의 특성상 거품이 많이 필요한 펀치 같은 칵테일을 만들 때 사용한다.

모든 재료를 적량으로 믹서에 넣은 다음 가장 느린 속도로 약 10초간 돌리고, 가장 빠른 속도에서 10초간 돌린 다음 잔에 붓는다.

(5) 띄우기(Floating)

술이나 재료들이 서로 섞기지 않게 무거운 것부터 한 가지씩 차곡차곡 넣어서 쌓는다. 즉 재료의 비중을 이용해 한 층 한 층 띄우는 기법이다.

2. 칵테일 기구(Tool)

(1) 셰이커(Shaker)

쉽게 혼합되지 않는 음료를 섞는 데 사용한다. 주로 달걀, 생크림, 과일주스 등을 섞는다. 또한 음료를 빨리 차갑게 만들기 위해서도 사용한다.

셰이크의 재질은 스테인리스이고, 캡(Cap), 거름판인 스트레이너(Strainer), 보디(Body)의 3부분으로 되어 있다.

(2) 믹싱 글라스(Mixing Glass)

혼합용 글라스인 믹싱 글라스는 바 글라스(Bar Glass)라고도 한다. 무색의 음료 또는 셰이크를 사용하지 않아도 잘 섞이는 재료에 사용된다.

믹싱 글라스는 약 1리터 정도의 용량을 선택하는 것이 좋은데, 이 크기는 3~4가지 음료를 자유롭게 섞을 수 있기 때문이다. 재질은 보통 유리이지만 스테인리스도 사용하는데, 잔 테두리에 따르는 홈이 있는 것도 있다. 현장에서는 믹싱 글라스 대신 셰이크의 몸통인 바디를 사용하기도 한다.

(3) 블렌더(Blender)

일반적으로 잘 혼합되지 않는 재료나 프로즌 스타일의 칵테일을 만들 때 이용한다.

(4) 스트레이너(Strainer)

일종의 거름판이다. 얼음, 과일조각 또는 씨 등이 들어 있는 음료를 셰이크나 믹싱 글라스에서 잔으로 부을 때 사용된다.

재질은 보통 스테인리스이고 판이 철사망으로 둘러져 있다. 일반적으로 셰이크나 믹싱 글라스에 끼울 수 있도록 크기가 맞게 되어 있다.

(5) 계량컵(Measure Cup)

칵테일 제조의 출발점은 정확한 양의 재료를 넣는 것이다. 계량컵은 지그(Jigger)라고도 한다. 이 계량컵은 1oz(30mL)나 $1\frac{1}{2}$(45mL) 혹은 2oz(60mL)로 되어 있다. 현장에서는 계량컵이 없을 경우 1oz(30mL)용 리큐르 잔을 사용하기도 한다.

(6) 스퀴저(Squeezer)

스퀴저는 오렌지나 레몬, 라임의 과즙을 짜낼 때 사용되는 기구로, 오렌지나 레몬을 반으로 자른 다음 주스로 짜낼 때 사용한다. 형태는 둥근 모양에 가운데가 돌출된 용기로서 재질은 유리, 스테인리스, 도자기 등이 있다.

(7) 바 스푼(Bar Spoon)

긴 잔 속의 내용물을 잘 저어줄 수 있도록 만든 긴 스푼으로서 믹싱 스푼 또는 롱 스푼이라고도 한다. 바 스푼은 술의 비중을 이용한 띄우기를 하거나 작은 양을 잴 때도 사용할 수 있다.

형태는 특이한데, 한쪽 끝은 작은 스푼으로 되어 있고 반대편은 포크로 되어 있다. 중간에 손으로 잡는 부분은 스푼을 돌리기 쉽게 하거나 물에 젖었을 때 미끄러지지 않도록 나선형으로 되어 있다. 재질은 스테인리스로 되어 있다.

(8) 포러(Pourer)

병의 입구에 끼워서 사용하는 기구로 재료를 따를 때 일정하게 나오도록 한다. 그리고 재료가 흘러내리지 않게 한다.

(9) 머들러(Muddler)

롱 드링크 칵테일을 섞거나 잔 안에 있는 레몬조각, 과육 등의 즙을 짤 때 사용하는 기구이다. 재질은 주로 유리나 스테인리스 등을 사용한다.

(10) 아이스 페일(Ice Pail)

얼음을 담아두는 통으로 일명 아이스 바스켓(Ice Basket)이라고도 부른다. 칵테일 제조에 필요한 얼음을 넣어두는 통이다.

(11) 아이스 통(Ice Tong)

얼음 집게이다.

(12) 아이스 픽(Ice Pick)

얼음 깨는 송곳이다. 큰 얼음을 잘게 부술 때 사용한다. 요즘은 얼음을 잘게 부수는 아이스 크러셔(Ice Crusher)를 주로 사용한다.

(13) 아이스 스쿠퍼(Ice Scooper)

얼음 뜨는 삽이다. 재질은 보통 스테인리스이다.

(14) 아이스 크러셔(Ice Crusher)

잘게 갈아낸 얼음인 크러시드 아이스를 만드는 기구로서 얼음 분쇄기이다. 즉 얼음을 잘게 부술 때 사용한다.

(15) 펀치 볼(Punch Bowl)

펀치 칵테일을 만들 때 사용되는 큰 그릇이다.

(16) 도마(Cutting Board)

보통 가정에서 사용하는 도마이며 칵테일 장식을 만들 때 이용된다.

(17) 페어링 나이프(Paring Knife)

레몬이나 오렌지 등의 과일을 자를 때 사용하는 칼이다.

(18) 글라스 홀더(Glass Holder)

뜨거운 종류의 칵테일을 마실 때 글라스에 끼울 수 있는 손잡이가 있는 기구이다.

(19) 칵테일 픽(Cocktail Pick)

체리나 올리브 등의 장식을 꽂을 때 사용하는 것으로 나무나 플라스틱으로 되어있다. 칵테일 핀이라고도 한다.

(20) 빨대/스트로(Straw)

장식으로 쓰는 것은 드링킹 스트로(Drinking Straw)이고, 칵테일을 혼합하기 위해 쓰는 짧고 가느다란 것은 스터링 스트로(Stirring Straw)라고 한다. 프라페처럼 마시기 힘들 때 주로 사용한다.

(21) 코르크스크루(Corkscrew)

와인 코르크를 빼는 기구로 와인 오프너, 웨이터 나이프라고도 한다. 다양한 모양이 있다.

(22) 스토퍼(Stopper)

음료 개봉 후 남은 음료의 밀폐에 사용하거나 샴페인을 개봉한 뒤 탄산가스가 빠져 나가지 못하도록 병 입구를 막는 기구이다.

(23) 오프너(Opener)

병마개를 여는 기구이다.

(24) 캔 오프너(Can Opener)

통조림을 개봉할 때 사용하는 기구이다.

(25) 코스터(Coaster)

잔 받침대이다. 잔이 미끄러지지 않게 하고 잔을 바닥에 놓을 때 소리 나지 않게 하며 술 방울이 바닥에 떨어져 젖지 않게 하는 받침대이다. 재질은 종이가 주로 사용된다.

(26) 와인 쿨러와 받침대(Wine Cooler & Stand)

와인 서비스 시 사용되는 기구이다. 받침대 위에 샴페인이나 화이트와인을 넣은 와인 쿨러를 얹어 놓는다.

(27) 글라스 타월(Glass Towel)

잔을 닦을 때 사용하는 면제품의 천이다.

3. 잔

(1) 칵테일 잔(Cocktail Glass)

모양이 역삼각형으로서 쇼트 드링크에 사용한다. 용량은 보통 3oz 정도이다. 이 잔의 사용은 주로 투명한 칵테일이나 약간 쌉쌀한 식전주나 식후주 그리고 얼음이 없는 칵테일에 적합하다.

(2) 샷 잔(Shot Glass)

술을 스트레이트로 마실 때 주로 사용하는 잔으로 용량은 1~2oz이다. 브랜디에서는 사용하지 않으며 원통형태가 일반적이다.

(3) 콜린스 잔(Collins Glass)

텀블러 잔(Tumbler Glass) 또는 긴 하이볼 잔(Tall High Ball Glass)라고도 한다. 우리가 흔히 볼 수 있는 원통모양의 긴 잔이다. 보통 12oz 이상이다. 발포성 와인이 첨가되는 칵테일이나 탐 콜린스, 쿨러, 레몬에이드 등에 적합하다.

(4) 하이볼 잔(High Ball Glass)

우리가 흔히 볼 수 있는 원통 모양의 잔이다. 8~10oz 정도로 콜린스 잔보다 용량이 작다. 토디, 주스, 피즈 등에 적합하다.

(5) 올드 패션드 잔(Old Fashioned Glass)

락 글라스라고도 하는데, 모양은 하이볼 잔의 길이를 줄여놓은 것처럼 짧은 원통형이다. 요즘은 사각형으로 된 모양도 있다. 보통 잔에 얼음을 넣고 증류주를 타서 마실 때 사용하거나 올드 패션드나 네그로니 칵테일이나 위스키를 언더록스(On the Rocks)로 마실 때 사용한다.

(6) 샴페인 잔(Champagne Glass)과 스파클링 와인 잔(Sparkling Wine Glass)

샴페인 잔의 경우 모양이 두 가지가 있다. 건배용으로 사용되는 입구가 넓은 소서(Saucer)형과 가늘고 긴 플루트형은 식사용으로 탄산이 빨리 증발하지 않도록 길고 잔 입구가 좁은 것이 특징이다.

일반적으로 샴페인 잔은 스파클링 와인 잔보다 길다.

(7) 레드와인 잔(Red Wine Glass)

생산국가 및 생산지역, 와인 종류에 따라 조금씩 모양이 다르다. 레드와인 잔은 두께가 얇고 유리로 되어 있다. 그리고 잔 입구가 좁고 길고 날씬한 손잡이가 있으며 와인 잔의 볼이 크다.

(8) 화이트와인 잔(White Wine Glass)

생산국가 및 생산지역, 와인 종류에 따라 조금씩 모양이 다르다. 보통 화이트와인 잔은 레드와인 잔보다 크기가 작으며 볼이 크지 않다.

(9) 리큐르 잔(Liqueur Glass 혹은 Cordial Glass)

미국에서는 코디얼 잔이라고도 하며 1oz 정도의 크기에 다리가 있다. 리큐르 잔은 리큐르 외에 술을 스트레이트로 마실 때도 사용된다.

(10) 브랜디 잔(Brandy Glass)

브랜디는 일반적으로 스트레이트로 마시는데, 향을 음미하기 위해 볼이 넓으며 다리가 짧고 잔 입구가 좁다. 나폴레옹 잔(Napoleon Glass)이라고도 한다. 용량은 보통 6~10oz 정도이며 브랜디는 1oz 정도 따라 마신다.

(11) 고블릿 잔(Goblet Glass)

와인 잔같이 튤립형으로 생겼지만 다리가 짧고 두툼하다. 물이나 무알코올인 소프트 드링크, 맥주 또는 얼음을 가득 채운 칵테일에 주로 이용된다.

(12) 셰리 잔(Sherry Glass)

용량이 2~3oz 정도이고 셰리와인이나 포트와인을 스트레이트로 마실 때 사용한다.

(13) 필스너 잔(Pilsner Glass)

위에서 아래로 갈수록 잔 폭이 좁아지는 긴 잔으로 다리가 있는 것과 없는 것이 있다. 체코 필젠타입의 맥주나 일반적인 필스 맥주, 소프트 드링크 혹은 싱가포르 슬링 같은 칵테일에 이용된다.

(14) 맥주 머그 잔(Mug Glass)

손잡이가 있는 잔으로 생맥주를 마실 때 주로 사용한다.

(15) 볼 잔(Bowl Glass)/펀치 잔(Punch Glass)

칵테일에 사용되는 볼 잔은 손잡이가 있고 주로 유리로 되어 있다. 과일조각을 쉽게 먹을 수 있도록 넓게 되어 있다. 유리로 된 머그 잔 정도로 보면 된다. 독일의 글뤼와인(Glühwein)을 마실 때도 사용된다.

(16) 저그 잔(Jug Glass)

손잡이가 있는 항아리나 원통형의 물잔(병)이다.

(17) 아이리시 커피 잔(Irish Coffee Glass)

손잡이가 없이 다리가 두꺼운 와인 잔처럼 생긴 것과 손잡이가 있고 길이가 긴 펀치 잔처럼 생긴 것이 있다.

(18) 와인 디캔터(Wine Decanter)

레드와인의 디캔팅에 사용되는 유리로 된 병으로 여러 모양이 있다.

(19) 칵테일 디캔터(Cocktail Decanter)

위스키 스트레이트를 마실 때 얼음과 같이 물이나 소다수 등을 제공하는 유리병이다.

(20) 사워 잔(Sour Glass)

브랜디 사워, 위스키 사워 등 사워라는 이름이 들어가는 칵테일에 사용된다.

제2절 칵테일의 부재료

1. 시럽류

(1) 그레나딘 시럽(Grenadine syrup)

빨간색의 시럽으로 칵테일 조주에 많이 사용된다. 설탕을 제조하고 남은 당밀에 석류를 넣어 만든다.

(2) 플레인 시럽(Plain Syrup)

물과 흰 설탕을 1:1로 넣고 약한 불에 끓인 설탕시럽이다. 심플 시럽(Simple Syrup), 사탕수수(Cane Sugar Syrup)라고도 한다.

(3) 라즈베리/나무딸기 시럽(Raspberry Syrup)

당밀에 라즈베리의 풍미를 더한 시럽이다.

(4) 메이플 시럽(Maple Syrup)

단풍나무의 수액을 넣어 만든 시럽이다. 주로 핫 케이크나 프렌치 토스트와 먹는다. 칵테일로는 별로 사용되지 않는다.

2. 스파이스(Spice)

(1) 시나몬(Cinnamon)

계피로서 특유의 맛과 향이 있다. 알코올의 강한 향을 부드럽게 하며 핫 드링크에 주로 사용한다.

(2) 넛멕(Nutmeg)

육두구의 일종으로 달콤한 자극적인 향이 있는데 크림이나 달걀의 비린내를 제거하는 효과가 있다. 칵테일에는 파우더 타입을 주로 사용한다.

(3) 후추(Pepper)

검은 후추, 흰 후추 두 가지가 있는데, 칵테일에는 주로 강한 향의 흰 후추를 사용한다.

(4) 민트(Mint)

박하로서, 청량감을 주는 데 이용한다.

(5) 정향(Clove)

핫 드링크에 주로 사용되는데, 따뜻하게 하면 달콤한 향이 난다.

3. 얼음(Ice)

(1) 세이브드 아이스(Shaved Ice)

팥빙수에 쓰이는 가는 얼음이다. 크러시드 얼음보다 더 잘게 부수면 된다.

(2) 럼프 오브 아이스(Lump of Ice)

크랙트 아이스(Cracked Ice)보다 조금 큰데, 보통 록 아이스라고 한다. 온더록스에 주로 사용된다.

(3) 크랙트 아이스(Cracked Ice)

큰 얼음덩어리를 아이스 픽으로 3~4cm 정도로 깨서 만든 얼음이다. 셰이크나 스터방법에 사용하므로 모가 나지 않는 것이 좋으며, 칵테일에 많이 사용된다.

(4) 큐브드 아이스(Cubed Ice)

냉장고나 제빙기로 만드는 사각형의 얼음이다. 칵테일에 많이 사용된다.

(5) 크러시드 아이스(Crushed Ice)

사각형의 큐브드 아이스를 타월에 싸서 아이스 픽의 손잡이로 두들겨 깨서 만든다. 두들겨서 으깬다는 의미로 잘게 부순 알갱이 얼음이다. 세이브드 아이스(Shaved Ice)보다 크다.

(6) 블록 오브 아이스(Block of Ice)

큰 연회나 큰 파티에서 펀치 볼에 넣어 사용한다. 1kg 이상의 큰 얼음덩어리를 넣는다.

4. 기타 재료

(1) 설탕

가루설탕(Powdered Sugar), 굵은 알갱이 설탕(Granulated Sugar), 각설탕(Cube Sugar), 흑설탕(Brown Sugar)이 있다. 칵테일에는 정제된 가루설탕 이외에 쉽게 혼합할 수 있으므로 설탕시럽을 사용하기도 한다.

(2) 주스(Juice)

오렌지주스, 레몬주스, 라임주스, 파일애플주스, 그레이프주스, 토마토주스, 크랜베리주스 등이 있다.

(3) 과일

레몬, 라임, 오렌지, 그레이프, 파인애플, 체리, 사과 등이 있다.

(4) 채소

올리브, 양파, 셀러리 등이 있다.

(5) 물

칵테일에는 소독약 냄새로 인해 수돗물을 사용하지 않고 광천수를 사용한다.

(6) 기타 재료

소금, 우유, 크림, 달걀, 꿀, 우스터소스, 소다수, 토닉워터, 청량음료, 타바스코소스, 콜린스 등이 있다.

제3절 장식

1. 장식의 중요성

칵테일은 입맛과 더불어 눈 맛으로 즐기는 음료이다. 따라서 맛뿐 아니라 장식이 칵테일과 조화를 이루어야 한다. 아름답고 조화된 장식은 칵테일을 즐기기 위해 매우 중요하다. 장식에는 주로 과일을 이용하여 다양한 형태로 만든다.

2. 장식 시 주의점

(1) 픽이나 빨대를 사용한다

많은 종류의 칵테일 픽이 있다. 이것으로 과일 등을 다양하게 꽂아 장식한다. 그리고 잔에 긴 스푼이나 빨대를 꽂기도 한다.

(2) 원상태를 사용한다

과일 사용 시 잘 세척하여 사용하고 장식 시에는 짜지 않은 원상태의 과일을 사용한다.

(3) 장식은 색이나 맛에서 칵테일과 맞아야 한다

가장 좋은 방법은 칵테일의 재료가 된 과일을 장식하는 것이다. 예를 들어 레몬은 레몬주스를 넣은 칵테일에, 오렌지는 오렌지주스를 넣은 칵테일에 사용하는 것이 좋다.

그리고 체리는 감미타입의 칵테일에, 파인애플은 트로피컬 칵테일에, 올리브는 쌉쌀한 칵테일에 적당하다.

(4) 과도한 장식은 금물이다

소소한 강조가 훨씬 더 멋나게 한다. 작은 잔에 너무 큰 장식이나 칵테일과 어울리지 않는 많은 장식은 칵테일을 오히려 부자연스러워 보이게 한다.

칵테일 픽에 파인애플 조각과 체리를 끼워 필스너 잔에 꽂아보거나 칵테일 잔에 올리브를 끼워 잔에 비스듬히 넣으면 훨씬 운치 있고 멋진 칵테일이 된다.

제4절 칵테일 관련 단위 및 계산

1. 주장 계량단위

호텔 바나 기타 영업장에서 칵테일을 조주할 때 주의할 점이 있다. 모든 칵테일은 각 영업장에서 정한 표준 레시피에 의해 만들어야 한다는 점이다. 이를 위해서는 우선적으로 표준 레시피에 맞게 정확한 용량을 계량해야 한다.

표준 레시피에 의한 조주는 동일한 칵테일의 맛과 품질을 유지할 뿐만 아니라 원가계산에도 중요하다. 따라서 각 영업장에서는 표준 레시피를 정해 두고 있다. 특이한 점은 사용하는 잔의 크기 즉 용량에 따라 칵테일 재료량도 달라진다는 것이다.

세계적으로 영업장에서 사용되는 계량단위는 나라에 따라 차이가 있지만 일반적으로 oz, mL, cl 등의 단위를 사용한다. 계량단위 중에서 tsp라는 표기를 자주 사용하는데 이는 티스푼(Teaspoon)의 약자이다.

그리고 대시(Dash 혹은 Splash)라는 것은 비터스(Bitters) 용기에서 내용물을 한 번 밖으로 뿌려서 사용한다는 의미로 사용된다. 보통 한 번 뿌릴 때 5~6방울이 나오는데 이 양은 약 1mL이다.

표 1 … 계량단위

1 cl	1/3oz = 10mL = 10ccm
1 oz	1 pony = 1 finger = 3cL = 30(29.5)mL
1 Jigger	$1\frac{1}{2}$ oz = 45mL
1 dash(Splash)	1(0.9)mL = 1/32oz
1 tsp(Teaspoon)	1/8oz
1 Table Spoon	3/8oz = 11.1mL
1 L	33.8oz
750mL	25.4oz
375mL	12.7oz
1 Split	6oz = 180mL
1 Cup	8oz = 1/2Pint
1 Pint	16oz
1 Quart	32oz
1 Gallon	128oz = 3,785mL = 3.785L

2. 혈중 알코올 측정공식[18]

독일계 위드마크가 1914년에 창안한 계산방법으로 우리나라는 1996년에 도입되었다. 이 계산방법은 음주운전자가 마신 술의 종류와 음주량, 몸무게, 성별을 넣어 계산한다. 아래 공식은 음주 후 30분이 지났을 때의 최고 수치이다.

$$\frac{\text{음주량(mL)} \times \text{알코올 도수(\%)} \times 0.7984}{\text{몸무게(kg)} \times \text{성별계수(남} = 0.7,\ \text{여} = 0.6)} = \text{혈중 알코올 농도 최고치(\%)}$$

3. 칵테일 알코올 도수 계산

① 칵테일 알코올 도수

$$\frac{(\text{사용 재료 도수} \times \text{사용량}) + (\text{사용 재료 도수} \times \text{사용량})}{\text{총 사용량}} = \text{칵테일 알코올 도수}$$

위스키 소다(빌드법)

위스키 30mL(40%), 소다 90mL(0%)

$$\frac{(30 \times 40) + (90 \times 0)}{30 + 90} = 10\%$$

셰이크법이나 스터법에서는 총 사용량에 얼음의 녹은 양을 10mL로 책정하여 더하기도 한다.

② 폭탄주 알코올 도수

$$\frac{(\text{사용 술 도수} \times \text{사용량}) + (\text{사용 술 도수} \times \text{사용량})}{\text{총 사용량}} = \text{알코올 도수}$$

럼	40%	2oz(60mL)
맥주	5%	10oz(300mL)

$$\frac{(40 \times 60) + (5 \times 300)}{360} = 10.83\%$$

4. 칵테일 원가 계산

원가는 제품의 개발, 제조, 판매 등에 직간접적으로 투입된 재화와 용역을 화폐단

위로 계산하여 표기한 것이다. 여기에는 원료비, 노무비, 경비를 생산량으로 나눈 것이다. 원가는 판매가격책정의 기본이 된다.

아래는 칵테일 제조를 위한 직접재료비에 대한 원가이다.

드라이 마티니(Dry Martini)

1) 재료별 1oz당 원가산출

재료	금액	용량	단위당 금액
드라이 진	13,000원	25oz	520원(1oz)
드라이 버무스	9,600원	32oz	300원(1oz)
올리버	5,000원	100개	50원(1개)

2) 재료투입량에 대한 금액산출

드라이 진	$1\frac{1}{2}$oz	520원 + 260원 = 780원
드라이 버무스	1/2oz	300원/2 = 150원
올리버	1개	50원 × 1 = 50원

3) 재료원가(마티니 한 잔의 재료 원가)

780 + 150 + 50원 = 980원

마티니 목표원가율 10%, 10% = 980원

판매가 : 100%

980 : 10 = X : 100 = 9,800원

만약 봉사료 10%와 부가세 10%를 추가한다면

9,800 + 980 = 10,780원 + 10%(1,078) = 11,858원

PART 4 칵테일

제5절 칵테일 만들기

1. 칵테일 만드는 일반적인 순서

① 잔 선택하기

② 잔에 얼음 넣기(차게 하기)

③ 셰이크나 믹싱 글라스에 얼음 넣기

④ 셰이크나 믹싱 글라스에 기주 넣기(빌드 법은 직접 잔에 기주 넣기)

⑤ 부재료 넣기

⑥ 흔들거나 휘젓기

⑦ 잔의 얼음 버리기(빌드 법은 생략)

⑧ 잔에 얼음 다시 넣기(쇼트 드링크나 사워, 빌드 법 등은 생략)

⑨ 잔에 칵테일 넣기(빌드 법 등은 생략)

⑩ 장식하기

⑪ 고객 앞에 코스터 놓기

⑫ 칵테일 서비스하기

⑬ 정리정돈하기

2. 주의사항

① 현장에서는 일반적으로 잔을 차갑게 미리 준비해 두어야 한다. 따라서 냉동실에 잠깐 넣어두든지 아니면 얼음으로 미리 차게 해두어야 한다. 하지만 조주시험 시에는 잔에 얼음을 넣어 잔을 차게 한다.

② 재료는 영업장에서 정해 놓은 양을 사용한다.

③ 레몬장식 시 레몬은 짜지 않은 원래의 상태를 사용한다.

④ 칵테일에 사용하는 과일은 깨끗이 세척한다.

⑤ 탄산음료는 셰이크에 넣고 흔들지 않는다.

⑥ 칵테일을 잔에 붓기 전에 얼음과 얼음 녹은 물은 부어버리고 사용한다.

⑦ 기구를 고를 때는 본인이 사용하기 쉬운 것을 선택한다.

⑧ 얼음은 맑고 깨끗하며 단단한 것을 사용한다.

⑨ 대부분의 칵테일은 잔의 80% 정도만 채워라. 이것이 100%이다.

⑩ 과일장식 시 작은 잔에는 작은 장식을, 큰 잔에는 큰 장식을 한다.

03

CHAPTER

칵테일 실무[19]

제1절 칵테일 만들기

1. 위스키 베이스(Whisky Base)

(1) 맨해탄(Manhattan)

- **재료**
  버번 위스키 $1\frac{1}{2}$oz
  스위트 버무스 3/4oz
  앙고스투라 비터스 1dash(0.9mL=1.32oz)
- **기법** 휘젓기(Stir)
- **잔** 3온스 칵테일 잔
- **장식** 체리

(2) 위스키 사워(Whisky Sour)

- **재료**
  버번 위스키 $1\frac{1}{2}$oz
  레몬주스 1/2oz
  설탕 1tsp(1/8oz)
  소다수 채우기 혹은 1oz
- **기법** 흔들기(Shake)와 직접 넣기(Build)
- **잔** 5온스 사워 잔
- **장식** 슬라이스 레몬과 체리

(3) 올드 패션드(Old Fashioned)

• **재료**

버번 위스키 $1\frac{1}{2}$oz
레몬주스 1/2oz
설탕 1tsp(1/8oz)
소다수 채우기 혹은 1oz

• **기법** 직접 넣기(Build)
• **잔** 6온스 올드 패션드 잔
• **장식** 슬라이스 오렌지와 체리

(4) 뉴욕(New York)

• **재료**

버번 위스키 $1\frac{1}{2}$oz
라임주스 1/2oz
설탕 1tsp
그레나딘 시럽 1/2tsp

• **기법** 흔들기(Shake)
• **잔** 3온스 칵테일 잔
• **장식** 레몬 필 트위스트

(5) 러스티 네일(Rusty Nail)

• **재료**

스카치 위스키 1oz
드람뷔 1/2oz

• **기법** 직접 넣기(Build)
• **잔** 6온스 올드 패션드 잔

(6) 스카치 소다(Scotch Soda)

• **재료**

스카치 위스키 1oz
소다수 가득 채우기

• **기법** 직접 넣기(Build)
• **잔** 8온스 하이볼

(7) 갓 파더(God Father)

• **재료**

스카치 위스키 $1\frac{1}{2}$oz
아마레토 2/3oz

• **기법** 직접 넣기(Build)
• **잔** 6oz 올드 패션드 잔

(8) 홀 인 원(Hole In One)

• **재료**
스카치 위스키 $1\frac{1}{2}$oz
드라이 버무스 2/3oz
레몬주스 1tsp
오렌지 비터스 1dash

• **기법** 흔들기(Shake)
• **잔** 3온스 칵테일 잔

(9) 로브 로이(Rob Roy)

• **재료**
스카치 위스키 $1\frac{1}{2}$oz
스위트 버무스 3/4oz
앙고스투라 비터스 1 dash

• **기법** 휘젓기(Stir)
• **잔** 칵테일 잔
• **장식** 체리 가능

2. 진 베이스(Gin Base)

(1) 마티니(Martini)

• **재료**
드라이 진 2oz
드라이 버무스 1/3oz

• **기법** 휘젓기(Stir)
• **잔** 칵테일 잔
• **장식** 올리브

(2) 네그로니(Negroni)

• **재료**
드라이 진 3/4oz
스위트 버무스 3/4oz
캄파리 3/4oz

• **기법** 직접 넣기(Build)
• **잔** 6온스 올드 패션드 잔
• **장식** 레몬 필 트위스트

(3) 싱가포르 슬링(Singapore Sling)

• **재료**

드라이 진 1$\frac{1}{2}$oz
레몬주스 1/2oz
설탕 1tsp
클럽 소다 가득 채우기
체리 브랜디 1/2oz

• **기법** 흔들기(Shake)와 직접 넣기(Build)
• **잔** 10온스 필스너 잔
• **장식** 슬라이스 오렌지와 체리, 빨대

(4) 탐 콜린스(Tom Collins)

• **재료**

드라이 진 1$\frac{1}{2}$oz
콜린스 믹스 가득 채우기 혹은(레몬주스 1/2oz+설탕 1tsp+소다수 적당량)

• **기법** 직접 넣기(Build) 혹은 흔들기(Shake)와 직접 넣기(Build)
• **잔** 콜린스 잔
• **장식** 슬라이스 레몬, 체리, 머들러

(5) 진 토닉(Gin Tonic)

• **재료**

드라이 진 1oz
토닉워터 가득 채우기

• **기법** 직접 넣기(Build)
• **잔** 8온스 하이볼 잔
• **장식** 레몬조각, 머들러

(6) 핑크 레이디(Pink Lady)

• **재료**

드라이 진 1oz
우유 1/2oz
그레나딘 시럽 1tsp
달걀 흰자 1ea

• **기법** 흔들기(Shake)
• **잔** 샴페인 잔

(7) 김렛(Gimlet)

• **재료**
드라이 진 $1\frac{1}{2}$oz
라임주스 3/4oz
설탕시럽 1tsp

• **기법** 흔들기(Shake)
• **잔** 칵테일 잔

(8) 오렌지 블로섬(Orange Blossom)

• **재료**
드라이 진 1oz
오렌지주스 1/3oz
설탕 1tsp

• **기법** 흔들기(Shake)
• **잔** 칵테일 잔

3. 브랜디 베이스(Breandy Base)

(1) 브랜디 알렉산더(Brandy Alexander)

• **재료**
브랜디 3/4oz
크림 드 카카오 브라운 3/4oz
우유 3/4oz

• **기법** 흔들기(Shake)
• **잔** 5온스 칵테일 잔
• **장식** 넛멕(Nutmeg)

(2) 허니문(Honeymoon)

• **재료**
애플 브랜디 3/4oz
베네딕틴 D.O.M. 3/4oz
트리플 섹 1/4oz
레몬주스 1/2oz

• **기법** 흔들기(Shake)
• **잔** 5온스 칵테일 잔

(3) 사이드 카(Side Car)

• **재료**

브랜디 1oz

쿠앵트로 1oz

레몬주스 1/4oz

• **기법** 흔들기(Shake)

• **잔** 5온스 칵테일 잔

(4) 스팅거(Stinger)

• **재료**

브랜디 $1\frac{1}{2}$oz

크렘 드 망트 화이트 1/2oz

• **기법** 흔들기(Shake)

• **잔** 3온스 칵테일 잔

(5) 비트 윈 더 시트(Between The Sheets)

• **재료**

브랜디 1/2oz

럼 1/2oz

트리플 섹 1/2oz

레몬주스 1/2oz

• **기법** 흔들기(Shake)

• **잔** 3온스 칵테일

(6) 비앤비(B&B)

• **재료**

베네딕틴 1/2part

브랜디 1/2part

• **기법** 띄우기(Floating)

• **잔** 리큐르 잔

(7) 올림픽(Olympic)

• **재료**

브랜디 3/4oz

트리플 섹 3/4oz

오렌지주스 3/4oz

• **기법** 흔들기(Shake)

• **잔** 칵테일 잔

4. 보드카 베이스(Vodka Base)

(1) 애플 마티니(Apple Martini)

• 재료
보드카 1oz
애플 퍼커 1oz
라임주스 1/2oz

• 기법 흔들기(Shake)
• 잔 5온스 칵테일 잔
• 장식 슬라이스 사과

(2) 블랙 러시안(Black Russian)

• 재료
보드카 1oz
칼루아 1/2oz

• 기법 직접 넣기(Build)
• 잔 올드 패션드 잔

(3) 블러디 메리(Bloody Mary)

• 재료
보드카 $1\frac{1}{2}$oz
우스터 1tsp
타바스코 1dash
소금 약간
후추 약간
토마토주스 가득 채우기

• 기법 직접 넣기(Build)
• 잔 하이볼 잔
• 장식 슬라이스 레몬 혹은 셀러리 스틱

(4) 코스모폴리탄(Cosmopolitan)

• 재료
보드카 1oz
트리플 섹 1/2oz
라임주스 1/2oz
크랜베리주스 1/2oz

• 기법 흔들기(Shake)
• 잔 칵테일 잔
• 장식 레몬 혹은 라임 트위스트

(5) 하비 월뱅어(Harvey Wallbanger)

• 재료
보드카 $1\frac{1}{2}$oz
오렌지주스 가득 채우기
갈리아노 1/2oz

• 기법 직접 넣기(Build)와 띄우기(Floating)
• 잔 콜린스 잔

(6) 키스 오브 화이어(Kiss of Fire)

• 재료
보드카 1oz
슬로 진 1/2oz
드라이 버무스 1/2oz
레몬주스 1tsp

• 기법 흔들기(Shake)
• 잔 칵테일 잔
• 장식 설탕 리밍(Rimming)

(7) 롱아일랜드 아이스티(Long Island Iced Tea)

• 재료
보드카 1/2oz
테킬라 1/2oz
진 1/2oz
럼 1/2oz
트리플 섹 1/2oz
스위트 & 사워 믹스 $1\frac{1}{2}$oz
콜라 가득 채우기

• 기법 직접 넣기(Build)
• 잔 콜린스 잔
• 장식 레몬 혹은 라임 조각

(8) 모스코 뮬(Moscow Mule)

• 재료
보드카 $1\frac{1}{2}$oz
라임주스 1/2oz
진저에일 가득 채우기

• 기법 직접 넣기(Build)
• 잔 하이볼 잔
• 장식 레몬 혹은 라임 슬라이스

(9) 시브리즈(Seabreeze)

- **재료**
  보드카 1$\frac{1}{2}$oz
  크랜베리주스 3oz
  그레이프주스 1/2oz
- **기법** 직접 넣기(Build)
- **잔** 하이볼 잔
- **장식** 레몬 혹은 라임 조각(wedge)

(10) 스크루 드라이버(Screw Driver)

- **재료**
  보드카 1oz
  오렌지주스 가득 채우기
- **기법** 직접 넣기(Build)
- **잔** 8온스 하이볼 잔
- **장식** 슬라이스 오렌지

5. 럼 베이스(Rum Base)

(1) 바카디(Bacardi)

- **재료**
  바카디 럼 화이트 1$\frac{3}{4}$oz
  라임주스 3/4oz
  그레나딘 시럽 1tsp
- **기법** 흔들기(Shake)
- **잔** 칵테일 잔

(2) 블루 하와이안(Blue Hawaiian)

- **재료**
  럼 1oz
  블루 큐라소 1oz
  말리부 1oz
  파인애플주스 2$\frac{1}{2}$oz
- **기법** 블렌딩(Blending)
- **잔** 다리 있는 필스너 잔
- **장식** 파인애플 스틱과 체리, 빨대

(3) 쿠바 리브레(Cuba Libre)

• 재료
럼 $1\frac{1}{2}$oz
라임주스 1/2oz
콜라 가득 채우기

• 기법 직접 넣기(Build)
• 잔 하이볼 잔
• 장식 레몬조각, 머들러

(4) 다이키리(Daiquiri)

• 재료
럼 $1\frac{3}{4}$oz
라임주스 3/4oz
설탕 1tsp

• 기법 흔들기(Shake)
• 잔 칵테일 잔

(5) 마이 타이(Mai Tai)

• 재료
럼 $1\frac{1}{4}$oz
트리플 섹 3/4oz
라임주스 1oz
파인애플주스 1oz
오렌지주스 1oz
그레나딘 시럽 1/4oz

• 기법 블렌딩(Blending)
• 잔 다리 있는 필스너 잔
• 장식 파인애플 조각과 체리, 칵테일 우산 픽, 빨대

(6) 피나 콜라다(Pina Colada)

• 재료
럼 $1\frac{1}{4}$oz
피나콜라다 믹스 2oz
파인애플주스 2oz

• 기법 블렌딩(Blending)
• 잔 다리 있는 필스너 잔
• 장식 파인애플 조각과 체리, 칵테일 우산 픽, 빨대

(7) 럼 콕(Rum Coke)

• **재료**
럼 1oz
콜라 가득 채우기

• **기법** 직접 넣기(Build)
• **잔** 8온스 하이볼 잔

(8) 마이애미(Miami)

• **재료**
럼 $1\frac{1}{2}$oz
크렘 드 망트 화이트 1/2oz
레몬주스 1tsp

• **기법** 흔들기(Shake)
• **잔** 칵테일 잔

6. 테킬라 베이스(Tequila Base)

(1) 마르가리타(Margarita)

• **재료**
테킬라 $1\frac{1}{2}$oz
트리플 섹 1/2oz
라임주스 1/2oz

• **기법** 흔들기(Shake)
• **잔** 칵테일 잔
• **장식** 소금 리밍((Rimming)

(2) 테킬라 선라이즈(Tequila Sunrise)

• **재료**
테킬라 $1\frac{1}{2}$oz
오렌지주스 가득 채우기
그레나딘 시럽 1/2oz

• **기법** 직접 넣기(Build)와 띄우기(Floating)
• **잔** 다리 있는 필스너 잔
• **장식** 슬라이스 오렌지와 체리장식 유무 상관없음

(3) 블루 마르가리타(Blue Margarita)

• **재료**
테킬라 $1\frac{1}{2}$oz
블루 큐라소 1/2oz
라임주스 1/2oz

• **기법** 흔들기(Shake)
• **잔** 칵테일 잔
• **장식** 소금 리밍((Rimming)

(4) 도우(Dow)

• **재료**
테킬라 1oz
레몬주스 1/2oz

• **기법** 직접 넣기(Build)
• **잔** 올드 패션드 잔

7. 리큐르 베이스(Liqueur Base)

(1) 애프리콧(Apricot)

• **재료**
애프리콧 브랜디 $1\frac{1}{2}$oz
진 1tsp
레몬주스 1/2oz
오렌지주스 1/2oz

• **기법** 흔들기(Shake)
• **잔** 칵테일 잔

(2) 비-52(B-52)

• **재료**
칼루아 1/3part
베일리스 1/3part
그랑 마니에르 1/3part

• **기법** 띄우기(Floating)
• **잔** 셰리 잔 혹은 리큐르 잔

(3) 그라스호퍼(Grasshopper)

- 재료
  크렘 드 망트 그린 1oz
  크렘 드 카카오 화이트 1oz
  우유 1oz
- 기법 흔들기(Shake)
- 잔 샴페인 글라스(소서형)

(4) 준 벅(June Bug)

- 재료
  멜론 리큐르 1oz
  말리브 1/2oz
  바나나 리큐르 1/2oz
  파인애플주스 2oz
  스위트 & 사워 2oz
- 기법 흔들기(Shake)
- 잔 콜린스 잔
- 장식 파인애플 조각과 체리, 빨대

(5) 푸즈 카페(Pousse Caf)

- 재료
  브랜디 1/3part
  크렘 드 망트 그린 1/3part
  그레나딘 시럽 1/3part
- 기법 띄우기(Floating)
- 잔 리큐르 잔

(6) 슬로 진 피즈(Sloe Gin Fizz)

- 재료
  슬로 진 $1\frac{1}{2}$oz
  레몬주스 1/2oz
  설탕 1tsp
  클럽 소다 가득 채우기
- 기법 흔들기(Shake), 직접 넣기(Build)
- 잔 하이볼 잔
- 장식 슬라이스 레몬

(7) 칼루아 밀크(Kahlua Milk)

- **재료**
  칼루아 1oz
  우유 2oz
- **기법** 직접 넣기(Build)와 띄우기(Float)
- **잔** 올드 패션드 잔

(8) 캄파리 오렌지(Campari Orange)

- **재료**
  캄파리 $1\frac{1}{2}$oz
  오렌지주스 가득 채우기
- **기법** 직접 넣기(Build)
- **잔** 필스너 잔
- **장식** 슬라이스 오렌지

(9) 엔젤스 팁(Angel's Tip)

- **재료**
  크렘 드 카카오 브라운 1/2part
  우유 1/2part
- **기법** 띄우기(Floating)
- **잔** 리큐르 잔
- **장식** 체리

8. 와인/맥주 베이스(Wine/Beer Base)

(1) 키르(Kir)

- **재료**
  화이트와인 3oz
  크렘 드 카시스 1/2oz
- **기법** 직접 넣기(Build)
- **잔** 화이트와인 잔
- **장식** 레몬 필 트위스트

(2) 스프리처(Spritzer)

- **재료**
  백포도주 4oz
  소다수 가득 채우기
- **기법** 직접 넣기(Build)
- **잔** 와인 잔

(3) 파나슈(Panache)

- **재료**
  맥주 1/2part
  소다수 1/2part
- **기법** 직접 넣기(Build)
- **잔** 8온스 텀블러

9. 우리 전통주 베이스

(1) 금산(Geumsan)

- **재료**
  금산 인삼주 1½oz
  칼루아 1/2oz
  애플 퍼커 1/2oz
  라임주스 1tsp
- **기법** 흔들기(Shake)
- **잔** 칵테일 잔

(2) 고창(Gochang)

- **재료**
  선운산 복분자주 2oz
  트리플 섹 1/2oz
  스프라이트 2oz 혹은 가득 채우기
- **기법** 휘젓기(Stir)와 직접 넣기(Build)
- **잔** 샴페인 잔(플루트형)

(3) 힐링(Healing)

- **재료**
  감홍로 1½oz
  베네딕틴 D.O.M. 1/3oz
  크렘 드 카시스 1/3oz
  스위트 & 사워 1oz
- **기법** 흔들기(Shake)
- **잔** 칵테일 잔
- **장식** 레몬 필 트위스트

(4) 진도(Jindo)

- **재료**
  진도 홍주 1oz
  크렘 드 망트 화이트 1/2oz
  청포도 주스 3/4oz
  라즈베리 시럽 1/2oz
- **기법** 흔들기(Shake)
- **잔** 칵테일 잔

(5) 풋사랑(Puppy Love)

- **재료**
  안동소주 1oz
  트리플 섹 1/3oz
  애플 퍼커 1oz
  라임주스 1/3oz
- **기법** 흔들기(Shake)
- **잔** 칵테일 잔
- **장식** 사과 슬라이스

5 PART

바Bar의 경영

01
CHAPTER

바Bar의 이해[20]

제1절 바의 개요

1. 바란

바(Bar)는 프랑스어의 "바리에르(barrière)"에서 유래된 말이다. 예전 유럽의 선술집 앞에 고객의 말을 매어두기 위해 말뚝에 가로대를 설치하여 만든 지금의 주차장과 같은 개념이었다. 이후 고객과 바텐더 사이에 놓여 있는 넓은 널빤지를 바(Bar)라고 하여 오늘날에는 술을 파는 주장이 되었다. 따라서 바(Bar)란 바 카운트가 설치된 술집으로 바텐더가 알코올 또는 비알코올 음료를 제공하거나 직접 제조하여 판매하는 곳이다.

오늘날의 바는 과거의 단순히 술을 마시는 곳이 아니라 사교나

비즈니스 등의 교류를 위한 장소이다. 여기서는 바를 주장의 총칭으로서 고객편의를 위한 다양한 시설과 분위기를 연출하여 휴식과 사교 및 교류의 장을 제공하는 곳으로 정의한다.

2. 바의 종류

바의 종류에는 일반적으로 누구나 방문할 수 있는 바와 특정인을 위한 멤버십 바(Membership Bar)나 VIP라운지 바가 있다. 한편 로비라운지 바, 스카이라운지 바, 스포츠 바, 칵테일 바, 와인 바, 팝 바 등 특정 이름을 붙이는 바도 있다.

호텔의 경우 일반적인 바는 일반 투숙객이나 그 외의 불특정 고객에게 다양한 음료를 서비스하는 바를 의미하고, 멤버십 바는 회원제에 의해 운영되는 바로서 일정 가입비를 지불한 회원을 대상으로 하는 바이다. VIP라운지 바는 VIP고객을 일반고객과 분리하여 최고급의 서비스를 제공하는 곳이다.

제2절 바의 조직

1. 바 조직(Bar Organization)

바(Bar)조직은 호텔이나 해당 조직에 따라 다르다. 호텔에서는 식음료부문의 하나의 부서로서 음료를 판매하는 영업장이다.

그림 1 … 호텔 식음료부문의 조직 구성도

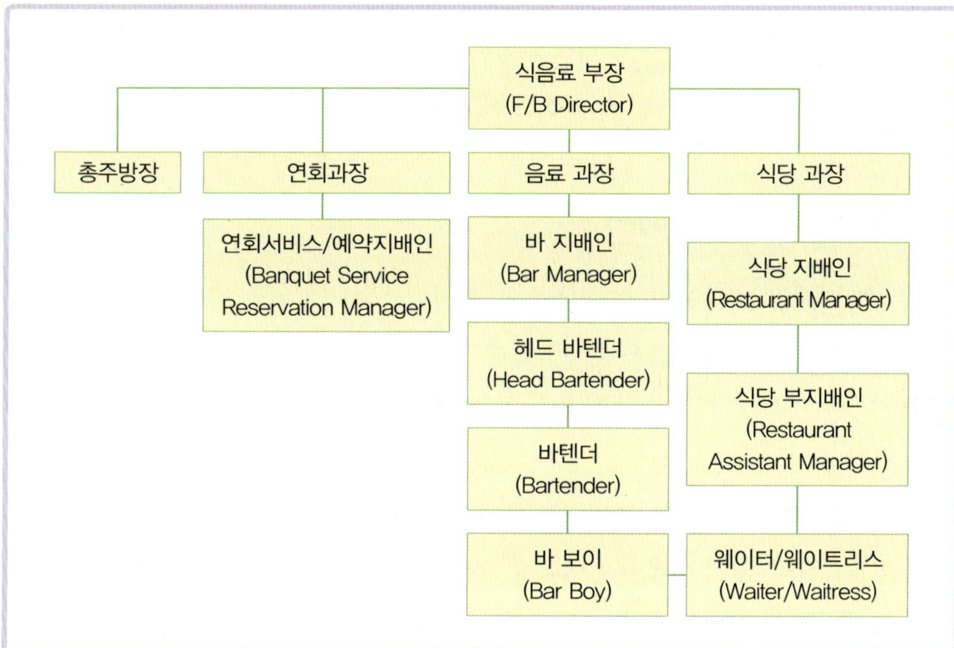

바의 조직구성은 일반적으로 바 지배인을 중심으로 하여 바텐더의 장인 헤드 바텐더(Head Bartender), 바텐더(Bartender), 바 보이(Bar Boy), 집기세척 및 준비를 하는 엑스트라(Extra)와 바의 서비스를 담당하는 서비스인원으로 구성되어 있다.

그림 2 … 바 조직도

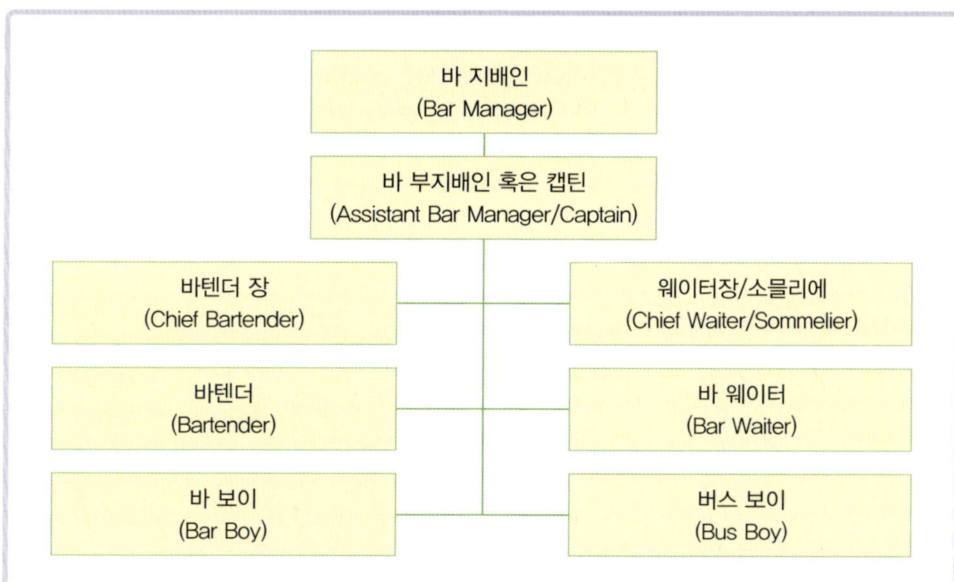

2. 직무분석(Job Description)

바의 조직은 바의 규모나 호텔 바인지 일반 바인지 등의 여러 상황에 따라 다양한 구성을 가지기 때문에 여기에서는 일반적인 조직구성원의 직무에 대해 살펴보기로 하겠다.

(1) 바 지배인(Bar Manager)

바 지배인은 바와 관련된 모든 업무에 대하여 책임과 권한을 가진다. 바 지배인은 바 종사원들을 지휘 감독하고 관리하는 책임이 있다. 바 지배인은 해박한 칵테일 조주법과 가격조정 능력 및 원가계산, 재고조사를 하고 종사원의 교육훈련과 영업전략을 수립한다.

① 바(Bar)의 청결 및 정상적인 상태를 유지하는 책임을 지고 관리한다.

② 식음료관리, 고객 불평 불만처리 및 영업장 서비스 관리 및 운영의 책임을 진다.

③ 영업전략, 판촉 및 이벤트 프로그램의 기획과 실행

④ 영업이 끝나면 영업일지 점검 및 마감작업을 확인한다.

(2) 바 캡틴(Bar Captain)

바 캡틴은 바 지배인을 보좌하며 부재 시 그의 업무를 대신 수행한다. 평상시에는 실습생이나 종사원의 교육 및 훈련, 인적 운용을 위한 근무편성 등의 업무를 한다. 영업이 마감되면 영업일지 작성 후 바 지배인에게 보고한다.

(3) 바텐더(Bartender)

① 바텐더 장의 지시 수행

② 칵테일 조주 및 기타 음료의 서비스

③ 재고조사

④ 바의 청결 유지 및 바 기물의 정리정돈

⑤ 바 카운터 고객의 주문 및 서비스

⑥ 호텔 내외에서 파티 및 이벤트 지원

(4) 웨이터/ 웨이트리스(Cocktail Waiter/Waitress)

① 영업시간 전 영업준비를 위한 기물 준비 및 테이블 정리, 환경정리

② 고객주문을 받고 바텐더로부터 주문받은 칵테일을 받아 고객에게 서비스

③ 고객이 이용한 테이블의 정리정돈, 청결 유지

(5) 바텐더 보조(Bar Boy)/버스 보이(Bus Boy)

바에서 필요한 보급품, 리넨, 소모품 등을 보급하고, 바텐더의 업무를 보조하며 청결을 유지한다.

① 바의 모든 물품을 창고로부터 보급

② 칵테일 장식 및 각종 얼음 준비

③ 맥주 및 와인, 각종 음료 준비

④ 바 비품과 카운트 주위 청결 유지

⑤ 잔, 은기류, 접시 등의 준비

제3절 바 종사원의 기본자세

1. 바 종사원의 자세

바 종사원은 고객 접점에서 영업에 중요한 역할을 담당하기에 기본적으로 갖추어야 할 사항들이 있다. 우선, 동료 간에 좋은 인간관계를 유지해야 한다. 그리고 고객

과의 대화에서 예의 바른 언행을 해야 한다. 특히 취객을 상대하므로 인내와 참을성이 있어야 한다.

① 바는 다른 식음료 영업장과 달리 개점시간 및 폐점시간이 늦고, 취객을 상대하므로 방화와 방범에 각별한 주의가 필요하다.
② 영업장 개점 후에 고객을 기다리는 대기자세는 일반 레스토랑과 동일하다.
③ 주문을 받을 때 고객에게 필요 이상으로 가까이 서지 않는다.
④ 주문받을 때 여성을 우선적으로 받고 또한 서비스한다.
⑤ 주문받은 후 주문내용을 복창하여 확인한다.
⑥ 서비스과정에서 고객에게 엉덩이가 향하지 않도록 주의해야 한다.
⑦ 단골고객의 취향을 기억해야 한다.
⑧ 추가주문 시 동석손님의 주문도 확인한다.
⑨ 고객의 지불 시 받은 금액은 반드시 동석의 고객에게 들리도록 복창한다.
⑩ 감사한 마음으로 고객을 전송하고 감사의 말씀을 전한다.
⑪ 필요시 운송수단을 수배한다.

2. 바텐더의 자세

① 칵테일은 정해진 표준 레시피에 따라 조주해야 한다.
② 고객을 항상 밝게 대해야 하며, 고객은 항상 옳다는 것을 명심한다.
③ 아는 고객이나 동료에게 술을 무료로 제공하거나 사지 않는다.
④ 바 카운트에서 음료나 기타 음식을 섭취하지 않는다.
⑤ 요금의 영수관계를 명확하게 확인해야 한다.
⑥ 다른 술이 추가되면 추가요금을 받아야 한다.
⑦ 근무시간 이외나 비번 시 바 근처나 바 내에 서성이지 않아야 한다.
⑧ 바텐더는 신문이나 잡지를 읽는 등 업무 이외의 행동을 하지 말아야 한다.
⑨ 바텐더는 항상 서서 대기한다.
⑩ 빈 술병은 지배인의 허락 없이 고객이나 동료에게 주지 말아야 한다.

02

CHAPTER

바의 수익 관리

제1절 바의 수익 관리

1. 총수익(Gross Profit)

음료판매에서 발생한 총금액에서 음료판매에 소요된 재료원가를 뺀 나머지 금액을 총수익이라고 한다.

총수익 = 판매총액 − 재료원가

순수익(Net Profit)은 총수익에서 모든 비용(종사원 급여, 보험료, 세금, 감가상각비 등)을 뺀 나머지 이익을 말한다.

2. 원가 관리

보통 경영층에서 총수익목표가 결정되면 재료비를 책정하면 된다.

판매가(100%) = 재료비(30%) + 총수익(70%)

제2절 매출액 관리

1. 매출액 증대

매출액 증대를 위해서는 많은 단골고객, 즉 충성고객의 확보가 우선적으로 필요하다. 이러한 고객을 창출하기 위해서는 한번 방문한 고객은 만족한 후에 영업장을 떠날 수 있도록 서비스와 배려를 해야 한다.

또한 이들이 다른 사람에게 구전효과를 발휘할 수 있도록 이미지 메이킹(Image Making)을 해야 한다. 한편 우편물을 통한 다이렉트 우편광고(DM: Direct Mail), 브이아이피카드(VIP Card) 발급과 같은 다양한 수단을 이용한 재방문 효과 기대, 새로운 이벤트의 개발 등이 이루어져야 한다.

2. 영업장 매출액 증가방법

매출액을 증가시키기 위한 방법에는 고객 주문 시 고객의 성향을 파악하여 단가가 높은 상품을 추천하거나, 재주문 혹은 동반고객까지 재주문할 수 있는 판매기질을 발휘하거나 단품보다는 세트 메뉴를 추천할 필요가 있다.

보통 등급 상향이나 높은 가격으로 업그레이드하여 상품을 판매하는 업 셀링(Up Selling)이 있다. 또한 연관된 다른 상품을 추천하여 추가적으로 구매를 유도하는 판매기법인 크로스 셀링(Cross Selling)이 좋은 방법이다.

3. 인건비 관리

인건비는 모든 기업에서 중요하다. 인건비의 관리가 적절하지 못하면 영업이 좋더라도 이익이 많이 창출되지 않을 수 있다. 따라서 이에 대한 관리가 필요하다. 인건비는 급료, 수당, 상여금 외에 법정 후생비, 교통비, 휴일근로비 등이 포함된다.

일반적으로 급료×(1.35~2.0)=인건비이다.

4. 부정 및 소실의 관리

바와 같은 주장 관리에서 발생하는 문제 중에는 종사원의 부정행위로 인해 이익에 영향을 받는 경우가 있다.

이러한 원인에는 우선적으로 경영자의 관리 감독 미흡이 작용한다. 따라서 바의 관리자는 음료의 구입, 저장 및 판매과정 그리고 원가관리 및 재고관리 등에 대한 전문지식을 갖추고 있어야 한다.

한편으로는 종사원이 주인의식을 가지고 정해진 규정에 의해 업무할 수 있도록 지속적인 교육이 필요하다.

1. 김경숙 · 최영준, 1999 재인용
2. 김경숙 · 최영준, 1999 재인용
3. http://www.law.go.kr
4. http://www.law.go.kr
5. 와인하우스; 김경숙 · 최영준, 1999 등 다수 자료
6. 와인하우스; 김경숙 · 최영준, 1999 등 다수 자료
7. 클로(Clos): 울타리 또는 담으로 둘러싸인 포도밭인 클리마(Climat)를 의미한다.
8. 클리마(Climat): 부르고뉴에서 사용하는 용어로 이것은 부르고뉴의 특정 포도산지로 명확하게 구분된 포도밭이라는 뜻이다. 크뤼(Cru)의 의미이다.
9. http://terms.naver.com
10. https://de.wikipedia.org; http://www.spirituosenworld.de; http://www.chefkoch.de; http://terms.naver.com; http://dic.daum.net; http://100.daum.net/encyclopedia; http://www.spirituosen-superbillig.com; http://www.rumundco.de; http://navercast.naver.com; 김경숙 · 최영준(1999); 최영준 · 서진우(2006); 이석현 · 김상진 · 김종규 · 박한(2013) 외 다수 자료
11. https://de.wikipedia.org; http://www.spirituosenworld.de; http://www.chefkoch.de; http://terms.naver.com; http://dic.daum.net; http://100.daum.net/encyclopedia; http://www.spirituosen-superbillig.com; http://www.rumundco.de; http://navercast.naver.com; 김경숙 · 최영준(1999); 최영준 · 서진우(2006) 외 다수 자료
12. https://de.wikipedia.org; http://www.spirituosenworld.de; http://www.chefkoch.de; http://terms.naver.com; http://dic.daum.net; http://100.daum.net/encyclopedia; http://www.spirituosen-superbillig.com; http://www.rumundco.de; http://navercast.

naver.com; 김경숙 · 최영준(1999); 최영준 · 서진우(2006) 외 다수 자료

13. https://de.wikipedia.org; http://www.spirituosenworld.de; http://www.chefkoch.de; http://terms.naver.com; http://dic.daum.net; http://100.daum.net/encyclopedia; http://www.spirituosen-superbillig.com; http://www.rumundco.de; http://navercast.naver.com; 김경숙 · 최영준(1999); 최영준 · 서진우(2006) 외 다수 자료

14. https://de.wikipedia.org; http://www.spirituosenworld.de; http://www.chefkoch.de; http://terms.naver.com; http://dic.daum.net; http://100.daum.net/encyclopedia; http://www.spirituosen-superbillig.com; http://www.rumundco.de; http://navercast.naver.com; http://www.koreansool.com; http://www.koreasool.or.kr; http://www.ktwine.or.kr; http://ktils.eatmart.co.kr; http://www.suldoc.com; http://www.mbcplus.com; http://www.kalia.or.kr; http://www.lotteliquor.com; http://www.kwsia.or.kr; http://www.sulkorea.kr; http://www.jnto.go.jp; http://i.nts.go.kr; 김경숙 · 최영준(1999); 최영준 · 서진우(2006); 이석현 · 김상진 · 김종규 · 박한(2013) 외 다수 자료

15. 세화편집부(2001) in http://terms.naver.com 재인용

16. 최영준 · 서진우(2004); http://www.koreansool.com; http://www.koreasool.or.kr; http://www.ktwine.or.kr; http://ktils.eatmart.co.kr; http://www.suldoc.com; http://www.mbcplus.com; http://www.kalia.or.kr; http://www.lotteliquor.com; http://www.kwsia.or.kr; http://www.sulkorea.kr; http://www.jnto.go.jp; http://i.nts.go.kr 외 다수 자료

17. 김춘옥(1994); 진양호 · 강종헌(1998); 김경숙 · 최영준(1999); 박영배(1999); 최영준(2002); 최영준 · 서진우(2004); 이석현 · 김상진 · 김종규 · 박한(2013); 유경민 · 박원수 · 최태호(2007); http://www.bartender.or.kr; http://www.q-net.or.kr; http://terms.naver.com 외 다수 자료

18. http://terms.naver.com/entry.nhn?docId=70901&cid=43667&categoryId=43667 재인용 외 다수 자료

19. 김경숙 · 최영준(1999); 최영준(2002); 최영준 · 서진우(2004); http://www.bartender.or.kr; http://www.q-net.or.kr 외 다수 자료

20. 김춘옥(1994); 송성인(1995); 진양호 · 강종헌(1998); 김경숙 · 최영준(1999); 최영준 · 김영규

(1999); 박영배(1999); 최영준(2002); 최영준 · 서진우(2004); 이석현 · 김상진 · 김종규 · 박한(2013); 유경민 · 박원수 · 최태호(2007); 서진우 · 전인호 · 김희연(2009); http://www.bar-tender.or.kr; http://www.q-net.or.kr; http://terms.naver.com 외 다수 자료

부록

1. 조주기능사 자격시험 안내
2. 조주기능사 필기시험 예상문제
3. 조주기능사 실기시험문제 안내
4. 바 용어

01

조주기능사 자격시험 안내[1)]

출제기준(필기)

직무분야	음식서비스	중직무분야	조리	자격종목	조주기능사	적용기간	2015. 1. 1 ~ 2019. 12. 31

○ 직무내용 : 주류, 비주류, 다류 등 음료 전반에 대한 재료 및 제법의 지식을 바탕으로 칵테일을 조주하고 호텔과 외식업체의 주장관리, 고객관리, 고객서비스, 경영관리, 케이터링 등의 업무를 수행하는 직무

필기검정방법	객관식	문제수	60	시험시간	1시간

필기과목명	문제수	주요항목	세부항목	세세항목
양주학개론, 주장관리개론, 기초영어	60	1. 음료론	1. 음료의 개념	1. 음료의 개념
			2. 음료의 역사	1. 음료의 역사
			3. 음료의 분류	1. 음료의 분류
		2. 양조주	1. 양조주의 개념	1. 양조주의 개념
			2. 양조주의 분류 및 특징	1. 양조주의 분류 및 특징 2. 양조주의 제조방법
			3. 와인	1. 각국 와인의 특징 2. 각국 와인의 등급 3. 각종 와인의 제조방법
			4. 맥주	1. 각국 맥주의 특징 2. 맥주의 제조방법

필기과목명	문제수	주요항목	세부항목	세세항목
양주학개론, 주장관리개론, 기초영어	60	3. 증류주	1. 증류주의 개념	1. 증류주의 개념
			2. 증류주의 분류 및 특징	1. 증류주의 분류 및 특징 2. 증류주의 제조방법
		4. 혼성주	1. 혼성주의 개념	1. 혼성주의 개념
			2. 혼성주의 분류 및 특징	1. 혼성주의 분류 및 특징 2. 혼성주의 제조방법
		5. 전통주	1. 전통주의 특징	1. 전통주의 역사와 특징
			2. 지역별 전통주	1. 지역별 전통주의 종류, 특징 및 제조법
		6. 비알코올성 음료	1. 기호음료	1. 차 2. 커피
			2. 영양음료	1. 과실 · 채소 등 주스류 2. 우유 및 발효음료
			3. 청량음료	1. 탄산음료 2. 무탄산음료
		7. 칵테일	1. 칵테일의 개론	1. 칵테일의 개론
			2. 칵테일 만드는 기법	1. 칵테일 만드는 기법
			3. 칵테일 부재료	1. 칵테일 부재료
			4. 칵테일 장식법	1. 칵테일 장식법
			5. 칵테일 잔과 기구	1. 칵테일 잔과 기구
			6. 칵테일 계량 및 단위	1. 칵테일 계량 및 단위
		8. 주장관리	1. 주장의 개요	1. 주장의 개요
			2. 주장의 조직과 직무	1. 주장의 조직과 직무
			3. 주장 운영 관리	1. 구매 2. 검수 3. 저장과 출고 4. 바의 시설과 기물관리 5. 바의 경영관리
			4. 식품위생 및 관련 법규	1. 위생적인 주류 취급방법 2. 주류판매 관련 법규
			5. 고객서비스	1. 테이블매너 2. 바 종사원의 자세 3. 주문받는 요령 4. 음료별 적정 서비스

필기과목명	문제수	주요항목	세부항목	세세항목
양주학개론, 주장관리개론, 기초영어	60	9. 술과 건강	1. 술과 건강	1. 술이 인체에 미치는 영향
		10. 고객서비스영어	1. 음료	1. 양조주 2. 증류주 3. 혼성주 4. 칵테일 5. 비알코올성 음료 6. 전통주 7. 기타 주류 영어
			2. 주장 관련 영어	1. 주장 서비스 영어 2. 호텔외식 관련 영어

주 : 1) http://www.q-net.or.kr 재인용

출제기준(실기)

직무 분야	음식 서비스	중직무 분야	조리	자격 종목	조주 기능사	적용기간	2015. 1. 1 ~ 2019. 12. 31

○ 직무내용 : 주류, 비주류, 다류 등 음료 전반에 대한 재료 및 제법의 지식을 바탕으로 칵테일을 조주하고 호텔과 외식업체의 주장관리, 고객관리, 고객서비스, 경영관리, 케이터링 등의 업무를 수행하는 직무

○ 수행준거 : 1. 숙련된 조주기법으로 칵테일에 필요한 알맞은 재료 및 도구를 선정할 수 있다.
2. 칵테일의 제조에 필요한 레시피를 정확하게 숙지하여 칵테일을 만들 수 있다.
3. 칵테일을 만드는 기구를 정확하게 사용할 수 있다.
4. 고객에 대하여 최상의 서비스를 제공할 수 있다.
5. 개인위생 및 주장위생을 위생적으로 관리할 수 있다.

실기검정방법	작업형	시험시간	7분 정도

실기과목명	주요항목	세부항목	세세항목
칵테일 조주 작업	1. 위생관리	1. 바(bar) 청결유지 · 관리하기	1. 바(bar)의 청결을 조직적으로 수행하기 위해서 일정별 홀, 바의 청결, 정리정돈을 할 수 있다. 2. 바(bar)의 청결유지를 위해서 영업종료 시 정리정돈, 청결상태를 확인할 수 있다
		2. 바(bar) 기물 위생관리하기	1. 음료의 위생적 보관을 위해서 음료 진열장의 청결을 유지할 수 있다. 2. 기물, 기구의 위생관리를 위해서 언더 바, 수납공간을 정리정돈할 수 있다.
		3. 개인위생 관리하기	1. 근무하기 전에 청결한 복장을 유지할 수 있다. 2. 이물질에 의한 오염을 막기 위해 음료를 만들 때 손을 항상 청결하게 유지할 수 있다.
	2. 음료 특성 분석	1. 음료 분류하기	1. 알코올성 비알코올성 음료를 분류할 수 있다. 2. 양조방법에 따라 음료를 분류할 수 있다. 3. 청량음료, 영양음료, 기호음료를 분류할 수 있다. 4. 주세법에 따른 음료를 분류할 수 있다.

실기과목명	주요항목	세부항목	세세항목
칵테일 조주 작업	2. 음료 특성 분석	2. 음료 특성 파악하기	1. 다양한 발효주의 테이스팅을 통하여 음료의 특성을 설명할 수 있다. 2. 다양한 증류주의 테이스팅을 통하여 음료의 특성을 설명할 수 있다. 3. 다양한 혼성주의 테이스팅을 통하여 음료의 특성을 설명할 수 있다. 4. 테이스팅을 통해서 청량음료, 영양음료, 기호음료의 특성을 설명할 수 있다.
		3. 음료 활용하기	1. 비알코올성 음료를 이용해서 칵테일 조주에 활용할 수 있다. 2. 알코올성 음료를 이용해서 칵테일 조주에 활용할 수 있다. 3. 다양한 재료를 이용해서 칵테일 조주에 활용할 수 있다.
	3. 칵테일 조주	1. 칵테일 특성 파악하기	1. 고객에게 서비스를 제공하기 위해서 칵테일의 역사 및 유래를 설명할 수 있다. 2. 칵테일 조주를 위해서 칵테일 기구의 사용법을 습득할 수 있다. 3. 칵테일 분류를 통해서 칵테일 기본지식을 습득할 수 있다.
		2. 칵테일 기법 수행하기	1. 셰이킹(Shaking) 기법을 수행할 수 있다. 2. 빌딩(Building) 기법을 수행할 수 있다. 3. 스터링(Stirring) 기법을 수행할 수 있다. 4. 플로팅(Floating) 기법을 수행할 수 있다. 5. 블렌딩(Blending) 기법을 수행할 수 있다. 6. 머들링(Muddling) 기법을 수행할 수 있다.
		3. 칵테일 조주하기	1. 동일한 맛을 유지하기 위해서 표준 레시피를 조주할 수 있다. 2. 다양한 칵테일을 제공하기 위해서 조주방법에 대한 장단점을 비교할 수 있다. 3. 고객 서비스 만족을 위해서 신속 정확하게 조주할 수 있다.
		4. 칵테일 관능평가하기	1. 칵테일의 색을 통해서 외양을 평가할 수 있다. 2. 칵테일의 향을 통해서 특성을 평가할 수 있다. 3. 칵테일의 맛을 통해서 재료의 밸런스를 평가할 수 있다. 4. 전체적인 조화를 통해서 칵테일의 완성도를 평가할 수 있다.

실기과목명	주요항목	세부항목	세세항목
칵테일 조주 작업	4. 고객 서비스	1. 고객 응대하기	1. 고객을 영접할 수 있다. 2. 고객의 요구사항을 신속하게 처리할 수 있다. 3. 고객을 환송할 수 있다.
		2. 주문 서비스하기	1. 고객의 만족을 위해 메뉴를 설명할 수 있다. 2. 신속하고 정확한 서비스를 수행할 수 있다. 3. 계절 및 시간, 상황에 맞는 서비스를 수행할 수 있다.
	5. 바(bar) 관리	1. 바(bar) 기구 · 글라스 관리하기	1. 바(bar)에서 사용되는 기구 · 글라스 등을 효과적으로 유지, 보관, 관리할 수 있다. 2. 칵테일 조주 시 사용되는 기구 · 글라스를 품목별로 진열 보관하여 신속한 조주를 수행할 수 있다. 3. 바(bar) 운영에 필요한 적정수량의 기구를 확보할 수 있다.
		2. 음료 관리하기	1. 원가관리 및 효율적인 재고관리를 위해 인벤토리를 작성할 수 있다. 2. 파스탁(par stock)에 의한 음료를 구매할 수 있다. 3. 음료의 선입선출(F.I.F.O) 관리를 수행할 수 있다. 4. 음료의 특성에 맞는 적정 온도를 유지할 수 있다.

02

조주기능사 필기시험 예상문제[1]

01. 양주의 알코올 농도는 어떻게 표시하는가?
가. volume　나. G
다. proof　라. Percent

02. 보통 맥주의 주정은?
가. 4~6도　나. 6~8도
다. 8~10도　라. 10~12도

03. 주장의 bar-helper는 무엇을 하는가?
가. 주장을 도와주는 사람
나. 술 마시는 것을 도와주는 사람
나. 주조된 술을 손님에게 서브하는 사람
라. 조주사를 보조하는 사람

04. 주장원가의 3요소는?
가. 인건비, 재료비, 세금봉사료
나. 인건비, 재료비, 주세
다. 인건비, 재료비, 주장경비
라. 인건비, 주장경비, 세금

05. 양주는 제조 공정상 크게 3가지로 분류한다. 속하지 않는 것은?
가. 양조주　나. 혼성주
다. 증류주　라. 혼합주

06. 혼성주에 속하는 술은?
가. 브랜디　나. 럼
다. 갈리아노　라. 테킬라

07. 증류주에 속하는 술은?
가. 베네딕틴　나. 위스키
다. 슬로 진　라. 드람뷔

08. 양조주에 속하는 술은?
가. 약주　나. 진
다. 캄파리　라. 샤르트뢰즈

09. 다음 중 증류주에 속하지 않는 것은?
가. 셰리와인　나. 럼
다. 보드카　라. 브랜디

주 : 1) 최영준 · 서진우(2006) 재인용

10. 셰리란?

가. 멕시코산 포도주
나. 이탈리아산 포도주
다. 프랑스산 포도주
라. 스페인산 포도주

11. 생선요리에 잘 어울리는 술은?

가. 백포도주　　나. 맥주
다. 적포도주　　라. 포트와인

12. 앙트레(entrée)와 잘 어울리는 술은?

가. 셰리와인　　나. 레드와인
다. 포트와인　　라. 브랜디

13. 애피타이저(appetizer)에 어울리는 술은?

가. 맥주　　나. 포트와인
다. 위스키　　라. 셰리와인

14. 포도주의 품질을 결정하는 주원인이 아닌 것은?

가. 포도품종　　나. 토양
다. 효모　　라. 물

15. 병 포도주의 저장방법은?

가. 15도 정도 눕힌다.
나. 15도 정도 거꾸로 눕힌다.
다. 세워 놓는다.
라. 45도 정도 눕힌다.

16. 연결과정이 틀린 것은?

가. 포르투갈 - 포트와인
나. 스페인 - 셰리와인
다. 독일 - 적포도주
라. 프랑스 - 코냑, 브랜디

17. 축하용으로 마시는 술이 아닌 것은?

가. 샴페인　　나. 맥주
다. 스푸만테　　라. 젝트

18. 와인을 용도별로 크게 3가지로 나누면?

가. 조리용, 식사용, 축배용
나. 식사전, 식사용, 식후용
다. 축배용, 식사전, 식사용
라. 조리용, 칵테일용, 식사용

19. 셰리와 관계가 없는 것은?

가. 스페인　　나. 헤레스
다. 적포도주　　라. 식욕촉진제

20. 샴페인의 발명가는?

가. 실비우스　　나. 동 페리뇽
다. 파스퇴르　　라. 연금술사

21. 스위트 버무스와 관계없는 것은?

가. 이탈리안 버무스　　나. 프랜치 버무스
다. 화이트와인　　라. 토리노

22. 실내온도에서 제공되어야 할 것은?

가. 백포도주　　나. 적포도주
다. 맥주　　라. 샴페인

23. aperitif와인은 어느 것인가?

가. 셰리와인　　나. 포트와인
다. 옐로와인　　라. 샴페인

24. 백포도주의 제공온도는?

가. 1~3도　　나. 2~5도
다. 6~10도　　라. 10~12도

25. 레드와인의 제공온도는?

가. 6~7도　　나. 10~12도
다. 15~17도　　라. 17~19도

26. 샴페인은 어디에서 생산되는 것인가?

가. 프랑스 샹파뉴　　나. 이탈리아 아스티
다. 독일 라인지방　　라. 스페인

27. 샴페인의 원료는?
가. 포도 나. 보리
다. 사과 라. 옥수수

28. 식사 전 술(식전주)로 적당한 것은?
가. 적포도주 나. 셰리와인
다. 맥주 라. 포트와인

29. 육류코스에 어울리는 것은?
가. 백포도주 나. 포트와인
다. 로제와인 라. 적포도주

30. 디저트를 먹을 때 제공되는 술은?
가. 드라이 마티니
나. 드라이 셰리
다. 포트와인
라. 드라이 화이트와인

31. 샴페인 중에서 당분함량이 가장 많은 것은?
가. Brut 나. Sec
다. Doux 라. Demi sec

32. 디저트용으로 어울리지 않는 것은?
가. 포트와인 나. 마데이라
다. 버무스 라. 마르살라(Marsala)

33. 맥주를 형성하고 있는 주원료가 아닌 것은?
가. 물 나. 효모
다. 홉 라. 소맥

34. 맥주의 제조공정은?
가. 맥아 - 당화 - 발효 - 저주
나. 맥아 - 제근 - 발효 - 여과
다. 제근 - 분쇄 - 발효 - 당화
라. 맥아 - 당화 - 숙성 - 발효

35. 맥주를 가장 많이 마시는 나라는?
가. 미국 나. 영국
다. 독일 라. 덴마크

36. 우리가 흔히 말하는 생맥주란?
가. 라거비어
나. 드래프트(draft) 비어
다. 흑맥주
라. 스타우트

37. 상면발효맥주가 아닌 것은?
가. Stout 나. Ale
다. Black beer 라. Porter

38. 상면발효맥주는 어느 나라가 유명한가?
가. 영국 나. 미국
다. 덴마크 라. 독일

39. 살균하여 마시는 맥주는?
가. Draft beer 나. Black beer
다. Porter beer 라. Larger beer

40. 맥주를 마시기 적정한 온도는?
가. 여름 8도, 겨울 15도
나. 여름 7도, 겨울 10도
다. 여름 10도, 겨울 12도
라. 여름 3도, 겨울 5도

41. 전분질이 있는 곡물을 원료로 한 증류주가 아닌 것은?
가. 보드카 나. 맥주
다. 럼 라. 진

42. 위스키의 제조공정은?
가. 건조 - 분쇄 - 당화 - 혼합 - 증류 - 저장
나. 건조 - 침수 - 발이 - 제조 - 증류 - 혼합
다. 발아 - 건조 - 분쇄 - 당화 - 증류 - 저장
라. 발아 - 건조 - 당화 - 혼합 - 증류 - 저장

43. 스카치 위스키의 주원료는?
가. 옥수수 나. 호밀
다. 밀 라. 보리

44. 오늘날 스카치 위스키가 재래식으로 만들어진 동기와 거리가 먼 것은?
가. Peat 나. 밀조
다. Patent still 라. Pot still

45. 병에 들어 있는 위스키의 도수는 어떻게 맞추는가?
가. 숙성과정에서 적정도수로 맞춘다.
나. 병에 넣기 전에 증류수로 도수를 맞춘다.
다. 냉각과정에서 도수를 맞춘다.
라. 배팅과정에서 도수를 맞춘다.

46. 스카치 위스키의 상표가 아닌 것은?
가. Bell's 나. Crown royal
다. White horse 라. Vat69

47. 몰트를 주로 사용한 위스키는?
가. 스카치 위스키 나. 캐나디언 위스키
다. 버번 위스키 라. 아이리시 위스키

48. 스카치 위스키와 어울리는 음료는?
가. 사이다 나. 소다수
다. 토닉워터 라. 진저에일

49. 버번 위스키에 어울리는 음료는?
가. 사이다 나. 세븐업
다. 콜라 라. 토닉워터

50. 버번 위스키는 어느 나라의 술인가?
가. 일본 나. 미국
다. 스코틀랜드 라. 프랑스

51. 럼과 관계가 먼 것은?
가. 사탕수수 나. 몰트
다. 당밀 라. 서인도제도

52. 헤비 럼이 유명한 나라는?
가. 멕시코 나. 브라질
다. 콜롬비아 라. 자메이카

53. 화이트 럼이 유명한 나라는?
가. 쿠바 나. 자메이카
다. 스페인 라. 중국

54. 칵테일을 만들 때 어떤 럼이 많이 사용되는가?
가. 다크 럼 나. 화이트 럼
다. 헤비 럼 라. 미디엄 럼

55. 브랜디는 무엇으로 만드는가?
가. 옥수수 나. 보리
다. 포도 라. 고구마

56. 브랜디의 등급 중에서 가장 최고로 부르는 것은?
가. VSOP 나. XO
다. Extra 라. VO

57. 사과를 원료로 만들어진 브랜디는?
가. 코냑 나. 사이다
다. 키르슈 라. 애플 브랜디

58. Calvados란 무엇인가?
가. 사이다 나. 아르마냑 브랜디
다. 프렌치 브랜디 라. 애플 브랜디

59. 드라이 진은 어느 곳이 가장 유명한가?
가. 독일 나. 영국
다. 네덜란드 라. 미국

60. 테킬라를 설명한 것이다. 틀린 것은?
가. 증류주
나. 무색투명
다. 용설란이 주원료
라. 혼성주이다.

61. 손으로 따뜻하게 해서 먹는 술은?
가. 리큐르 나. 적포도주
다. 브랜디 라. 위스키

62. 다음 중 저장, 숙성하지 않는 증류주는?
가. 브랜디
나. 보드카
다. 아이리시 위스키
라. 스카치 위스키

63. 테킬라란?
가. 멕시코 증류주
나. 스페인산 증류주
다. 프랑스산
라. 멕시코산 양조주

64. 브랜디의 표시 중 엑스트라는 몇 년 된 것인가?
가. 15년 이상 나. 25년 이상
다. 45년 이상 라. 75년 이상

65. 세계에서 생산되는 술 중에서 4대산 화이트 Spirit이 아닌 것은?
가. 진 나. 보드카
다. 아쿠아비트 라. 백포도주

66. 코냑 브랜디의 주원료는?
가. 포도 나. 브랜디
다. 와인 라. 옥수수

67. 진의 발명가는?
가. 동 페리뇽 나. Morret
다. Camus 라. 헤네시

68. 북유럽의 대표적인 증류주는?
가. 보드카 나. 테킬라
다. 럼 라. 아쿠아비트

69. 캐비아와 가장 잘 어울리는 술은?
가. 포트와인 나. 샴페인
다. 보드카 라. 진

70. 오드볼에 잘 어울리는 술은?
가. 셰리와인 나. 적포도주
다. 포트와인 라. 칼바도스

71. 혼성주를 만드는 방법 중에서 틀린 것은?
가. 침출법 나. 증류법
다. 혼합법 라. 에센스법

72. 혼성주와의 관계가 가장 밀접한 내용은?
가. 피로회복제 나. 해열제
다. 소화촉진제 라. 미용제

73. 박하향이 나는 혼성주는?
가. 쿠앵트로 나. 드람뷔
다. 갈리아노 라. 크렘 드 망트

74. 초콜릿 맛이 나는 혼성주는 어느 것인가?
가. 크렘 드 카카오
나. 크렘 드 망트
다. 크렘 드 만다린
라. 쿠앵트로

75. 오렌지로 만드는 것이 아닌 것은?
가. 큐라소 나. 트리플 섹
다. 아마레토 라. 쿠앵트로

76. 쓴맛이 강한 술은?
가. 아니제트　　나. 큐라소
다. 비터스　　라. 아나나스

77. 비터스의 특징과 거리가 먼 것은?
가. 쓴맛의 술　　나. 강장주
다. 건위 및 해열제　　라. 피로회복

78. 리큐르 만드는 방법 중에서 경비가 가장 적게 드는 법은?
가. 침지법　　나. 에센스법
다. 증류법　　라. 침출법

79. 다음 중에서 탄산음료가 아닌 것은?
가. 사이더　　나. 콜라
다. 소다수　　라. 토닉워터

80. 브랜디와 가장 잘 어울리는 것은?
가. 진저에일　　나. 콜라
다. 소다수　　라. 토닉워터

81. 진(Gin)과 가장 잘 어울리는 술은?
가. 콜라　　나. 진저에일
다. 소다수　　라. 토닉워터

82. Grapefruit juice는 어떤 것인가?
가. 포도주스　　나. 자몽주스
다. 탄산음료 일종　　라. 오렌지주스

83. 칵테일을 만들 때 가장 많이 쓰는 시럽은?
가. Maple 시럽　　나. Gum시럽
다. 그레나딘 시럽　　라. 플레인 시럽

84. 다음 중 향신료가 아닌 것은?
가. 비터스　　나. 시나몬
다. 넛멕　　라. 클로버

85. 다음 중 기호음료가 아닌 것은?
가. 커피　　나. 콜라
다. 홍차　　라. 코코아

86. 다음은 우리나라 술이다. 리큐르는 어느 것인가?
가. 약주　　나. 동동주
다. 문배주　　라. 인삼주

87. 다음 중에서 청량음료는?
가. 콜라　　나. 맥주
다. 피즈　　라. 콜린스

88. 칵테일을 만들 때 부재료로 가장 많이 사용되는 것은?
가. 포도　　나. 오렌지
다. 레몬　　라. 파인애플

89. 칵테일을 마실 때 보통 3가지의 맛으로 구분한다. 옳지 않은 것은?
가. 짠맛　　나. 신맛
다. 쓴맛　　라. 단맛

90. 86proof의 양주도수를 우리나라 도수로 표시하면?
가. 40도　　나. 86도
다. 43도　　라. 21.5도

91. 1온스는 몇 mL인가?
가. 20mL　　나. 10mL
다. 30mL　　라. 45mL

92. 1지거(jigger)는 몇 mL인가?
가. 10mL　　나. 20mL
다. 30mL　　라. 45mL

Appendix

정답

1	2	3	4	5	6	7	8	9	10	11	12	13	14	15
다	가	라	다	라	다	나	가	가	라	가	나	라	라	가
16	17	18	19	20	21	22	23	24	25	26	27	28	29	30
다	나	나	다	나	나	나	가	다	라	가	가	나	라	다
31	32	33	34	35	36	37	38	39	40	41	42	43	44	45
다	다	라	가	다	나	다	가	라	나	다	다	라	다	나
46	47	48	49	50	51	52	53	54	55	56	57	58	59	60
나	가	나	다	나	나	라	가	나	다	다	라	라	나	라
61	62	63	64	65	66	67	68	69	70	71	72	73	74	75
다	나	가	라	라	가	나	라	다	가	다	가	라	가	다
76	77	78	79	80	81	82	83	84	85	86	87	88	89	90
다	라	나	가	가	라	나	다	가	나	라	가	다	가	다
91	92													
다	라													

03

조주기능사 실기시험문제 안내

국가기술자격 실기시험문제

자격종목	조주기능사	과제명	칵테일

비번호 :

※ 시험시간 : [표준시간 : 7분, 연장시간 : 없음]

1. 요구사항

※ 다음의 칵테일 중 감독위원이 제시하는 3가지 작품을 주조하여 제출하시오.

번호	칵테일	번호	칵테일	번호	칵테일	번호	칵테일
1	Pousse Cafe	6	Bloody Mary	11	Whiskey Sour	16	B-52
2	Manhattan Cocktail	7	Singapore Sling	12	New York	17	June Bug
3	Dry Martini	8	Black Russian	13	Harvey Wallbanger	18	Bacardi Cocktail
4	Old Fashioned	9	Margarita	14	Daiquiri	19	Sloe Gin Fizz
5	Brandy Alexander	10	Rusty Nail	15	Kiss of Fire	20	Cuba Libre

번호	칵테일	번호	칵테일	번호	칵테일	번호	칵테일
21	Grasshopper	26	Side Car	31	Apricot Cocktail	36	Healing
22	Seabreeze	27	Mai Tai	32	Honeymoon Cocktail	37	Jindo
23	Apple Martini	28	Pina Colada	33	Blue Hawaiian	38	Puppy Love
24	Negroni	29	Cosmopolitan Cocktail	34	Kir	39	Geumsan
25	Long Island Iced Tea	30	Moscow Mule	35	Tequila Sunrise	40	Gochang

2. 수험자 유의사항

1) 시험시간 전 2분 이내에 재료의 위치를 확인합니다.
2) 감독위원이 요구한 3가지 작품을 7분 내에 완료하여 제출합니다.
3) 검정장시설과 지급재료 이외의 도구 및 재료를 사용할 수 없습니다.
4) 시설이 파손되지 않도록 주의하며, 실기시험이 끝난 수험자는 본인이 사용한 기물을 3분 이내에 세척 · 정리하여 원위치에 놓고 퇴장합니다.
5) 채점 대상에서 제외되는 경우는 다음과 같습니다.

가) 오 작 :

(1) 3가지 과제 중 2가지 이상의 주재료(주류) 선택이 잘못된 경우

(2) 3가지 과제 중 2가지 이상의 조주법(기법) 선택이 잘못된 경우

(3) 3가지 과제 중 2가지 이상의 글라스 사용 선택이 잘못된 경우

(4) 3가지 과제 중 2가지 이상의 장식 선택이 잘못된 경우

(5) 1과제 내에 재료(주 · 부재료) 선택이 2가지 이상 잘못된 경우

나) 미완성 :

(1) 요구된 과제 3가지 중 1가지라도 제출하지 못한 경우

※ 국가기술자격 시험문제는 저작권법상 보호되는 저작물이고, 저작권자는 한국산업인력공단입니다. 시험문제의 일부 또는 전부를 무단 복제, 배포, (전자)출판하는 등 저작권을 침해하는 일체의 행위를 금합니다.

04

바 용어

A

After Dinner Drinks 미국에서 일반적으로 이용하는 저녁식사 후의 음료로, 소화촉진에 도움이 되는 음료를 마시는데 대개 단맛의 음료를 즐긴다.

After Taste 음료를 마시고 난 후 입안의 뒷맛, 즉 입안에 남아 있는 향과 맛

Amaretto 이탈리아산 아몬드 리큐르

Angostura 베네수엘라의 앙고스투라에서 하이델베르크의 의사인 지게르트(Siegert)가 1824년에 발견한 방향제로 주로 칵테일의 아로마용으로 사용된다.

Aperitif 식사 전에 식욕촉진용으로 사용되는 음료로 라틴어 Aperire=open에서 유래

Aperol 알코올 농도가 11%인 이탈리아산 아페리티프

Apple Jack 미국산 사과브랜디

Apricot Brandy 살구 리큐르

Aquavit 북유럽에서 감자와 곡류로 만든 화주

Arak 서인도제도에서 쌀과 사탕수수로 만든 화주

Armagnac 프랑스 아르마냑산 브랜디

Aroma 향

B

Bacardi 세계적인 중남미의 럼이자 회사상표

Base 칵테일의 기본 주, 기주

Before Dinner Drinks 미국에서 사용하는 용어로 식사 전에 마시는 음료를 총칭한다. 대개 시고, 쓰

거나 드라이한 맛이 나는 음료를 사용하여 식욕을 돋우는 역할을 함

Bianco 이탈리아어로 흰색

Bitter Lemon 키닌(Chinin)을 함유한 레몬에이드

Blanc 프랑스어로 화이트

Blanco 스페인어로 화이트

Blender 전기믹서기(예: Hamilton Beach)

Bourbon 미국산 옥수수로 만든 위스키

Brut 샴페인이나 스파클링 와인의 드라이한 맛

C

Calvados 프랑스 노르망디산 사과브랜디

Campari 세계적으로 유명한 이탈리아산 아페리티프

Cassis 프랑스산 블랙커런트(Blackcurrant)로 만든 과일 리큐르

Champagne 프랑스 샹파뉴산 스파클링 와인

Chartreuse 130여 가지의 약초와 향료를 혼합하여 만든 리큐르

Chaser(side water) 높은 도수의 술을 마실 때 같이 나오는 입가심용 음료

Cherry Heering 덴마크산 과일 리큐르

Chilling 냉각

Cider 사과를 발효하여 만든 사과주

Cinzano 이탈리아산 Vermouth와 스파클링 와인상표

cl 센티리터, 1/100리터라는 뜻으로 1cl=10mL

Clos 부르고뉴 지방의 포도밭

Coaster 잔 아래 까는 받침대

Cognac 프랑스 코냑산의 세계적인 브랜디

Cointreau 프랑스산 오렌지 리큐르

Cote 프랑스어로 포도원 혹은 포도언덕이라는 뜻

Creme de Banana 바나나로 만든 과일 리큐르

Cru 특정 포도밭에서 생산되는 와인이라는 뜻의 프랑스어

Cynar 이탈리아산 쓴맛의 아페리티프

D

Dash 병을 뿌려서 나오는 양으로 1대시는 5~6드롭

Decanter 와인을 옮겨 담는 유리병

Demi-sec 프랑스어로 Medium-Dry라고 함

Drambuie 위스키와 허브로 만든 스코틀랜드산 리큐르

Doux 단맛이라는 프랑스어

Drop 우리나라 말로 한 방울

Dry 당도가 거의 없고 건조한

F

Fiasco 짚으로 둘러싼 키안티 와인이라는 의미의 이탈리아어

Filler 대부분 무알코올음료(주스, 소다 등)를 특정 칵테일에 혼합하는 것

G

Galliano 이탈리아산 리큐르

Grand Cru 오래 숙성된

Grand Marnier 프랑스산 오렌지 리큐르

Grappa 이탈리아산 술지게미로 우려낸 브랜디

Grenadine Syrup 석류와 설탕을 혼합한 진한 농도의 붉은색 시럽

H

Halb Trocken 독일어로 중간 드라이=Medium Dry

Half & Half 두 종류의 다른 술을 반반씩 따르는 것

Hop 맥주의 쓴맛을 내는 원료

I

Irish Mist 아일랜드산 리큐르로 위스키에 벌꿀, 향초, 오렌지 과피를 혼합

J

Jägermeister 독일산 약초 리큐르

K

Kabinett Wein 독일 와인의 라벨에 쓰이는 용어로 최고급 등급 중 가장 낮은 등급

Kahlua 테킬라 베이스의 멕시코산 커피 리큐르

Kümmel 발트해 연안산 리큐르

L

Label 병의 상표

Liqueur 발효, 증류한 술에 약초나 향초, 과일 등을 혼합한 술

M

Malibu 자메이카의 화이트 럼과 야자열매로 만든 리큐르

Mis en Bouteille ~에서 병입한

Mousseux 프랑스어로 스파클링 와인

Myers 유명한 자메이카 럼 상표

N

Nutmeg 육두구

O

Ouzo 그리스의 아니스 브랜디

P

Par Stock 일일 적정 재고량, 업무 시작 전 바(Bar)에서 판매 가능한 양만큼 준비하는 각종 재료

Peel 과일 껍질

Pernod 아니스 베이스의 프랑스산 스피릿

Podere 포도원이라는 뜻으로 이탈리아어

Port Wine 포르투갈산 디저트 와인

Proof 미국식 알코올 농도표시(100Proof=50Vol.%)

R

Ramazzotti 이탈리아산 약초 리큐르

Rosado(Rose) 로제라인 뜻의 핑크와인으로 포르투갈어

Rosso 이탈리아어로 붉은

Rum 사탕수수로 만든 화주

S

Sambuca 라일락, 아니스 향이 첨가된 이탈리아산 리큐르

Sec 프랑스어로 드라이

Sekt 독일산 발포성 와인

Slice 칵테일용 장식을 얇게 써는 것

Sling 보통 증류주에 단맛과 신맛을 더해 물로 희석시킨 것

Sour 신맛

Sommelier 주문받은 요리와 어울리는 와인을 추천하는 전문가

Southern Comfort 오렌지, 복숭아 향이 첨가된 미국산 위스키

Spumante 이탈리아어로 발포성 와인

Stir 휘젓기

Straight up Plain과 같은 의미로 Pure라는 뜻

T

Table Wine 가장 대중적이고 값이 싼 와인

Tequila 멕시코의 용설란으로 만든 화주

Tia Maria 럼과 약초 베이스로 만든 카리브의 커피 리큐르

Tinto 포르투갈에서 레드와인 지칭

T.P.O 칵테일의 경우 시간(Time), 장소(Position), 상황(Occasion)에 따라 구분하여 마신다는 의미

Trocken 독일어로 드라이

U

Unicum 헝가리 원류의 43가지가 들어간 약초 리큐르

V

Vendange=Vintage(영어) 프랑스어로 포도 수확연도

Vin 프랑스어로 와인

Vine 포도나무

Vino 이탈리아어로 와인

Vodka 감자나 곡류로 만든 화주

W

Waiter Knife 웨이터가 병을 열거나 와인을 개봉할 때 사용하는 칼

Weeper 코르크마개가 잘못된 와인

Wein 독일어로 와인

경향신문, 2008. 3. 12 외 다수 자료.
고치원 외, 칵테일교실, 동신출판사, 1997.
김경숙 · 최영준, 음료 · 주장관리론, 대왕사, 1999.
김민환 · 유영진 · 김인웅, 와인학개론, 닥터뱅, 2012 외 다수 닥터뱅아카데미시리즈.
김성혁, 외식업의 서비스, 백산출판사, 1996.
김의겸, 소믈리에실무, 백산출판사, 2007.
김정근, 호텔경영론, 대왕사, 1996.
김준철, 국제화시대의 양주상식, 노문사, 1996.
김준철, 양주상식, 노문사, 1996.
김준철, 와인, 알고 마시면 두 배로 즐겁다. 세종서적(주), 1997.
김춘옥, 칵테일백과, 효성, 1994.
김태한, 가자 세계주류백화점, 1997.
김한식, 현대인과 와인, 도서출판나래, 1996.
김한식, 현대인과 와인, 태웅출판, 1990.
김호남, 양주와 칵테일, 도서출판형제사, 1980.
다니엘 르콩트 데 플로리스 · 에릭 리베르 · 타마라 토르제프스키 · 피에르 에밀 뒤랑 저(박찬규 역), 와인, 창해, 2000.
박문각 시사상식편집부, 최신시사상식 핵심 용어사전, 박문각, 2014.
박영배, 음료주장관리, 백산출판사, 1999.
박정미 역, 초보자를 위한 와인가이드, 베텔스만코리아, 2000.
배영호, 알기 쉬운 우리 술 이야기, 배상면주가, 1999.
(사)한국바텐더협회 홈페이지(www.bartender.or.kr), 2015.

살림출판사, 와인, 어떻게 즐길까, 2006.
서진우, 조주기능사, 기문사, 2001.
서진우 · 전인호 · 김희연, 칵테일실무 테크닉, 대왕사, 2009.
서한정, 와인에센셜, 아카데미북, 2003.
세화 편집부, 화학대사전, 2001.
손진호, 와인, 대원사, 2003.
송성인, 칵테일의 미학, 진원문화사, 1995.
오승일, 음료 사업경영, 백산출판사, 1990.
오승일, 주장관리, 형설출판사, 1987.
오정환, 양주와 주장관리론, 기문사, 1990.
원융희, 와인의 세계, 보경문화사, 1997.
원융희, 커피이야기, 학문사, 1999.
원홍석 · 전현모 · 권지영, 와인과 소믈리에, 백산출판사, 2012.
월간 호텔 & 레스토랑, 다수 자료.
유경민 · 박원수 · 최태호, 칵테일, 대왕사, 2007.
이석현 · 김의겸 · 김종규 · 김학재 · 김선일, 조주학개론, 백산출판사, 2007.
장 루이 스파르몽 · 장 클로드 콜랭 · 크리스티앙 드글라, 맥주, 창해, 1998.
정동효, 발효, 대광서림, 1997.
조선일보, 2010. 12. 16 외 다수 자료.
주간경향, 2014. 7. 8 외 다수 자료.
진양호 · 강종헌, 호텔&외식산업 원가관리론, 지구문화사, 1998.
집에서 즐기는 퓨전 칵테일, 홍익출판사, 2000.
최영준, 호텔 외식산업 종사자를 위한 칵테일실무, 문운당, 2002.
최영준, 호텔식음료서비스론, 기문사, 2000.
최영준 · 김영규, 호텔경영론, 대왕사, 1999.
최영준 · 서진우, 소믈리에, 대왕사, 2014.
최영준 · 서진우, 주류학의 이해, 기문사, 2004/2006.
최영준 · 서진우, 최신식음료경영론, 대왕사, 2004.
캐런 맥닐 저(백은주 · 문은실 · 최신덕 역), Wine Bible, 바롬웍스, 2010.

한겨레, 2014. 10. 8 외 다수 자료.

한국산업인력공단 홈페이지(www.hrdkorea.or.kr), 2015.

한국와인교육협회, 소믈리에 자격시험 문제집, 2015 외 다수 자료.

한국콘텐츠진흥원, 문화콘텐츠닷컴-문화원형백과 와인문화, 2005.

Barbara Ensrud, Beverage Management Manual, The Education Insititute of the American Hotel & Motel Association, 1986.

Berry Lonard, L. Valaire A. Zeithaml, A. Parasuraman, Quality counts in service too, Business Horinons, 1985.

Biblus, Das 1*1 des guten Weins, Muenchen: Mosaik Verlag GmbH, 1976.

Bill MacDowell, Funny Business, Vol. 104, Restaurant & Institutions, 1994.

Brauwelt, 1997. 6. 26.

Cornell University, Quality Service, Restaurant Manager Bible, 1986.

Degen, Jobst, Kessler, Getraenkeservice fuer Hotelbar, Buffet und Restaurant, Muenchen: Carl Gerber Verlag, 1993.

Dries Friedel, Grundzuege der Getraenke- und Servierkunde, Giessen: Fachbuchverlag Dr. Pfanneberg & Co., 1975.

Dries Friedel, Metz Reinhold, Die junge Hotelfachfrau, 5 Auflage, Giessen, Leipzig: Fachbuchverlag Dr. Pfanneberge & Co., 1995.

Fiona Beckett, Wine Uncorked, Willow Creek Press, 1999.

Gary Regan, The Bartender's Bible, 2003.

Gollmick, Bocker, Gruenzel, Das Weinbuch, Leipzig: VEB Fachbuchverlag, 1980.

Groupe Pernod Ricard, Wine & Spirits, 1996.

John J. Poister, Bartender Guide, 1989.

KOTRA, Warsaw Business Journal, Nielson, Euromonitor, Google, 바르샤바무역관종합, 2013.

Nienmeier, Jack D., Food & Beverage Management, Michigan AH&MA, 1984.

Phillip Collins, The Art of the Cocktail, 100 Classic Cocktail Recipes, Chroncle Book, 1992.

Salley, and Beck, 1000 Cocktail, 1994.

Wine Review, 20, No. 148 외 다수 자료.

Web Site

http://100.daum.net/encyclopedia
http://ch.yes24.com
http://dic.daum.net
http://i.nts.go.kr
http://ktils.eatmart.co.kr
http://navercast.naver.com
http://sports.chosun.com
http://terms.naver.com
http://weinverkostung.com
http://www.Bartender.or.kr
http://www.Bordeaux.com
http://www.bud.co.kr
http://www.chefkoch.de
http://www.cockstail.co.kr
http://www.cocktail.or.kr
http://www.cocktailnara.co.kr
http://www.de.wikipedia.org
http://www.deutscheweine.de
http://www.ernestopauli.ch/Wein/Kanada.htm
http://www.germanwine.de
http://www.globalwindow.org
http://www.grape.or.kr
http://www.hitejinro.com
http://www.ilovegrape.or.kr
http://www.joongdo.co.kr
http://www.kalia.or.kr
http://www.koreansool.com
http://www.koreasool.or.kr

http://www.ktwine.or.kr
http://www.kwsia.or.kr
http://www.lotteliquor.com
http://www.mbcplus.com
http://www.myhome. netian.com
http://www.myhome.shinbiro.com
http://www.q-net.or.kr
http://www.rumundco.de
http://www.schweizerweine.info
http://www.spirituosen-superbillig.com
http://www.spirituosenworld.de
http://www.suldoc.com
http://www.sulkorea.kr
http://www.vdp.de
http://www.vineola.de
http://www.visitcalifornia.co.kr
http://www.wbkn.tv
http://www.weinkenner.de
http://www.winenara.co.kr
http://www.winenara.com
http://www.wineok.com
http://www.winevalley.co.kr
https://de.wikipedia.org
https://de.yahoo.com
https://www.langtons.com.au

저자 소개

최영준

현) 동명대학교 호텔경영학과 교수

관심분야 _ 호텔식음료

조봉기

현) 부산외국어대학교 교수(산학협력단, 호텔마리나크루즈연계 전공)
대한관광경영학회 이사
한국호텔리조트학회 이사
한국와인교육협회 기획홍보이사

동명대학교 대학원 호텔관광학과(호텔관광경영학석사)
동명대학교 대학원 호텔관광학과 박사과정

전) 부산여대 커피바리스타과 겸임교수
동의과학대학교 국제관광계열 겸임교수
부산과학기술대학교 호텔경영학과 겸임교수
파라다이스호텔 근무
대구그랜드호텔 객실팀장, 판촉팀장
코모도호텔부산 총괄영업부장

관심분야 _ 호텔식음료

문지성

현) 동의과학대학교 국제관광계열 호텔관광서비스전공 교수
동의과학대학교 국제교류센터장
대한관광경영학회 학술이사

전) 부산롯데호텔 근무
한국소믈리에협회 부산지회장

관심분야 _ 호텔식음료

음료관리

2016년 3월 10일 초판 1쇄 인쇄
2016년 3월 15일 초판 1쇄 발행

지은이 최영준 · 조봉기 · 문지성
펴낸이 진욱상 · 진성원
펴낸곳 백산출판사
교　정 편집부
본문디자인 오양현
표지디자인 오정은

저자와의 합의하에 인지첩부 생략

등　록 1974년 1월 9일 제1-72호
주　소 경기도 파주시 회동길 370(백산빌딩 3층)
전　화 02-914-1621(代)
팩　스 031-955-9911
이메일 editbsp@naver.com
홈페이지 www.ibaeksan.kr

ISBN 979-11-5763-160-5
값 30,000원

• 파본은 구입하신 서점에서 교환해 드립니다.
• 저작권법에 의해 보호를 받는 저작물이므로 무단전재와 복제를 금합니다.
이를 위반시 5년 이하의 징역 또는 5천만원 이하의 벌금에 처하거나 이를 병과할 수 있습니다.